U0109810

中國倫理思想研究文叢

初 編

王 澤 應 主編

第 6 冊

蘇軾倫理思想研究

劉 禕 著

花木蘭文化出版社

國家圖書館出版品預行編目資料

蘇軾倫理思想研究／劉禕　著 — 初版 — 新北市：花木蘭文化出版社，2013〔民 102〕

目 4+172 面；19×26 公分

（中國倫理思想研究文叢　初編；第 6 冊）

ISBN：978-986-322-291-0（精裝）

1.（宋）蘇軾　2. 學術思想　2. 倫理學

190.9208　　102012300

中國倫理思想研究文叢
初　編　第六冊　　ISBN：978-986-322-291-0

蘇軾倫理思想研究

作　　者　劉　禕
主　　編　王澤應
總 編 輯　杜潔祥
出　　版　花木蘭文化出版社
發 行 所　花木蘭文化出版社
發 行 人　高小娟
聯絡地址　235 新北市中和區中安街七二號十三樓
　　　　　電話：02-2923-1455／傳眞：02-2923-1452
網　　址　http://www.huamulan.tw 信箱 sut81518@gmail.com
印　　刷　普羅文化出版廣告事業
初　　版　2013 年 9 月
定　　價　初編 6 冊（精裝）新台幣 10,000 元 版權所有・請勿翻印

蘇軾倫理思想研究

劉　禕　著

作者簡介

劉禕，男，1964 年生，湖南益陽人，1986 年畢業於湖南師範大學中文系，2010 年畢業於湖南師範大學道德文化研究中心，獲哲學博士學位。現爲湖南師範大學招生就業處處長。在《倫理學研究》、《湖南師範大學教育科學學報》等發表學術論文十餘篇，著有《大學生活與職業生涯規劃》等，主持省部級課題 3 項。

提　要

自英宗治平到神宗熙甯年間，宋學得到了空前的發展，荊公新學、三蘇蜀學與二程理學競相問世，奠定了有宋一代學術倫理思想的基礎，蔚爲大觀。蘇軾倫理思想是蜀學倫理思想和宋代倫理思想的重要構成。長期以來，人們過多關注蘇軾的文學藝術思想，而遺忘或忽略了他的倫理思想。實質上，蘇軾的倫理思想是十分豐富而深刻的，蘇軾的倫理思想既寓於其詩詞書畫之中，又有著其政論和傳統典籍解說的特別載體，故達到了獨見與彰顯的有機統一。他的詩詞直接揭示倫理主題的可謂不少，即便專門描述自然風光、探論歷史人物的詩詞常常也掩抑不住德性思維的光芒。至於那些重在揭櫫人生哲理、處世圭臬、道德律令、倫理智慧的政論文章和經學典籍的著說，更是其倫理思想難得的文本。

蘇軾倫理思想的影響既與其詩詞文學作品的影響密切相關，又有其獨特的道德文化奧蘊和人生哲學意義。不僅有對儒釋道倫理思想的批判和辯證揚棄，更有對經濟倫理、政治倫理和文藝倫理的深刻闡發，對人生哲學的洞觀，成爲中國倫理思想史上一份難得的精神財富。秦觀指出：「蘇氏之道，最深於性命自得之際，其次則器足以任重，識足以致遠，至於議論、文章，乃其與世周旋，至粗者也。閣下論蘇氏而其說止於文章、意欲尊蘇氏，適卑之耳。」（《淮海集》卷三十《答傅彬老簡》）作爲蘇門四學士之一，秦觀深得蘇軾之道，指出了蘇軾之學之關鍵在於「性命自得之際」。蘇軾一生著作浩繁，但他自己最得意處卻是《尚書解》《論語注》《毗陵易傳》等。黃宗羲、全祖望在所編《宋元學案》中列蘇氏父子爲蜀學之首領，標舉其學術宗旨爲一家之言。《宋元學案》既列蜀學爲一章節，說明明清以來學界雖視蘇學爲正統之異端，但大體上還把它看成是宋學一個重要分支。朱熹認爲，蘇軾的倫理思想不僅闡幽探微，近於王弼之發掘義理，關注道德之形上追求，而且「多切人事」，以現實人生和實用理性爲思考維度，富有人本意識和人文精神。應該說，朱熹的論說是比較精準的，指出了蘇軾倫理思想的內在特質和價值取向。從某種意義上說，蘇軾的倫理思想體現了一種「尊德性而道問學，致廣大而盡精微，極高明而道中庸」的學術品質和精神，彰顯的倫理智慧具有雅俗共賞的普世性意義。

蘇軾的倫理思想產生於北宋現實生活的土壤及其獨特的歷史文化條件。在宋代政治生活中，君主集權、內憂外患、朋黨之爭、文人主政是其基本特點。經濟領域中，農業、手工業以及商業，都有顯著發展，社會經濟呈現出新的繁榮。宋代文化是中國古代社會思想文化發展的極盛時期，其文化發展具有鮮明的歷史特色，主要表現爲：三教並行；官私學盛；崇尚儒雅；學派林立。正是宋學思想文化的本質力量，使得蘇軾這樣的文化巨人得以產生。從文化淵源上看，儒、道、佛三家是蘇軾倫理思想的主要來源。儒家思想中的積極入世、濟世愛民、爲民興利等思想成爲蘇軾政治、經濟倫理思想的主要方面；道家的無爲而治、任性逍遙、隨緣放曠成爲蘇軾人生哲學的主導方面；而佛學則是蘇軾的政治倫理、藝術思維和哲學思維的重要資源。蘇軾的倫理路向是會通儒、道、佛，以儒爲宗，其思想內核中糅合了很多道、佛元素。

政治倫理方面，蘇軾繼承傳統儒家學派「以人爲本」學說，將「致君堯舜」和「兼濟天下」作爲入仕目標，形成了鮮明的民本主義道德價值觀。他認爲：民者天下之本，以民爲本，仁政愛民思想是安邦立國的根本；主張上自天子、下至各級官吏都應該愛民安民。不管自己的處境如何，身份如何，愛民親民始終是他人生中不變的價值訴求。蘇軾自小就「奮厲有當世志」，終生樹立尊主澤民的政治抱負。他爲官一任，造福一方。在他一生中，時刻爲實現自己尊主澤民的政治抱負和道德實踐而不懈努力，他的立朝大節與獨立人格追求不斷地激勵一代又一代的後世文人，爲天地立心，爲生民立命，爲往聖繼絕學，爲萬世開太平。

經濟倫理方面，他著眼於國家的穩定和社會經濟的發展，強調藏富於民，其義利觀表現出義利兼重的鮮明特色。他重視的利，並非一己之私利，而是民眾之公利，天下之公利，同時也是千萬個體的生活需要和生存權利。他重視物質利益，認識到國家政治生活中物質財富的重要性。正是關於物質財富關係到國之存亡的見解，成爲蘇軾仁政愛民政治理念和重民利民道德情懷的思想基礎。

文藝倫理方面，蘇軾提出「有道有藝」、「技道兩進」、「道可致而不可求」、「學以致其道」等觀點，從中可以概括出「藝道兩進」命題，深入地揭示了藝術的本質和創造規律。蘇軾有較多關於「窮」與「工」關係的思考，具體可分爲三個層次，即「詩人例窮」、「窮能工詩」、「詩能窮人」。蘇軾這一思想具有鮮明的個人色彩，其中抒發了強烈的身世之感。蘇軾還對歐陽修「窮而後工」理論進行了進一步的補充與發展。蘇軾十分重視將文格與人格結合起來，將歷史與文學結合起來，將讀者與文本結合起來。在蘇軾那裏，藝術是表達善的手段，眞、善、美獲得了和諧統一。

人生哲學方面，他從自己的生活經歷出發對人生和社會進行了深入的思考，通過對儒、釋、道等傳統哲學的吸收和融合，形成了一套嶄新的、獨特的人生哲學。這種人生哲學既立根現實、正視現實，又超越現實，在繼承儒家「盡人事而聽天命」人生哲學基礎上又有新的超越，充溢著苦難人生的樂觀主義情懷。這種人生哲學使蘇軾更理智更自如地超越世俗的一切功名利祿，無往而不樂。

蘇軾倫理思想的巨大魅力，不僅在於他對傳統儒、釋、道倫理思想予以融合，創立了頗具特色的「蘇學」或「蜀學」，爲宋代倫理思想增添了新的成分或養料，而且在於他所貢獻的人生哲學和情本論的人性論，以及關於誠之本質、善惡與性情關係的思考。他個人持有的敏銳直覺加深了他對人生的體驗和對倫理道德的思考，他的過人的睿智使他對人生和道德的思考獲得了新的高度和不凡的理論旨趣。比起以往的思想家而言，他的倫理思想特別是人生哲學思想，更爲豐富、深刻和全面，更具有典型性和吸引力，成爲後世中國文人競相仿效的對象，影響了一代又一代後繼者的人生模式的選擇和文化性格的自我設計。

總序：中國傳統倫理思想特質論

王澤應

建設中華民族共有精神家園，發展具有中國特色社會主義的倫理思想體系，提升中華文化的軟實力，都需要我們發掘傳統倫理思想的源頭活水，弘揚深藏於傳統倫理思想中的傳統美德，而這也要求我們立於新的時代情勢深度體認並揭示出中國傳統倫理思想的精神實質和基本特徵。中國傳統倫理思想是中華文化和中國哲學的重要組成部分，從某種意義上說，對倫理思想的置重和對倫理道德的倚重形成中華文化和中國哲學的基本特色。那麼，中國傳統倫理思想的基本特徵和精神實質究竟是什麼？這是一個儘管有所認識但還認識得十分不夠，需要智慧的心靈不斷予以探究和整體推進的關鍵性問題和本源性問題。

一、近代以來人們對中國傳統倫理思想特質的認識

近代以來興起的中西古今之爭，大量地涉及中國文化與西方文化以及傳統倫理思想特質的認識。馮桂芬、郭嵩濤、鄭觀應等早期改良主義者，嚴復、譚嗣同、梁啓超等維新志士，五四新文化運動時期的陳獨秀、李大釗、胡適以及東方文化派的杜亞泉，現代新儒家梁漱溟、張君勱、馮友蘭等都對中西文化比較發表了自己的看法，其中不乏對中國傳統倫理思想特徵的認識。

近代新倫理的孕育始於中西古今之爭。而在中西古今之爭中即已涉及到傳統倫理思想特徵的把握。伴隨著西方文化特別是西方倫理價值觀的輸入，人們開始突破華夷之防的藩籬，將中國傳統倫理思想與西方倫理思想予以比較，並在比較中批判傳統倫理思想的弊端，肯定西方倫理思想的特色和長處。郭嵩燾在出使英法諸國時詳細考察其倫理道德，並比較與中國在仁、義、禮、

智、信等倫理道德準則上的共性與差異，批判了頑固派中國傳統倫理道德優於西方，泰西夷人只有奇技淫巧沒有倫理道德，「彼等之風俗，不過淫亂與機詐，而彼等之所尚，不過魔道與惡毒」〔註1〕等錯誤認識，指出中國的儒家講仁愛，西方人講博愛，愛人的範圍比儒家仁愛更爲廣泛。「中國言義，虛文而已，其實朝野上下之心無一不騖於利，至於越禮反常而不顧。西洋言利，卻自有義在。」西方人對禮的尊崇似乎在中國人之上，他們「彬彬焉見禮之行焉，中國不能及遠矣。」〔註2〕「西洋以智力相勝，垂兩千年，……誠得其道，則相輔以致富強，由此而保國千年可也；不得其道，其禍亦反是。」〔註3〕說到信，郭嵩燾指出：西方「以信義相先，尤重邦交之誼，致情盡禮，質有其文，視春秋各國殆遠勝之。」總之，在郭嵩燾看來，西方決非處於野蠻狀態下尚未開化的蠻夷，他們有自己源遠流長而又自成一體的倫理道德傳統，就仁、義、禮、智、信五個方面的比較而言，他們似乎都在中國傳統倫理思想之上，郭嵩燾的思想可謂西化主義的先聲。

戊戌變法時期，康有爲、梁啓超、譚嗣同、嚴復等人試圖運用西方近代倫理學說分析中國近代的社會道德現象，把西方近代倫理思想與中國近代社會的具體國情結合起來考察分析，對西方近代的自由、平等、博愛、天賦人權和社會契約等理論表現出濃厚的興趣，並以此來思考中國社會變革的路徑和新倫理建設的方向。梁啓超認爲，中西倫理道德和思想傳統各有所長也各有所短，「欲強吾國，則不可不考博各國民族所以自立之道，彙擇其長者而取之，以補我之所未及」，主張把中華民族的優良道德傳統與西方民族道德觀念中的長處結合起來，構造一種全新的國民道德觀念和心理品質。梁啓超反對全盤否定中國傳統倫理學說和道德觀念的民族虛無主義，也反對墨守成規、固步自封的文化保守主義和國粹主義，指出他所謂的新民，「必非如心醉西風者流，蔑棄吾數千年之道德學術風俗，以求伍於他人；亦非如墨守故紙者流，謂僅抱此數千年之道德學術風俗，遂足以立於大地也。」〔註4〕新民之新義主要體現在兩個方面，一曰淬厲其所本有而新之，二曰採補其所本無而新之。梁啓超認爲，「今試以中國舊倫理，與泰西新倫理相比較。舊倫理之分類，曰

〔註1〕轉引自馬士：《中華帝國對外關係史》第2卷，第206頁。
〔註2〕郭嵩燾：《郭嵩燾日記》卷四，第298頁。
〔註3〕郭嵩燾：《倫敦與巴黎日記》，第91頁。
〔註4〕梁啓超：《新民說》，《梁啓超文選》，王德峰編選，上海：上海遠東出版社2011年版，第47頁。

君臣，曰父子，曰兄弟，曰夫婦，曰朋友。新倫理之分類，曰家族倫理，曰社會倫理，曰國家倫理。舊倫理所重者，則一私人對於一私人之事也。新倫理所重者，則一私人對於團體之事也。」〔註 5〕中國傳統倫理「偏於私德，而公德殆闕」，中國傳統倫理道德的主要內容就是束身寡過主義、獨善其身主義、自了主義、「畏國事之爲己累」等私德，而泰西新倫理則是重於公德，它注重維護社會公共生活，協調國家之內的各種社會關係，是故社會倫理和國家倫理發達。雖然公德私德並行不悖，且相互聯繫，但是人人相善其群的公德比人人獨善其身的私德要更有社會意義，公德是當今「諸國之源」，「知有公德，而新道德出焉」，所以中國的新民德當從興公德開始。嚴復在《論世變之亟》一文中指出，中西文化最大的差別在於自由觀念上的差別。「中國理道與西方自由最相似者，曰恕，曰絜矩。然謂之相似則可，謂之眞同則大不可也。何則？中國恕與絜矩，專以待人及物而言，而西人自由，則於及物之中，而實寓所以存我者也。」自由既異，導致了其他諸種道德觀念和倫理價值上的差別。「中國最重三綱，而西人首明平等，中國親親，而西人尙賢；中國以孝治天下，而西人以公治天下；中國尊主，而西人隆民；中國貴一道而同風，而西人喜黨居而州處；中國多忌諱，而西人重譏評」，「中國委天數，而西人恃人力。」〔註 6〕中國人相信世道「一治一亂、一盛一衰」的歷史循環論，西方人則提倡以「日進無疆，既盛不可衰」的歷史進化論。

五四新文化運動時期展開了一場大規模的東西文化論戰，其中大量涉及中西倫理思想的比較研究，雖然不乏過激與片面，但確打開了人們的認識視野，將中國傳統倫理思想置於與西方倫理思想的比較框架中予以重新認識。陳獨秀在《東西民族根本思想之差異》一文中指出：東西民族根本思想的差別表現在，東方民族以安息爲本位，西方民族以戰爭爲本位；東方民族以家族爲本位，西方民族以個人爲本位；東方民族以感情和虛文爲本位，西方民族以法治和實力爲本位。以安息爲本位的東方民族，「惡鬥死，寧忍辱」，「愛和平」，所以成爲「雍容文雅之劣等」，以戰爭爲本位的西方民族，「惡侮辱，寧鬥死」，所以「以鮮血取得世界之霸權」。以家族爲本位的東方民族，個人無權利，一家之人聽命家長，遵循著宗法社會封建時代的道德，以個人爲本

〔註 5〕梁啓超：《新民説》，《梁啓超文選》，王德峰編選，上海：上海遠東出版社 2011 年版，第 48 頁。

〔註 6〕嚴復：《論世變之亟》，《嚴復集》第一冊，北京：中華書局 1986 年版。

位的西方民族，爭的是個人權利，「舉一切倫理道德政治法律，社會之所嚮往，國家之祈求，擁護個人之自由權利與幸福而已。」以感情和虛文爲本位的東方民族，「其實施之者多外飾厚情，內恒憤忌，以君子始，以小人終」，以法治和實力爲本位者，「未嘗無刻薄寡恩之嫌，然其結果，社會各人不相依賴，人自爲戰，以獨立之生計，成獨立之人格，各守分際，不相侵漁，以小人始，以君子終。」〔註 7〕杜亞泉以傖父爲筆名發表了多篇論及東西文化差異的文章，與陳獨秀等人進行論戰。他在《靜的文明與動的文明》一文中比較了西洋文明與中國文明，認爲西洋文明重人爲，中國文明重自然，西洋文明以戰爭爲常態，以和平爲變態，中國文明以和平爲常態，以戰爭爲變態；西洋人生活是向外的，中國人生活是向內的。「西洋社會既以競爭勝利爲生存必要之條件，故視勝利爲最重而道德次之；且其道德之作用，在鞏固團體內之各分子，以對抗他團體，仍持爲競爭之具。而所謂道德者，乃從人與人之關係間規定其行爲之標準，故多注意於公德。而於個人之行爲，則放任自由。凡圖謀自己之利益，主張自己之權利，享用自己之財產，皆視爲正當，而不能加以非難。」中國社會則不然，在勝利與道德關係上視道德爲最重，故不但不崇拜勝利，反而有蔑視勝利之傾向。「道德之作用在於消滅競爭，而以與世無爭，與物無競爲道德之最高尚者。所謂道德，即在拘束身心、清心寡欲，戒謹於不睹不聞之地，爲己而不爲人，故於個人私德上兢兢注意。凡孜孜於圖謀自己利益，汲汲於主張自己權利，及享用過於奢侈者，皆爲道德所不許。」〔註 8〕在杜亞泉看來，吾國固有之倫理思想，正足以救西洋倫理思想之弊，濟西洋倫理文明之窮者。1918 年，李大釗發表了論述中西文化差異的文章，指出中國民族之日常生活以靜爲本位，以動爲例外，而西方民族之日常生活則以動爲本位，以靜爲例外，「更以觀於倫理，東方親子間之愛厚，西方親子間之愛薄。東人以犧牲自己爲人生之本務，西人以滿足自己爲人生之本務。故東方之道德在個性滅卻之維持，西方之道德在個性解放之運動。」〔註 9〕李大釗認爲，東洋文明與西洋文明，實爲世界進步之二大機軸，如同車之兩輪，鳥之兩翼，缺一不可，而又需要彼此互相學習。梁漱溟在《東西文化及

〔註 7〕陳獨秀：《東西民族根本思想之差異》，《青年雜誌》第 1 卷第 4 號，1915 年 12 月。

〔註 8〕傖父：《靜的文明與動的文明》，《東方雜誌》第 13 卷第 10 號，1916 年 10 月。

〔註 9〕李大釗：《東西文明根本之異點》，《言治》季刊第三冊，1918 年 7 月。

其哲學》中比較了中、西、印三種文化，認爲西方文化是以「意欲向前」爲根本路向，重在對外部世界的征服與改造，中國文化是以「意欲調和持中」爲根本精神的，重在人與人之間關係的處理和自我性情的陶鑄，而印度文化則以「意欲向後」爲根本路向，重在人與神關係的處理以及自我的壓抑與束縛。

20世紀四十年代，黃建中在《比較倫理學》中比較了中西道德觀的差異，認爲中西道德的第一個方面的差異表現在「中土倫理與政治結合，遠西倫理與宗教結合」，形成了政治倫理與宗教倫理的差別；第二個方面的差別表現在「中土道德以家族爲本位，遠西道德以個人爲本位」。「中土以農立國，國基於鄉，民多聚族而居，不輕離其家而遠其族，故道德以家族爲本位。」「遠西以工商立國，國成於市，民多懋遷服賈，不憚遠徙。其家庭組織甚簡，以夫婦爲中心」，故道德以個人爲本位。第三個方面的差異表現爲「中土道德主義務平等，遠西道德主權利平等」。第四個方面的差異表現在「中土重私德，遠西重公德」。第五個方面的差異表現在「中土家庭尚尊敬，遠西家庭尚親愛。」〔註10〕與黃建中的觀點類似，臺灣學者吳森認爲中西倫理道德的不同可以歸結爲效法先賢與服從律令，人倫本位與個人本位，義務本位與權利本位，情之所鍾與唯理是從幾個方面。〔註11〕

改革開放以來，隨著倫理學學科的恢復，中西倫理思想史學科也獲得了新的發展，一些現代倫理學研究者在研究中國倫理思想的精神實質和基本特徵時也提出了不少具有啓發性的觀點或理論，表現出在繼承以往思想成果基礎上的創新，一些論述更切合中國倫理思想的實際和要義，具有「致廣大而盡精微」的學術探究意義。陳谷嘉教授認爲，倫理與宗法關係的緊密結合，從而形成了以「忠」和「孝」爲核心內容的宗法體系，這是中國倫理思想最突出的和最基本的特徵；此外，倫理與哲學緊密結合，倫理與政治緊密結合，也是中國古代倫理思想的基本特徵。〔註12〕朱貽庭教授主編的《中國傳統倫理思想史》一書比較全面地闡釋並論述了中國傳統倫理思想的特點，指出由人道精神屈從於宗法關係而產生的「親親有術，尊賢有等」，是中國傳統倫理

〔註10〕參閱黃建中：《比較倫理學》，山東人民出版社1998年版，第82～92頁。

〔註11〕參閱吳森：《中西道德的不同》，見郁龍餘編《中西文化異同論》，北京：三聯書店1989年版，第184～196頁。

〔註12〕參陳谷嘉：《論中國古代倫理思想的三大特徵》，《求索》1986年第5期。

思想所提倡的道德規範或道德要求的基本特點，道德來源上由天道直接引出人道，既把人道作爲人們行爲的當然之則，又把人道歸之於天理之必然，也是中國傳統倫理思想的基本特點；以德性主義人性論爲主流，並以此去論證道德修養，是中國傳統倫理思想的第三個特點；在義利之辨中，重義輕利的道義論是中國傳統倫理思想關於道德價值觀的主要傾向；此外，道德與政治一體化，重視道德教育和道德修養也是中國傳統倫理思想的基本特點。

從郭嵩燾、嚴復、陳獨秀到現代學者關於中國傳統倫理思想基本特徵的論述，適應不同時期倫理文化建設的發展需要，經歷了一個以批判或辯護爲主而向學理探究爲主的轉變，或者說經歷了一個由「拔根」而向「紮根」的認識轉換過程。醉心西化論者，大多以西方倫理思想之長反觀中國傳統倫理思想之短，每每得出「百事不如人」的結論，故其批評尖刻有餘而公允論述甚少，致使中國傳統倫理思想之精神實質往往淹沒不彰。堅守本位論者，大多肯定中國傳統倫理思想的世界先進性，而對西方倫理思想的利己主義功利主義與實用主義則予以猛烈抨擊。這些在當時特定的歷史文化條件下都是可以理解的，但確實是情感主義取代了理性主義，片面尖刻取代了全面深刻，留下的歷史後遺症直到現在還未能完全被矯正。進入到改革開放新時期以來，超越近代以來西化主義和保守主義的局限成爲一些學者的追求，在中國倫理思想史和西方倫理思想史的比較研究中回歸和注重理性，並予以深度而全面的探討，也被大家崇尚。正是這樣，才在中國傳統倫理思想史的研究方面不斷由初疏走向深入，由一般的現象揭示上升爲精神實質的探討，取得了可喜的研究成就。這些研究成就，爲我們進一步深入探討中國傳統倫理思想的精神特質和內在價值提供了良好的基礎。特別是進入新世紀以來，適應建設中華民族共有精神家園、提升中國文化軟實力以及繼承傳統美德、弘揚民族精神等倫理文化建設任務的需要，對中國倫理文化認識包括對其基本特徵的認識也在走向深化，時代和人們呼喚有關於中國傳統倫理思想深層內涵、價值原點和精神實質乃至獨特魅力和韻味的深刻認識。

理性而全面地考察中國傳統倫理思想，需要從神形表裏等方面運思，既考源溯流，又探賾索隱，既立乎其大又兼顧其小，並在對各個時期倫理思想特質的辯證把握中上升到整體觀照。中國傳統倫理思想特質兼具形式特質和實質特質兩方面，應當從形式或表象和內容或實質兩方面予以考察，由此顯現出的特點亦可以歸之爲形式特點和實質特點兩大方面。

二、中國傳統倫理思想的形式或結構性特質

萌生於遠古、發端於殷周、發展於漢唐、成熟於宋明的中國傳統倫理思想，是人類倫理思想史上一個獨特的思想類型，其結構之多元互補，其演變之源遠流長，其生命力和凝聚力之強大蓬勃，都是世界倫理思想上不可多得的範本。

1、多元一體的結構互補性

與西方倫理思想「二元對立」的模式有別，中國倫理思想具有「多元一體」的結構特質。西方倫理思想緣起於古希臘生命衝動與邏各斯之間的內在緊張，亦如尼采所言的「酒神精神」與「日神精神」的對立，後來是「兩希傳統」即古希臘傳統和希伯來傳統的對峙，中世紀的理性與信仰、上帝之城與世俗之城、神道與人道，無不處於一種嚴重的衝突與鬥爭中。近代以來，西方倫理思想的二元對立格局更加突出，其鬥爭也無所不在。理性主義與非理性主義，絕對主義與相對主義，樂觀主義與悲觀主義，科學主義與人本主義，相互指責頡頏，構成倫理思想史的一道景觀。與西方倫理思想二元對立的發展格局有別，中國傳統倫理思想因其崇尚「道並行而不相悖，萬物並育而不相害」而具有多元一體的精神特質。中國倫理思想雖然也有對二元的推崇如陰陽、道器、體用、本末，但其所強調的二元始終不是一種緊張衝突或完全對立的關係，而是有機地統一於一體之中，並成爲一體的兩面。不特如此，中國倫理思想還有對三元如天地人、性道教、身家國等的強調，以及對「一生二，二生三，三生萬物」等的描述，有對「四象」、「八卦」以及「三綱五常」等的論證，而這一切都不是散亂或不相關的，而是有機地聯繫在一起的。中國倫理思想如同中華文化一樣在其起源和發展過程中始終是多元發生而朝著一體聚合的，多元既相互辯難，又相互吸收，不斷爲一體輸送「共識性」的理論營養，促進著中國倫理思想傳統的形成和發展。中國倫理思想傳統萌生於炎黃時期，炎黃即代表著一種多元思想的融合，並有了一些原初的價值共識。後經堯舜禹湯的不斷融合與推擴而獲得一些基本的基質，如對群體性和公共利益的置重，對和諧和秩序的嚮往，等等。至春秋戰國時代出現儒、道、墨、法等百家之爭鳴，諸家均把價值目標鎖定在「務爲治」上，提出「德治」、「仁政」、「禮治」、「法治」、「無爲而治」和「兼愛之治」等思想觀點，爲建立統一的多民族國家和文化提供了可供選擇的治政之策。秦漢統一後，雖然確立了儒家倫理思想的獨尊地位，但是道家、法家仍然在發揮作用，並不時挑激儒家，魏晉隋唐時期儒釋道相互辯難論爭，

至宋明發展出一種以儒爲主融合佛道的理學倫理思想。在理學內部又有程朱系、陸王系之間的爭論，宋代還有蜀學、新學與洛學之間的論爭以及朱熹與事功之學的論爭等等。這些論爭從多元方面深化了對一體的價值認同，使得中華民族的倫理思想能夠不斷得以發展，形成一種多元一體的互補結構並獲得不斷更新發展的活力與動力。

2、生成發展的源遠流長性

與世界上其他倫理思想比較而言，中國倫理思想具有由古及今而又一脈相承的發展特點。在世界文化史上，多次出現過因異族入侵而導致文化或思想斷裂的歷史悲劇，如埃及文化因亞歷山大大帝佔領而希臘化、凱撒佔領而羅馬化、阿拉伯人移入而伊斯蘭化，印度文化因雅利安人入侵而雅利安化，希臘、羅馬文化因日耳曼蠻族入侵而中絕並沈睡千年，等等。只有中國倫理文化，歷經數千年而不絕，雖然也曾遭遇過種種挑激或風險，然而卻能憑藉自身強大的生命力、凝聚力和化育力一次次地轉危爲安，實現衰而復興，闕而復振。梁啓超在《中國道德之大原》一文中指出：「數千年前與我並建之國，至今無一存者。或閱百數十歲而滅，或閱千數百歲而滅。中間迭興迭仆，不可數計。其赫然有名於時者，率皆新造耳。而吾獨自羲軒肇構以來，繼繼繩繩，不失舊物，以迄於茲，自非有一種美善之精神，深入乎全國人之心中，而主宰之綱維之者，其安能結集之堅強若彼，而持續之經久若此乎？」〔註13〕中華文明之所以能夠長期存在並不斷發展，有它自身所特有的倫理精神，這種倫理精神既是國家過去繼續成立之基，也是將來滋長發榮之具。美國學者伯恩斯和拉爾夫合著的《世界文明史》在論及古代中國文明時也認爲中國文明源遠流長，自古至今，不斷發展。中國文明「一旦出現，它就延續——並非沒有變化和間斷，但其主要特徵不變——到現代 20 世紀。中國文明儘管其形成較埃及、美索不達米亞或印度河流域晚得多，但仍然是現存的最古老的文明之一。它之所以能長期存在，其原因部分是地理的，部分是歷史的。」〔註14〕中國倫理思想崇尚和平仁愛，很少激起周邊國家的敵意和妒忌。中國人很少用武力把自己的意志強加給被征服民族，相反卻把同化被征

〔註13〕梁啓超：《中國道德之大原》，《梁啓超文選》（王德峰編選），上海遠東出版社 2011 年版，第 126 頁。

〔註14〕〔美〕伯恩斯、拉爾夫：《世界文明史》第一卷，北京：商務印書館 1987 年版，第 173 頁。

服民族，使之成爲倫理思想的受益者當作自己的天職。塔夫里阿諾斯在《全球通史》中亦有類似的認識：「與印度文明的鬆散和間斷相比，中國文明的特點是聚合和連續。中國的發展情況與印度在雅利安人或穆斯林或英國人到來之後所發生的情況不同，沒有明顯的突然停頓。當然，曾有許多遊牧部族侵入中國，甚至還取代某些王朝而代之；但是，不是中國人被迫接受入侵者的語言、習俗或畜牧經濟，相反，是入侵者自己總是被迅速、完全地中國化。」〔註15〕中國社會的發展不是像西方古代社會那樣表現爲一種革命變革，而是表現爲連續不斷的改良的進取和維新，所謂「周雖舊邦，其命維新」，與此相契合，中國倫理思想亦是世界倫理思想史上連續性倫理思想的範本，「闡舊邦以輔新命」成爲許多倫理思想家的精神追求和價值共識。

3、舊邦新命的常變統一性

中國倫理思想傳統在自己的發展歷程中，從「萬物並育而不相害，道並行而不相悖」的理念出發，崇尚「有容乃大」，主張包容會通，海納百川，並認爲「兼容並包」、「遐邇一體」才能「創業垂統，爲萬世規」。(《漢書・司馬相如傳》) 道家主張虛懷若谷，「常寬容於物，不削於人」，提出了「善者吾善之，不善者吾亦善之」的思想。儒家荀子主張「目視備色，耳聽備聲」，「兼陳萬物而中縣衡焉」(《荀子・解蔽》)，只有超越私己的局限才能眞正把握「道」的眞諦。君子之所以隆師而親友，就在於師友能夠有助於自己道德修養使其達於完善。「得賢師而事之，則所聞者堯舜禹湯之道也；得良友而友之，則所見者忠信敬讓之行也，身日進於仁義而不自知也者，靡使然也。」(《荀子・性惡》) 儒家倫理思想主張繼承傳統，但又主張對傳統作推陳出新的創化。湯之《盤銘》曰「苟日新，日日新，又日新」，《康誥》曰「作新民」。儒家從「道莫盛於趨時」、「日新之謂盛德」的思想認識出發，強調「以日新而進於善」。明清之際的王夫之強調「分言之則辨其異，合體之則會其通」，認爲「理惟其一，道之所以統於同；分惟其殊，人之所以必珍其獨」，〔註16〕主張「學成於聚，新故相資而新其故；思得於永，微顯相次而顯察於微。」〔註17〕只有博採眾家之長，「坐集千古之智」，才能夠有所創新和發展。現實

〔註15〕〔美〕塔夫里阿諾斯：《全球通史》，吳象嬰等譯，北京：北京大學出版社2005年版，第155頁。

〔註16〕王夫之：《尚書引義》卷四，北京：中華書局1962年版，第75頁。

〔註17〕王夫之：《周易外傳》卷五，北京：中華書局1977年版，第183頁。

生活中的萬象是「日生」，不斷發展變化的，象中之道，也必然隨著象的「日生」，不斷發展變化。「道之所行者時也，性之所承者善也，時之所承者變也；性載善而一本，道因時而萬殊也」。〔註18〕中國倫理思想對於外來倫理文化，包括佛教、基督教，亦能夠兼收並蓄，揚長避短，爲我所用。正是由於中華倫理文化具有極強的包容性和自我更新的能力，所以才能夠在繼承前人的基礎上不斷地推陳出新，革故鼎新，使思想與時偕行，實現自身的理論創新和發展。

三、中國傳統倫理思想的內容或實質性特質

源遠流長、博大精深的中國傳統倫理思想，在內容和精神實質方面呈現出如下基本特徵：

1、注目「天下有道」，以趨善求治為倫理的價值目標

倫理與政治因素聯姻，使倫理作用於政治生活，使政治體現倫理的精神和要求，是中國文化的一大特徵，更是中國倫理思想的基本特徵。王國維在《殷周制度論》中指出周代政治制度與道德的深刻聯繫，「古之所謂國家者，非徒政治之樞機，亦道德之樞機也。使天子、諸侯、大夫、士各奉其制度、典禮，以親親、尊尊、賢賢，明男女之別於上，而民風化於下，此之謂治。反是，則謂之亂。是故，天子、諸侯、大夫、士者，民之表也；制度、典禮者，道德之器也。」〔註19〕「周之制度、典禮，實皆爲道德而設。而制度、典禮之專及大夫、士以上者，亦未使不爲民而設也。周之制度、典禮，乃道德之器械，而尊尊、親親、賢賢、男女有別四者之結體也，此之謂民彝。」〔註20〕春秋戰國時期百家爭鳴，諸子風起，提出了各種倫理思想，但其要旨，誠如司馬談在《論六家之要旨》中所言，「夫陰陽、儒、墨、名、法、道德〔註21〕，此務爲治者也。」「務爲治」即是以尋求天下大治爲旨歸，把建構一種天下有道的秩序視爲自己的理論使命。先秦諸子高度重視治世之道

〔註18〕王夫之：《周易外傳》卷七，北京：中華書局1977年版，第285頁。

〔註19〕王國維：《殷周制度論》，參見《國學大師講國學》，北京：中國致公出版社2008年版，第194～195頁。

〔註20〕王國維：《殷周制度論》，參見《國學大師講國學》，北京：中國致公出版社2008年版，第195頁。

〔註21〕此所言「道德」是指道德家，亦即以老莊爲代表的道家。因老子所著《道德經》，被後人稱爲「道德家」。

的探討，渴望實現「天下有道」的倫理政治，提出了「德治」、「仁政」、「禮治」、「無為而治」、「兼愛之治」、「法治」等學說。漢代是倫理政治化和政治倫理化的典型時期，不僅出現了「以孝治天下」的倫理政治實踐，而且儒家倫理成為治國安邦的主流價值或意識形態。雖然漢以後，儒家倫理在政治實踐層面遭遇多重挑戰，但諸多思想家都把化解這種危機，建立長治久安的倫理政治秩序作為思維的重心。宋明理學家一方面吸收佛道兩家的思辨來充實儒家倫理的根基，另一方面又以「為天地立心，為生民立命，為往聖繼絕學，為萬世開太平」來激勵自己，冀望自己的倫理思想能夠對社會的治道產生影響。朱熹強調「內聖之學」兼有「修身」與「治平」雙重功能，他發揮孔子「下學而上達」之義，認為應當在深研人事的「下學」方面多下功夫，「上學」才有根基。陸九淵、王陽明雖十分強調內聖，推崇「自作主宰」，亦以「平治」為己任，時人稱王陽明「事功道德，卓絕海內」。明清之際的顧炎武、黃宗羲、王夫之及至顏元、戴震無不以「明道救世」之價值高標，崇尚經世致用，把「斡旋乾坤，利濟蒼生」視為「聖賢」的基本標準，嚮往「建經世濟民之勳，成輔世長民之烈，扶世運，奠生民」。中國倫理思想以趨善求治為自己的價值追求，試圖為政治的治理提供倫理的方略和道德的智慧，並把政治倫理化和倫理政治化視為終生為之奮鬥的人生理想和社會理想。

2、立於「家國同構」，以「親親」、「尊尊」為基本的道德規範

中國的宗法制及宗法社會保留著氏族社會重視家族血緣關係的傳統和認同，「家國同構」是其顯著特徵。家是國的縮小，國是家的放大，家庭的基本結構與成員間的親情關係被推而廣之地用作為國家的政治結構原則和社會的人際倫理範型，它是以家庭與國家之間、倫理與政治之間的雙向運動為機制的，突出了以個人德性為核心、家庭為本位、以國家政治為宏闊指向的修養程式：從個人的角度看是身修而家齊，家齊而國治，國治而天下平；從國家的角度看是天下之本在國，國之本在家，家之本在身，認為「君子之事親孝，故忠可移於君；事兄弟，故順可移於長；居家理，故治可移於君」（《孝經・廣揚名》），相同的，「其為人也孝悌，而好犯上者鮮矣，不好犯上而好作亂者，未之有也」（《論語・學而》）。它有一整套家族政治化、政治家族化的相應各個階層的具體道德規約和行為標準，其基本要義是「親親」、「尊尊」，即親愛血緣親族或雙親，尊敬尊貴者或長上。《禮記・大傳》有言，「上治祖禰，尊尊也；下治子孫，親親也；旁治昆弟；合族以食，序以昭穆，別之以禮義，人道竭矣。」「親親」、「尊尊」是基本的不可變易的道德規範，也是聖人南面而治天下的基礎或法寶。「是故人道親親也。親親故尊祖，尊祖故敬宗，敬宗故收族，收族故宗廟嚴，宗廟嚴故重社稷……」。《禮記·禮運》進一步對「親親」、「尊尊」原則作出細化，指出：「何謂人義？父慈，子孝、兄良、弟弟、夫義、婦聽、長惠、幼順、君仁、臣忠十者，謂之人義。」只有嚴格按照「人義」的要求行爲，才能夠正君臣，篤父子，睦兄弟，齊上下，使天下達到有道。漢代將「親親」、「尊尊」發展爲「三綱五常」（君爲臣綱、父爲子綱、夫爲妻綱，仁、義、禮、智、信）或「三綱六紀」，「三綱者，何謂也？謂君臣、父子、夫婦也。六紀者，謂諸父、兄弟、族人、諸舅、師長、朋友也。故《含文嘉》曰：「君爲臣綱，父爲子綱，夫爲妻綱。」又曰：「敬諸父兄，六紀道行，諸舅有義，族人有序，昆弟有親，師長有尊，朋友有舊。」（《白虎通義》）儒家倫理思想最爲推崇家庭的價值和倫常的意義，並以此爲基準來理解個人、社會、國家和世界。教忠教孝成爲儒家倫理思想的主旨和核心。隱含在「修身、齊家、治國、平天下」之政教理想中的基本秩序，實以家庭倫常爲樞紐：倫常不僅對於個人的身份認同具有根本性的建構作用，而且也是社會、國家乃至世界秩序的規範性力量。家庭中的倫理關係被認爲是確立人的身份認同的最原始、也是最核心的要素。在中國倫理思想傳統中，如果說「身」必須在「家」中確立，那麼，對「國」與「天下」的構想也同樣以「家」爲模子，此所謂以國爲家、天下一家。

3、注重義利之辨，以重義輕利為核心的價值觀念

中國倫理思想有重視義利之辨的傳統。一些學者甚至認爲，義利之辨是「人生之大防」，「爲學之根本」，「治亂之總綱」，其他諸如人禽之辨、王霸之辨、志功之辨、理欲之辨、才性之辨、仁富之辨等莫不是義利之辨的展開和拓展。正因爲這樣，代不乏人的思想家競相注目於義利關係的探討，提出種種關於義利問題的見解學說，春秋戰國、兩漢、兩宋、明清時期更將這種義利之辨推向了高潮。總體而言，中國歷史上的義利之辨，主張重義輕利、以義制利、先義後利的觀點始終占主導地位，先利後義、重利輕義甚或義利兩行的觀點雖然時有產生，但始終不占主導地位。董仲舒繼承並發展了孔孟儒家先義後利、以義制利和重義輕利的思想，從對「心之養」和「體之養」不同功能和作用的分析得出了「正其誼不謀其利，明其道不計其功」的結論。宋儒無論是程朱系亦或是陸王系無不沿著這一思路前進，強調「不論利害，

惟看義當爲與不當爲」。明清之際的王夫之更說，「生以載義生可貴，義以立生生可捨」。「中國傳統道德價值觀的這一特點，是中國古代宗法制和高度集中的君主專制主義的產物。在宗法制和君主專制的統治下，個人利益對於群體利益的關係，既依附又對立：個人沒有獨立自主的經濟權利，更不允許發展個人利益去超越家族和國家的利益，從而形成了個人利益必須絕對服從和從屬於家族、國家利益的要求。」〔註 22〕這種利益關係的格局及其要求必然是「惟看義當爲不當爲」的道義論價值觀。這一傳統的道義論倫理價值觀，規定了道德價值的取捨、道德評價的依據、理想人格的內涵以及道德教育、道德修養的標準，對中華民族數千年的倫理文化產生了深遠而複雜的影響。

4、力倡貴和樂群，以和而不同為接物應對的良方

與西方神人二元的倫理互競截然不同，中國倫理思想則強調天地人之間的和諧共生，並認爲人應當效法天地之道，率天載義，體天恤道，是故「天行健君子以自強不息」，「地勢坤君子以厚德載物」。道家亦有「人法地，地法天，天法道，道法自然」的認識，主張建立一種天道與人道協同共振的倫理思想體系。中國傳統倫理思想崇尚人與人、人與社會之間乃至人與自然之間的和諧。史載堯「平章百姓」，「協和萬邦」，孔子說，「禮之用，和爲貴」，孟子指出，「天時不如地利，地利不如人和」。道家提出，「萬物負陰而抱陽，沖氣以爲和」，認爲和諧是道的基本屬性和表現形式。莊子明確提出「與天和」和「與人和」的命題，主張爲了實現「與天和」和「與人和」首先必須實現「心和」，以平靜祥和的心態去處理各種人際關係，並以知足、不爭和無爲去達致「人和」。墨家致力於和諧人際關係與和諧天下的建構，提出的「兼相愛，交相利」旨在破除人與人、家與家、國與國不和諧的狀態，墨家所嚮往的是一個貴不傲賤，富不侮貧，強不欺弱，人人都能相親相愛、平等互助的社會或世界。中國倫理文化重視和諧，認爲和諧、和平、和睦是一個值得追求的理想目標與關係狀態，常常表現爲一種最高的道德期許。在人際關係中，和不是無原則的附和，而是保持獨立性和個性，「和而不流」。孔子不滿意顏回完全贊同自己觀點的做法，說，「回也非助我者也，於吾言無所不悅。」「君子和而不同，小人同而不和。」中國倫理文化倡導的和諧觀念，滲透到了中華民族的世界觀人生觀和價值觀的各個方面，形成了中華民族崇尚中庸、講

〔註 22〕朱貽庭主編：《中國傳統倫理思想史》，上海：華東師範大學出版社 1989 年版，第 28 頁。

求中和、不走極端的思維方式，培養了中華民族謙恭禮讓、仁民愛物、顧全大局，克己奉公和愛好和平的精神，成爲中華民族具有強大的生命力和凝聚力的思想文化根源。

5、講求尊道貴德，以心性修養為安身立命之本

在中國倫理思想中，「立德」比「立功」、「立言」更加有意義，德被認爲是一個人的立身之本，無論這個人身處何種社會階層或處何種社會地位。儒家十分重視個人的德性修養，提出了「上至天子下至庶人，壹是皆以修身爲本」。孟子從總結三代興亡經驗教訓的高度提出「三代之得天下也以仁，其失天下也以不仁，國之所以廢興存亡者亦然。天子不仁，不保四海；諸侯不仁，不保社稷；卿大夫不仁，不保宗廟；士庶人不仁，不保四體」（《孟子・離婁上》），將仁與不仁視爲統治者能否「王天下」、保社稷的關鍵，視爲士、庶人能否安身立命的根本。道家《老子》也主張「尊道貴德」，提出：「修之於身，其德乃眞；修之於家，其德乃餘；修之於鄉，其德乃長；修之於邦，其德乃豐；修之於天下，其德乃普。」（《老子・五十四章》）只有鞏固修身之要基，才可以立身、爲家、爲鄉、爲邦、爲天下。墨家主張嚴格要求自己，強化自己的道德修養，指出「君子察邇而邇修者也。見不修行，見毀，而反之身者也，此以怨省而行修矣。」（《墨子・修身》）吳起在與魏文侯關於國家之寶的對話中旗幟鮮明地提出國家朝廷之寶「在德」而不在於「河山之險」。並指出：「昔三苗氏，左洞庭，右彭蠡，德義不修，禹滅之。夏桀之居，左河濟，右泰華，伊闕在其南，羊腸在其北，修正不仁，湯放之。商紂之國，左孟門，右太行，常山在其北，大河經其南，修政不德，武王殺之。由此觀之，在德不在險。若君不修德，舟中之人皆敵國也。」（《資治通鑒・周紀一》）司馬光在談到智伯之亡時將其歸結爲「才勝德」，並指出「自古昔以來，國之亂臣，家之敗子，才有餘而德不足，以至於顛覆者多矣，豈特智伯哉？」在司馬光看來，「才者，德之資也；德者，才之帥也」，（《資治通鑒・周紀一》）只有以德御才而不是恃才輕德，才能夠眞正幹出有正面意義的作爲和建樹，反之就會演繹出歷史和人生的悲劇。宋明時期理學家十分強調德性的修養和動機的純粹，強調「先立乎其大」，「收拾精神，自作主宰」，提出了「居敬」、「窮理」、「自存本心」、「省察克治」等一系列關於道德修養的命題和觀點，促進了中國倫理思想關於道德修養理論的發展與完善。

此外，講求仁民愛物，主張天下爲公，也是中國傳統倫理思想的基本特徵。「中國傳統道德的核心及其一貫思想，就是強調爲社會、爲民族、爲國家、爲人民的整體主義思想。」〔註23〕從《左傳》的「苟利國家生死以之」到范仲淹的「先天下之憂而憂，後天下之樂而樂」，從周公的「一飯三吐哺」到顧炎武的「天下興亡匹夫有責」，從屈原的「哀民生之多艱」到陸游「死去原知萬事空，但悲不見九州同。王師北定中原日，家祭毋忘告乃翁」，都體現出了一種「國而忘家，公而忘私」的愛國主義精神。這種愛國主義精神凸顯了國家民族利益的至上性，積澱爲一種民族的倫理正氣，並借助於儒家「殺身成仁」、「捨生取義」的價值追求，成爲民族倫理精神的靈魂或樞紐，激勵著一代又一代華夏兒女爲國家民族的整體利益去奮鬥，用其丹心書寫著中華民族承前啓後、繼往開來的壯麗史詩。

中國傳統倫理思想的價值特質，積澱著中華民族最深層的精神和價值追求，包含著中華民族在不同歷史時期和階段形成的核心價值觀念和崇尚的道德品質，已經成爲中華民族爲人處世、待人接物的精神文化基因，不僅富含獨特的東方神韻，構成我們民族倫理精神的源頭活水，而且也是我們民族生生不息的動力源泉，是我們建設社會主義新倫理必須大力弘揚和發掘的豐厚思想資源。

2013年5月12日於湖南長沙市嶽麓山下景德村

〔註23〕羅國傑：《中國傳統道德·編者的話》，北京：中國人民大學出版社1995年版。

目次

緒　論

一、選題的依據與意義

我國文化史悠久、輝煌，幾千年間出現的傑出人物燦若繁星，而像蘇軾那樣在諸多領域都做出卓越貢獻、留下豐碩成果，堪稱百科全書式的文化巨人則並不多見。蘇軾在文、詩、詞三方面都達到了極高的造詣，堪稱宋代文學最高成就的代表。林語堂的《蘇東坡傳》中說：「蘇東坡在中國歷史上的特殊地位，一則是由於他對自己的主張原則，始終堅定不移，二則是由於他詩文書畫藝術的卓絕之美。」〔註1〕蘇軾在詩、詞、散文、繪畫、書法等方面，他的造詣都臻於化境，歷來是令人景仰的全能藝術家。作爲大文豪，在40多年創作生涯中，他留下了《東坡集》40卷，《後集》20卷，《和陶詩》4卷，《東坡樂府》2卷，《易傳》9卷，《論語說》5卷，《書傳》13卷，《奏議》15卷，《內制》10卷，《外制》3卷。而這些，僅是冰山一角，因爲在烏臺詩案中，他的詩文被大量焚毀，「比事定，重複尋理，十亡其七八矣！」而能流傳下來的作品，其數量之巨仍爲北宋著名作家之冠，其質量之優則代表北宋文學的最高成就。然而，蘇軾的創造性活動不局限於文學，他在書法、繪畫等領域內的成就都很突出，對醫藥、烹飪、水利等技藝也有所貢獻。蘇軾典型地體現著宋代的文化精神。在中國歷史上，蘇軾是獨特的存在和永恒的文化極品。林語堂在《蘇東坡傳》裏對此曾做如是精彩述評：「鮮明的個性永遠是一個謎。世上有一個蘇東坡，卻不可能有第二個。個性的定義只能滿足下定義的專家。由一個多才多藝、多彩多姿人物的生平和性格中挑出一組讀者喜歡的特性，

〔註1〕林語堂：蘇東坡傳，西安：陝西師範大學出版社，2006年版，第45頁。

這倒不難。我可以說蘇東坡是一個不可救藥的樂天派，一個偉大的人道主義者，一個百姓的朋友，一個大文豪，一個工程師，一個憎恨清教徒主義的人，一位瑜伽修行者，佛教徒，巨儒政治家，一位皇帝的秘書，酒仙，厚道的法官，一位在政治專唱反調的人，一個月夜徘徊者。一個詩人，一個小丑。但是這都還不足以道出蘇東坡的全部。」同時，蘇軾還是一位博聞強識、思維層次很高的大學問家。同爲川中才子，李白與蘇軾相比，蘇軾有李白的才氣，李白則不具備蘇軾的學問。作爲中國古代文學史上最富有人格魅力的大文豪，蘇軾被西方文學研究家們推論爲是中國的莎士比亞。

我之所以選擇蘇軾倫理思想作博士學位論文，主要原因有三：

一是對蘇軾人格和精神境界的欽佩。思想史上有一些彪炳史冊的人物，在我們看來是單調乏味的，如康德，幾無生平可言；如程頤，性格固執單調，其盛名之下，是一套套望而生畏的深奧學說。然而，有另一類思想家，如盧梭、蘇軾那樣，他們生平多故，富於傳奇，爲人喜愛，不同階層之人皆能從中獲益。對於前者，我們深懷敬意，他們的學說是民族文化的脊梁，學術史上的豐碑；對於後者，我們更應該注意研究探討深受民眾喜愛的思想家，他們的精神遺產，對於一般的社會生活，尤其對於後世文化人的人格模塑，所起的作用更爲深遠，那是「民族文化的血肉，與學術史的大地」。〔註2〕每一個中國人，若審視自己的精神世界，必然會發現我們的世界觀、人生觀直接或間接地來自蘇軾。更爲重要的是，宋以後中國文化人的心靈中，無不有一個蘇東坡的形象在，這是歷史在民族文化心理中的積澱，是人心中的歷史。「古代中國在世界上數得著的政治家、文學家爲數甚多，但最受民眾所敬愛的要數蘇東坡，其原因在於蘇東坡具有崇高的人格和優美的詩歌，並兼仙風道骨。就其一生來說，又是具有偉大悲劇性的人物，因而更加征服了人們的心。」〔註3〕一言以蔽之，「蘇軾是中國古代最高貴、最親切、最有魅力的文人」〔註4〕。因此，蘇軾的人格魅力是驅動我研究他的原因。

二是蘇軾倫理思想是一塊待開墾的處女地。蘇軾有沒有倫理思想？如果有，研究的價值訴求又是什麼？蘇軾是中國文學史上的泰斗，「他一向被推爲

〔註2〕王水照，朱剛：蘇軾評傳，南京：南京大學出版社，2004年版，第2頁。
〔註3〕〔日〕山上次郎：蘇東坡尋迹。
〔註4〕余秋雨：文明的碎片·蘇東坡突圍。

北宋最偉大的文人，在散文、詩、詞各方面都有極高的成就。」（錢鍾書語）但是，蘇軾留給中國人的文化財富，不局限於文藝。我們只要接觸蘇軾的文字，便不能不爲其中涉及領域之廣泛，思想之豐富所震撼。蘇軾不僅壯浪縱恣於儒、道、釋三家之間，不僅是對「道」、「性」等形上概念的追究和持續不斷的人生思考，也不僅是在政治、經濟、史學、文學、藝術等各大領域的豐富而論，而且在醫卜星相、煉丹行氣、美食養生，以及農耕工藝、教育心理等方面，都曾發表獨到的見解。他上承漢唐，下啓明清，可以肯定，蘇軾思想給人留下很多可以探索的地方。那麼，進一步問：蘇軾有沒有倫理思想呢？回答是肯定的。人們之所以迄今尚未關注蘇軾的倫理思想，原因之一是蘇軾的文學藝術「光環」掩蓋了其倫理思想的「寶庫」。一旦人們透過這個「光環」，就不難發現：蘇軾以情爲本的人性論，尊主澤民的政治倫理訴求，爲民興利的價值取向，藝道兩進的藝術踐行，對社會及人生的解悟……對倫理的思考有很多獨到和閃光之處。就研究蘇軾倫理思想的價值訴求而言，一是對蘇軾的倫理思想進行嘗試性研究，可以揭示倫理思想的基本內容和特點；二是這種研究能夠推動傳統倫理思想史走向深入；三是蘇軾的倫理思想研究爲當下道德建設提供可供借鑒的思想。

三是我本人由文學而哲學的學習歷程所致。我自幼鍾情於文學，而對古典文學中唐宋文學尤其喜好。加之在大學階段學習和研究的是中文專業，其間讀過蘇軾大量文學作品，從那時起蘇軾的思想薰陶我、模塑我爲人爲學。後來，我研習倫理學，閱讀了蘇軾大量政論文章，尤其是《禮論》、《中庸》、《易傳》以及《形勢不如德論》等，發覺蘇軾倫理思想是一塊待開墾的處女地。於是我便以此爲題撰寫博士論文，冀望通過對蘇軾倫理思想的研究深化宋代倫理思想乃至中國傳統倫理文化的研究，爲建構有中國特色的社會主義倫理文化貢獻自己的一份力量。

我國正處在繼往開來的歷史時期。繼往就是繼民族優秀傳統之往，開來就是開中華民族偉大復興之來。對中國傳統思想文化進行研究，正是繼往開來必須完成的任務之一。毛澤東早在 1938 年就說過：「從孔夫子到孫中山，我們應當給以總結，繼承這一份優秀的遺產。」〔註 5〕因此，對蘇軾的倫理思想進行挖掘、整理，取其精華、去其糟粕，批判地繼承其優秀的倫理思想，

〔註 5〕毛澤東：中國共產黨在民族戰爭中的地位，載《毛澤東選集》第二卷，人民出版社，1952 年版第 522 頁。

不僅可以對北宋的許多社會倫理問題有更加深入的瞭解，而且可以對現實的倫理問題有所借鑒和啓發。這對於宏揚優秀傳統道德文化，建設社會主義精神文明，具有重要的現實意義。

從理論上看，近年來國內學界對中國傳統倫理思想史的研究比較注重宏觀的、整體的研究，不太注意對歷史人物倫理思想的研究。而在對歷史人物倫理思想的研究中，又往往偏重於研究哲學家、倫理學家的倫理思想，對經濟史、文學史、科學技術史上的傑出代表人物的倫理思想研究不夠，這不能不說是一個局限。而在文學理論的研究中，對蘇軾的研究似乎已經走到盡頭，認爲很多問題都已解決。其實這完全是一種誤解。「在蘇軾研究中，還有不少未被發現的新大陸和等待開墾的處女地。」〔註 6〕可以說，還沒有一本著作是從倫理學上探尋蘇軾其人眞實而豐滿的形象的。本人應時而開了這種研究的先河，開拓了蘇學研究的新領域。蘇軾的倫理思想便是這樣一塊「寶地」，其倫理思想十分博大豐富，並非用簡單的語言可以概括，而且在他人生的各個時期也不盡相同，需要具體問題具體分析。當代蘇軾研究專家朱靖華先生說：「蘇軾是我國歷史上一位多才多藝、曠世無雙的全能文士，是北宋時期一個包羅萬象、內涵宏富的文化現象，堪稱是我國傳統文化史上的一塊豐碑。」〔註 7〕種種有關蘇軾的研究表明：蘇軾的意義絕不僅僅停留在文學史層面，而是屬於整個中華文化，他是中華倫理文化的代表性人物。蘇軾是我國文化史上的罕見全才，他接受了傳統倫理文化和民族性格的深刻影響，加上艱難坎坷、富於傳奇色彩的生命歷程，他的思想及生命實踐在中國倫理文化史上具有豐富、深刻而獨特的研究意義。

本選題是對蘇軾的倫理思想進行系統的考察和研究，研究蘇軾的倫理思想，一方面能夠增加我們對宋代倫理思想的瞭解，另一方面，本選題力求將蘇軾的倫理思想的研究紮紮實實推進一步，希望對蘇軾的倫理思想的研究具有開拓意義。

二、國內外研究現狀述評

蘇軾不僅是中國的，也是世界的文化名人，他的影響是深遠而複雜的。

〔註 6〕陳昌華：心靈，爲陶淵明所吸引——論蘇軾晚年思想的變化，《論蘇軾嶺南詩及其他》，廣東人民出版社，1986 年版。

〔註 7〕朱靖華：朱靖華古典文學論集，長春：吉林文史出版社， 2003 年版，第 47 頁。

蘇軾生前他的作品就傳入日韓。〔註 8〕「蘇軾是日本人最尊敬的中國文人之一。」〔註 9〕在國外對蘇軾的研究中，日本漢學家地緣上得近水樓臺之方便，有長久深遠的根基。日本文人在蘇軾赤壁之遊的時間，常舉行赤壁會，在蘇軾生日那天舉行壽蘇會，出版蘇軾研究集。近百年來，歐、美也開始出現蘇軾的愛好者和研究者，特別是林語堂先生以英文出版《蘇東坡傳》以後，今天的蘇軾已成了各國學者共同的研究對象。歐美學術界對蘇軾的研究起步較晚，但是從最近出版的一些專著和論文看，他們的研究也有足資借鑒的成果。國外對蘇軾的研究領域大致分爲：（1）蘇軾集子的校刊、版本。（2）外文翻譯，如英國漢學家阿瑟・威廉用英文翻譯的《中國詩歌集》中翻譯了蘇軾的幾首詩歌，希里爾・克拉克所譯《東坡賦》，介紹了蘇軾的歌賦。而日本漢學家小川環樹翻譯的《蘇軾》，進藤光男出版的蘇軾譯本《蘇東坡》也對蘇軾的詩詞歌賦進行了翻譯整理。（3）年譜傳記。如美國漢學家喬治・海奇寫的《蘇軾傳》是海外學術性較強的蘇軾傳之一。海奇指出蘇軾一生中思想的三個主要方面：隨緣自適的哲學；對佛學的喜好；文學境界的創造。此外，日本漢學家山本和義寫的《蘇軾》傳記代表了日本研究蘇軾傳記的較高成就。（4）作品的分析研究。如法國漢學家巴拉斯編撰的《宋代文史資料大全》中，對《蘇氏易傳》、《東坡書傳》、《東坡題跋》、《東坡樂府》、《東坡志林》等作品進行了分析。（5）還有一些論文涉及對蘇軾思想的研究，如 1964 年華盛頓大學的安朱・馬奇寫的博士論文《蘇東坡的山水觀》對蘇軾宇宙觀、自然觀有所涉及。1982 年普林斯頓大學的彼得・包爾完成的博士論文《中國十一世紀的文與道之爭》，他把蘇軾對「文」與「道」的看法與當時其他重要的思想家的看法作了比較。（6）哲學層面研究。日本漢學家吉川幸次郎分析蘇軾的宏觀哲學有四個層次，即：①以莊學的「相對」觀承認悲哀的存在；②用悲哀存在的普遍性來否定對悲哀的執著；③把人生視爲一個漫長的持續的時間過程以減輕悲哀與絕望；④把握人生的主動權與悲哀抗爭，變絕望爲樂觀與希望。韓國張尹炫著《出世態度入世業——對蘇軾人生態度的一點思考》（《齊魯學刊》2000 年第 3 期），對蘇軾人生態度進行了分析，是國外研究蘇軾倫理思想中難得的佳作。

〔註 8〕曾棗莊：論蘇學，載《中國蘇軾研究》第一輯，北京：學苑出版社，2004 年版，第 519 頁。

〔註 9〕池澤滋子：日本文人的赤壁遊和壽蘇會，載《中國蘇軾研究》第一輯，北京：學苑出版社，2004 年版，第 477 頁。

蘇軾是中國文學史上的奇才，每一代都有人眞心崇拜蘇軾，走近蘇軾，叩問蘇軾。蘇軾是歷代研究得最多的文學家。就時代看，南宋、清代，尤其是近代中國學者對他的研究更是不遺餘力，成績斐然。蘇軾研究在不同時期、不同領域極不平衡。按照現當代的學科分類，蘇軾的著述涉及政治學、哲學、美學、文學、書學、畫學、史學、宗教學、軍事學等不同領域，都很值得進行專題研究，其中不少領域早已有人進行過專題研究。從研究方法看，研究者開始注意拋棄舊的研究模式，克服實證的傳統研究法之弊，重視人文內涵的現代化方法，把蘇軾研究置於宋代文化背景和地區亞文化背景的研究中，進行綜合的、多學科交叉的探尋。最爲可喜的是：研究者們運用西方學術研究方法，例如系統論、結構主義、文化人類學、心理分析學、接受美學等，融入中國的教育心理學、文獻學、定量分析學等研究方法，產生了一批選題新、論證新，思想性和藝術性相結合的專著和論文，研究方式出現許多文化原型的、多元化的、重新組織的立體文化形態。

20 世紀以來，林語堂於 1937 年以英文寫成《樂知天命的天才——蘇東坡》爲西方學者研究蘇軾提供了可貴的參考資料。1976 年孫鐵男著《東坡詩之研究》將蘇軾文學理論上的基本觀點歸納爲六點：文以述道；博學精讀；文由自然；辭達爲文；文窮而工；文蘊禪機。游信利著《蘇東坡的文學理論》，提出了所謂「三理」、「五因」說。作者提出「三理」，即（1）創作論——自然成文，（2）場地論——文窮而工，（3）達意論——辭達而已，來說明蘇軾的文學理論。「五因」是造成蘇軾文學成就的原因：（1）不凡的天分，（2）豐富的經驗，（3）積極的人生，（4）益友的互磋，（5）有恒的創作。曹樹銘在《東坡與佛道之關係》一文中論述了五個問題：東坡與道家的關係；東坡與佛家之關係；東坡對於孔老佛之見解；東坡之時代背景；東坡彌留時之實錄及其人生觀。此外，1981 年王水照著《蘇軾》，1984 年劉國珺著《蘇軾文藝理論研究》，1986 年蘇軾研究學會編《論蘇軾嶺南詩及其他》，1997 年朱靖華著《蘇軾論》，2002 年洪柏昭著《三蘇傳》，2004 年王水照、朱剛合著《蘇軾評傳》等著作對蘇軾思想展開深入、細緻、具體入微的研究。在這些研究中，對蘇軾倫理思想研究最突出的是 1996 年唐玲玲、周偉民合著的《蘇軾思想研究》。在本書中，作者全面研究了蘇軾的哲學思想、社會學說、經濟思想、倫理觀、教育思想、歷史哲學、自然科學觀、文藝思想。其中，作者提出蘇軾的倫理思想是「寬容、眞誠的倫理觀」，它包括：一、「至仁」、「至誠」的道德觀念；

二、禮、義、信、廉、孝悌說；三、名實觀；四、士大夫的品格修養。這本書代表了目前對蘇軾倫理思想研究的最高成果。此外，還有王世德著《儒道佛美學的融合——蘇軾文藝美學思想研究》（重慶出版社出版）。

蘇東坡的人格精神，是20世紀80年代以後蘇東坡研究的一個重要內容。楊勝寬著《蘇軾人格研究》對蘇軾的人格進行了深入分析。該專著把握住研究對象蘇軾人格的整體性，將蘇軾的人格放入世界文化、中國傳統文化發展的長河中去考察，放入宋代整個歷史背景中去考察，並作系統的全面的闡釋。在蘇軾人格思想的統攝下，楊先生將蘇軾人格特徵定爲狂直處物、銳於報國、知行統一、獨立不黨、情不離性、樂天知命、養氣養生、清遠脫俗等八個方面，並將蘇軾人格特徵的形成原因歸結爲家庭環境、地方文化、傳統文化、宋代人文環境等的影響與蘇軾人生體味、政治與藝術經歷等六個方面，並進行了系統的全面的論述，印證「蘇軾的文化品質就是蘇軾的人格」的結論。學者冷成金著《蘇軾的哲學觀與文藝觀》（北京學苑出版社，2004年版）參照西方現代文論的有關思路，以一個全新的角度，對蘇軾的文藝觀提升到哲學的高度進行闡釋，對其儒學思想中的哲學觀、創作論、藝術風格論進行客觀評論與闡述。胡昭曦、劉復生、粟品孝著《宋代蜀學研究》（成都：巴蜀書社，1997年版）一書，對兩宋蜀學的形成、傳播、鼎盛及學術思想的特點，與理學、新學之分歧，蜀學與易學之關係等問題做了專題深入的探討。蕭永明的《論蘇氏蜀學的學派特徵》、《論蘇氏蜀學對佛道之學的汲取》，對蘇氏蜀學的本體論、人性論、修養論等方面展開了研討。金諍、夏露、蔡方鹿、陳啓漢、王國炎、楊勝寬、何江南諸人對蘇軾思想均做過闡論。孔繁的《蘇軾〈毗陵易傳〉的哲學思想》（《中國哲學》第9輯），是一篇通過挖掘《東坡易傳》精蘊揭示蘇軾哲學思想的專題論文。耿亮之的《蘇軾易學與其人格》（《周易研究》，1996年第3期），對東坡易學與人格的文化底蘊做了研究。余敦康的《內聖外王的貫通：北宋易學的現代闡釋》（上海：學林出版社，1997年版）特闢一章專門論述蘇軾的《東坡易傳》。這些研究的作品充分表明，蘇軾的研究進入了一個新的高潮。

同時，學界對蘇軾思想與儒、道、釋之間關係研究逐漸深入。繼20世紀40年代林語堂提出的儒佛道爲蘇軾的「混合的人生觀」看法後，許多研究者亦已認同。中國科學院文學研究所的《中國文學史》認爲：「蘇軾思想的顯著特點是『雜』。他所倡導的蜀學就是融合佛、道、儒三家的大雜燴。」冷成金

《對傳統士大夫人格的超越：論蘇軾黃州時期的思想與實踐》（《中國人民大學學報》1991年第4期）認爲：蘇軾在黃州時期，「將佛、道思想作爲一種認識自我、發展自我、顯揚自我的理論依據和精神支柱」。趙捷等認爲，蘇軾政治上是以儒家爲主導思想，生活上是以佛老爲主導思想。朱靖華《蘇軾論》提出：蘇軾借助佛、道否定塵世、追求超然曠達的心境，既獲得了精神慰藉，又治癒了內心的創傷，並從全身心迸發出愜意的快感。

綜觀國內外對蘇軾的研究，可以看出：（1）西方學者對蘇軾的研究範圍比較狹窄，主要是以蘇軾的詩詞、散文名篇作爲對象，局限於從文學、美學的視角去研究蘇軾，很少涉及蘇軾的倫理思想或者他思想中的倫理內容，換言之，西方學者很少從哲學倫理的角度去考慮問題，他們更多的是把蘇軾作爲一個藝術家、一位詩人來看待，他們所關心的是蘇軾的美學思想及其作品中表現出來的美學特徵。（2）在國內對蘇軾思想的研究中，研究的範圍非常廣泛，研究的視野非常開闊，研究的成果非常之多。而對蘇軾的哲學、倫理學思想，歷來缺乏研究，尤其是對其倫理思想，更是極少有人涉足，也無可借鑒的成果。從筆者所掌握的現有資料看，把蘇軾作爲一位倫理思想的巨人去展開全面的、深入的研究，或者說從蘇軾倫理思想的哲學基礎、政治倫理思想、經濟倫理思想、文藝倫理思想、人生哲學等方面展開較爲系統的深入的研究尚無。這客觀就爲本選題留下了研究的空間。

三、本論文的基本思路和方法

本論文從宋學構成及蘇學體系的整體考察入手，揭示蘇軾倫理思想產生的時代背景和思想文化淵源，探討蘇軾倫理思想的主要內容、基本特徵和歷史地位，認爲蘇軾倫理思想不僅有對傳統儒釋道倫理思想的吸收與辯證揚棄，還有對經濟倫理、政治倫理和文藝倫理的深刻闡發，對人生哲學的洞觀，成爲中國倫理思想史上一份難得的精神財富。秦觀指出：「蘇氏之道，最深於性命自得之際，其次則器足以任重，識足以致遠，至於議論、文章，乃其與世周旋，至粗者也。閣下論蘇氏而其說止於文章，意欲尊蘇氏，適卑之耳。」（《淮海集》卷三十《答傅彬老簡》）作爲蘇門四學士之一，秦觀深得蘇軾之道，指出了蘇軾之學之關鍵在於「性命自得之際」。蘇軾一生著作浩繁，但他自己最得意處卻是《尚書解》、《論語註》、《毗陵易傳》等。黃宗羲、全祖望在所編《宋元學案》中列蘇氏父子爲蜀學之首領，標舉其學術宗旨爲一家之言。《宋元學案》既列蜀學為一章節，說明明清以來學界雖視蘇學為正統之異端，但大體上還把它看成是宋學一個重要分支。朱熹認為，蘇軾之學「推闡理勢、言簡志明，往往足以達難顯之情，而深得曲譬之旨，蓋大體近於王弼，而弼之說惟暢玄風，軾之說，多切人事，其文辭博辯，足資啓發」(《朱子語類》)。應該說，朱熹的這一論說是比較精準的，指出了蘇軾倫理思想的內在特質和價值取向。蘇軾的倫理思想不僅闡幽探微，近於王弼之發掘義理，關注道德之形上追求，而且「多切人事」，以現實人生和實用理性為思考維度，富有人本意識和人文精神。從某種意義上說，蘇軾的倫理思想體現了一種「尊德性而道問學，致廣大而盡精微，極高明而道中庸」的學術品質和精神，彰顯的倫理智慧具有雅俗共賞的普世性意義。

本論文採用的研究方法有：

（1）辯證唯物主義和歷史唯物主義的世界觀和方法論。這是蘇軾倫理思想研究中最基本的方法。在蘇軾倫理思想的研究中特別要堅持實事求是的原則，結合他的人生經歷、從政實踐和創作生活實際去研究他的倫理思想，不拔高，也不貶低，堅持批判繼承的方法和原則。

（2）文獻研究法。蘇軾沒有留下專門的倫理學專著，他的倫理思想也沒有表現為系統的理論性文字，而往往散見於其全部著作中。因此，必須採用文獻研究法，對蘇軾的作品進行分析整理，去粗取精，把握其精神實質。同時，前人和時人對蘇軾的研究文獻資料十分豐富，因此研究中必須充分地佔有資料，進行文獻調研，掌握有關蘇軾倫理思想的研究動態、前沿進展，這是科學、有效、少走彎路的必經階段。

（3）系統分析法。蘇軾是一個很有個性的作家，他對哲學、政治、歷史、人生、文藝，都有自己獨特的看法。研究蘇軾的倫理思想，必須結合他的整個思想，來考察他的倫理觀。他的倫理思想與他的哲學觀、政治觀、經濟觀、文藝觀、人生觀緊密地結合在一起。離開了他的思想整體，孤立考察其倫理思想，不容易把問題說清楚。

（4）比較研究法。把他的倫理思想與前人和同時代的人的有關主張作一點比較，得出結論，從而作出評價。

（5）研究蘇軾的倫理思想必須從交叉研究、綜合研究入手，深入其哲學思想、政治倫理、經濟倫理、文藝倫理、人生哲學等諸多方面進行全方位審視和探討，纔能對蘇軾倫理思想作出接近客觀實際的科學評價。

「文章最忌隨人後，著述從來貴創新。」前已述及，大部分研究者注意的多是蘇軾的文學、藝術、政治方面的成就，對蘇軾的倫理思想很少涉及，甚至有很多人對蘇軾是否有倫理思想存有疑問。考察蘇軾的倫理思想，有利於我們更爲全面深刻地認識蘇軾的歷史作用和歷史地位。

研究蘇東坡的人代代相湧，隨著時日的推移，資料愈來愈豐富，而離蘇軾所處的時代已愈來愈遙遠。蘇東坡的人格精神與作品跨越時空，研究者也要突破時空的限制，不論身處何地，不管生在何時，都須跨越時空走進他的內心，走進那個特殊時代，一道閃光，一道受難，一道吟詩揮毫，而且還要從歷史迷霧中走出，冷靜地深具情懷地審視中國文化史上的大才子。研究蘇東坡這樣的大才子，研究者同樣須通古今之變，既要有沉穩探究的勇氣，也要有靈動飄逸的才情。

第一章　蘇軾倫理思想的文化淵源與基本特徵

蘇軾，一個集詩詞歌賦、琴棋書畫、哲學倫理、治國理政於一體的曠世奇才，士大夫心儀神往的人格典範，民間婦孺喜聞樂道的豪士雅客，他有一派剛直不屈的執著風節，一顆善於解脫的智慧心靈和一副眼見天下無一個不是好人的善良心腸。蘇軾的倫理思想是蘇軾人生品格的精神反映，亦是蘇軾對人生為什麼要有道德，怎樣纔能使人生有道德，人所需要的道德究竟是什麼諸問題的不懈求索與深刻思考的集中表徵。蘇軾倫理思想是蘇學（蜀學）的重要組成部分，同時也以其獨特的個性與「和而不同」的品格挺立於「宋學」或宋代倫理思想的廣袤原野，在「萬紫千紅」的群芳譜系中散發著獨特的清幽馨香，於遠近觀賞者以心曠神怡的精神饋贈。

一、蘇軾的生平與著作

蘇軾（1037－1101），字子瞻，又字和仲，號「東坡居士」，眉州眉山（即今四川眉州）人，北宋著名的文學家、書畫家和思想家。與他的父親蘇洵、弟弟蘇轍皆以文學名世，世稱「三蘇」；與漢末「三曹父子」（曹操、曹丕、曹植）齊名。且蘇軾與唐代的韓愈、柳宗元和宋代的歐陽修、蘇洵、蘇轍、王安石、曾鞏合稱「唐宋八大家」。並與黃庭堅、米芾、蔡襄被稱為最能代表宋代書法成就的書法家，合稱為「宋四家」。他的父親蘇洵，即是《三字經》裏提到的「二十七，始發憤」的「蘇老泉」。蘇洵發憤雖晚，但用功甚勤。蘇軾晚年曾回憶幼年隨父讀書的狀況，感覺自己深受其父影響。在嘉祐元年

（1056 年）以前，蘇軾是在自己的家鄉度過的。他在兒童時期已經顯露了過人的聰慧。十歲時，父親蘇洵叫他寫一篇習作《夏侯太初論》，他竟能寫出「人能碎千金之璧，不能無失聲於破釜；能搏猛虎，不能無變色於蜂」這樣善於把握人物內心活動的句子（郭輯本《王直方詩話》「東坡作〈夏侯太初論〉條」）。嘉祐元年，蘇軾二十一歲，其父將他和蘇轍兄弟倆帶到汴京，並將他們介紹給當時的文壇盟主歐陽修和其他知名之士，歐陽修大加贊賞。次年參加歐陽修主持的禮部科試，蘇軾以一篇《刑賞忠厚之至論》獲得主考官歐陽修的賞識，高中進士。不久，因母親程氏在四川家中病逝，蘇軾父子三人回蜀奔喪。

嘉祐元年，蘇軾首次出川赴京，參加朝廷的科舉考試。在翌年，他參加了禮部的考試，嘉祐六年（1061 年），蘇軾應中制科考試，即通常所謂「三年京察」，入第三等，授大理評事、簽書鳳翔府判官。後逢其父於汴京病故，丁憂扶喪歸里。熙寧二年（1069 年）服滿還朝，仍授本職。蘇軾幾年不在京城，朝裏已發生了很大的變故。神宗即位後，任用王安石變法。蘇軾的許多師友，包括當初賞識他的恩師歐陽修在內，因在新法的施行上與新任當國王安石意見不合，被迫離京。朝野舊雨凋零，蘇軾眼中所見的，已不是他二十歲時所見的「平和世界」。蘇軾因在返京的途中見到新法對普通老百姓的損害，故很不同意宰相王安石的做法，認爲新法不能便民，便上書反對。這樣做的一個結果，便是像他的那些被迫離京的師友一樣，不容於朝廷。於是蘇軾自求外放，調任杭州通判。蘇軾在杭州呆了三年，任滿後，被調往密州、徐州、湖州等地，任知州。這樣持續了大概十年，蘇軾遇到了生平第一禍事。當時有人故意把他的詩句扭曲，大做文章。元豐二年（1079 年），蘇軾到任湖州還不到三個月，就因爲作詩諷刺新法，「文字譭謗君相」的罪名，被捕下獄，史稱「烏臺詩案」。蘇軾坐牢 103 天，幾瀕臨被砍頭的境地，幸虧北宋在太祖趙匡胤年間即定下不殺大臣的國策，蘇軾纔算躲過一劫。出獄以後，蘇軾被降職爲黃州團練副使。這個職位相當低微，而此時蘇軾經此一獄已變得心灰意懶，於公餘便帶領家人開墾荒地，種田幫補生計。「東坡居士」的別號便是他在這時爲自己起的。

宋神宗元豐七年（1084 年），蘇軾離開黃州，奉詔赴汝州就任。由於長途跋涉，旅途勞頓，蘇軾的幼兒不幸夭折。汝州路途遙遠，且路費已盡，再加上喪子之痛，蘇軾便上書朝廷，請求暫時不去汝州，先到常州居住，後被批准。當他準備南返常州時，神宗駕崩。哲宗即位，高太后聽政，新黨勢力倒臺，司馬光重新被啓用爲相。蘇軾於是年以禮部郎中被召還朝。在朝半月，升起居舍人，三個月後，升中書舍人，不就又升翰林學士。當蘇軾看到新興勢力拼命壓制王安石集團的人物及盡廢新法後，認爲其與所謂「王黨」不過一丘之貉，再次向皇帝提出諫議。蘇軾至此是既不能容於新黨，又不能見諒於舊黨，因而再度自求外調。他以龍圖閣學士的身份，再次到闊別了十六年的杭州當太守。蘇軾在杭州搞了一項重大的水利建設，疏濬西湖，用挖出的泥在西湖旁邊築了一道堤壩，也就是著名的「蘇堤」。蘇軾在杭州過得很愜意，自比唐代的白居易。元祐六年（1091 年），他又被召回朝。但不久又因爲政見不合，被外放潁州。元祐八年（1093 年）新黨再度執政，他以「譏刺先朝」罪名，貶爲惠州安置，再貶爲儋州（今海南省儋州市）別駕、昌化軍安置。徽宗即位，調廉州安置、舒州團練副使、永州安置。元符三年（1100 年）大赦，復任朝奉郎，北歸途中，卒於常州，謚號文忠。享年六十六歲。

反映蘇軾倫理思想的著述有《東坡易傳》、《易論》、《書論》、《詩論》、《禮論》、《春秋論》、《中庸論》、《禮義信足以成德論》、《形勢不如德論》、《禮以養人爲本論》、《刑賞忠厚之至論》、《論好德錫之福》、《既醉備五福論》、《申命論》、《孔子從先進論》、《春秋定天下之邪正論》、《儒者可與守成論》、《物不可以苟合論》、《王者不治夷狄論》、《劉愷丁鴻孰賢論》、《伊尹論》、《子思論》、《孟子論》等。

二、蘇軾倫理思想產生的歷史背景

蘇軾不是把全部思力灌注於概念推導的哲學家，他的倫理思想如水銀瀉地一般，貼近自然事物、現實人生和當代社會。鑒於此，我們在剖析其倫理學說之前，必須要瞭解他所處時代的政治、經濟和文化。

1. 北宋社會政治的基本特點

宋代的政治非常複雜，政治鬥爭異常尖銳，這促成宋人有強烈的現實精神和憂患意識，而宋代的政治制度又爲宋人積極的參與意識提供了充分條件。

眾所周知，宋朝的政治制度是君主獨裁的中央集權整體的成熟形態。這一政體在世界歷史上的發展，以其在中國的情形最爲典型。宋朝本身是由軍閥建立的，但爲了不再被別的軍閥取代，太祖趙匡胤和太宗趙光義採取了一系列加強中央集權的政策。他們相繼剿滅了許多割據政權，統一天下後，便用「杯酒釋兵權」的巧計解去了武臣的兵柄；用龐大的禁軍來養兵，收羅了社會上容易嘯聚作亂的無業游民，並充實中央的軍事力量；派遣文臣帶京官銜外出，取代軍人掌握地方行政，並設置通判一職，來牽制和分掌地方官的權力；又任命發運使、轉運使掌握各路的財政；在中央政府設參知政事爲副相，以樞密使掌兵，三司使理財，分散宰相的權力；完善科舉制度，大量增加進士科錄取名額，用來培養文官體系；定下「不殺士大夫與上書言事者」的祖訓，以鼓勵士人來參加政治活動；還使文臣撰修《太平御覽》等書，加強「尚文」的風氣……這一系列措施，在宋代被稱爲「祖宗家法」，即太祖、太宗定下的老規矩。通過這個「祖宗家法」，政權、財權、兵權及意識形態都走向集中，君主獨裁得以實現，使宋代成爲中央集權政體完備成熟的時代。

宋代中央高度集權，國家機器非常龐大。這既有利於政權的相對穩定，也造成了始終無法克服的冗官、冗兵、冗費的弊端。到北宋初、中期已「五倍於舊」，最終造成員冗權分，但宋朝帝王害怕武將仿效自己以兵變奪權的故伎，常使兵不知將，將不知兵，致使教習不精、士氣不振，戰鬥力極爲低下。冗官耗於上，冗兵耗於下，再加上不斷對外賠款，造成國弱民窮的局面。階級矛盾與階級鬥爭也隨著「恩逮於百官者惟恐其不足，財取於萬民者不留其有餘」〔註1〕，變得日趨尖銳。宋朝是外患最多、最長也最爲嚴重的朝代，而在對外實力上始終十分衰弱，十戰九敗。北宋的外患主要來自遼和西夏。對外戰事的無能不但表現在屢敗的戰局上，更主要表現在政策的屈辱上。最高當局在失利後無不以苟和爲基本國策，甚至發出「謹守臣節」的哀歎，令仁人志士無不爲之扼腕切齒。

在兩宋政治生活中，朋黨之爭是一個非常突出的現象，其持續時間之長，黨禍之慘，波及面之廣、影響之大，不能不令後世學子給予重視。北宋王朝在中國歷代封建社會中，政治是最開明的。開國皇帝趙匡胤既有不殺大臣的家詔，又有抑武重文的主張，這種思想貫穿於整個北宋。在開明政治和文治主義的背景下，一大批傑出文人政治家脫穎而出，或鞠躬盡瘁，或剛直不阿，或清介重厚，或勇於改革，在歷史上都留下千古英名。但是由於歷史局限，再加上每個人地域、出身、個性及政治主張不同，在不同的時期這些人就分爲不同的派別。派別之間時常發生爭鬥，從而也形成了北宋歷史上獨具特色的朋黨之爭。大而言之，北宋一代先後出現了幾次高潮：熙寧、元豐時期的黨爭；元祐新、舊黨之爭；元祐時期的洛、蜀、朔、黨爭等。朋黨之爭有其

〔註1〕趙翼：《廿二史箚記》。

兩個顯著特點：一是朋黨之爭大都發生在文臣之間。文人尊儒崇禮，比較含蓄，因而鬥爭手段比較文明。最嚴重的也就是貶官流放，或刻石立碑稱「黨人」讓其丟面子。 二是朋黨之爭有濃厚的地域色彩。尤其第一次、第三次爭鬥的主角明顯可分爲南北兩派，狹隘的地域觀念左右了官員的政治傾向，成爲朋黨之爭潛在的動因。朋黨之爭的後果非常嚴重。第一，它阻礙了北宋社會的發展。由於朋黨相爭，官員意氣用事，使得朝廷四分五裂，政令不通，社會經濟受到嚴重損壞。第二，朋黨之爭是導致北宋亡國的重要原因。王安石變法以後，朋黨之爭進入白熱化。「熙寧」、「元祐」兩黨曾交替執政，使得一些重要的法律朝令夕改，鬧得地方官員和普通百姓根本無所適從，嚴重傷害了中央政府的權威。以至於當金兵大舉入侵時，朝廷失去號召力，竟組織不了有效反抗，遭受靖康之恥。難怪有的歷史學家把北宋滅亡原因直接歸咎於朋黨之爭。

在中國歷史上，「文人主政」，無論歷史長度和徹底性而言，達到宋代這一程度的可以說沒有。「偃武修文」、「重文輕武」是北宋的基本國策。這一國策是通過「釋兵權」落實的，進而造成了「文人主政」的局面。北宋政治可以說完全是文官或者說是讀書人的天下。仁宗時蔡襄曾經說過：「今世用人，大率以文詞進：大臣，文士也；近侍之臣，文士也；錢穀之司，文士也；邊防大帥，文士也；天下轉運使，文士也；知州郡，文士也。」〔註2〕誠如太宗所言，他是「與士大夫治天下」。文人主政造成了以下幾個優點：首先，北宋政治還算穩定，統治集團自身沒有什麼內亂，宮廷陰謀較少，君臣關係還算和諧，而且君主在人格修養方面或在「仁」、「德」方面還有值得肯定之處。在這一點上，北宋應該說比所有朝代都強。北宋諸帝與士大夫之間關係的和諧是歷代少有的。這表現在君臣之間免除了暴力和血腥的威脅，也體現在相對的「民主」上。其次，北宋集權專制程度雖然很深，但在言論、思想方面卻比較寬鬆、自由。學術空氣的民主導致了思想文化的發展，這就取得了文人的完全支持，並在感情上達到了對這一政權和最高統治者的認同和忠誠。

上述社會政治風氣的變化必然影響到士大夫的政治態度，使之具有更強烈的參與意識和更深刻的憂患意識。由於文人和政治的關係更爲密切，文人、官僚、政治家三位一體的現象較歷代更爲突出，因而在政治上的直接參與和直接承擔也比前代更多。以批評政治爲己任，而且以實施政治爲職責。范仲

〔註2〕蔡襄：《蔡中惠公集》卷十八。

淹用來自勉的「進亦憂、退亦憂」,「先天下之憂而憂」(《岳陽樓記》)的格言,可以概括兩宋許多進步作家兼政治家積極入世的現實精神和憂患意識,這要遠超出「達則兼濟天下,窮則獨善其身」的傳統觀念。宋代作家則大都從仕途中走過來,而且往往越是大作家官位就越高,如歐陽修、王安石、蘇軾等莫不如此。

2. 北宋社會經濟的發展

北宋結束了五代十國分立割據的局面,為社會經濟發展創造了有利條件。北宋時期封建的租佃契約關係得到較大的發展,佃戶對地主的人身依附關係有所削弱,勞動者的生產積極性有了提高。經過廣大人民群眾的辛勤勞動,北宋時期的農業、手工業以及商業,都有顯著發展,社會經濟呈現出新的繁榮。

(1)農業生產的發展和佃戶身份的某些變化

農業生產的發展。北宋時,南方農民普遍使用龍骨翻車來戽水灌溉,同時,比龍骨車運轉力更大的筒車,也用來引水上山,灌溉山田。農業生產技術也有明顯提高。在北宋的墓葬中,往往發現成組的鐵製農具。北宋建都開封,對黃河、汴河的堤防特別重視,經常修治。隨著北宋的統一,南北農作物品種得到交流。水稻的優良品種在北宋時已不少,占城稻即其中之一。

佃戶身份的某些變化。北宋的租佃制有兩種形式:即「合種」和「承佃」。合種就是佃客用自己耕牛或地主耕牛耕種地主的土地。秋收後,除留農業稅和種子外,一般是佃客用自己耕牛的,產量對分;用地主耕牛的,只分得四成或三成。這種佃客,當時稱之為「分田客」。承佃就是佃客向地主租種土地,一般交納定額租,地租數量多在百分之五十以上。

北宋時期,佃客對地主的人身依附關係的強弱,在各地區之間有較大差別,但總的趨勢是緩慢地向著減弱的方向發展。佃客可以在一定條件下離開原地主而佃種別的地主的土地。同時,佃客購買少量土地之後,就可以自立戶名,成為封建國家的稅戶。

1027年(天聖五年)十一月,宋仁宗頒佈了一個詔書,規定江淮、兩浙、荊湖、福建、廣南等地區的佃客如果「起移」,不再需要取得主人發遣的「憑由」,只要在每年收穫之後,交清地租,就可以和地主商量去留。佃客不能「非時」擅自起移,但地主也不能故意「抑勒」。如果地主非理「攔占」,佃客可以向縣裏申訴。這個詔令是封建政府以法令的形式承認佃客有一定的退佃自由。表明北宋時有些佃客的身份已經發生了一些變化，封建隸屬關係確實有所削弱。

（2）手工業生產的發展和工匠身份的某些變化

北宋的手工業生產也有很大進步。各種手工業作坊的規模和內部分工的細密，都超越前代。生產技術發展顯著，產品的種類和數量大爲增加。

礦冶業在北宋手工業中佔有重要地位。礦冶業的發展，首先表現在開採冶煉規模的擴大以及產量的增加上。北宋時，金、銀、銅、鐵、鉛、煤的開採冶煉規模都相當大。

北宋的瓷器，不論在產量還是製作技術上，比前代都有很大提高。官窯（浙江杭州）、鈞窯（河南禹州）、汝窯（河南汝州）、定窯（河北曲陽）、哥窯（浙江龍泉）是北宋五大名窯。

工匠身份的某些變化。官私手工業作坊中工匠的身份有了變化。私營作坊使用雇傭工匠，他們領取錢米作爲雇值，雇值多少因不同時期、不同部門而異。官營作坊役使的工匠，不是無償服役，而是付給一定的「雇值」。有的生產部門如鑄錢作坊，還出現了類似計件給雇值的方式。這些情況表明北宋工匠所受的封建人身束縛已經有所鬆弛。

（3）商業的發達

中國古代城市的發展，到北宋有了一個新的轉折。北宋以前的城市，一般是坊、市分區，即住宅區與商業區嚴格分開。北宋時，隨著商品經濟的發展和城市人口的增加，徹底打破了「坊」、「市」的界線，商店可以隨處開設，不再採取集中的方式。坊與坊之間的牆壁也都拆除了。

北宋創印「交子」，這是我國使用紙幣的開始，也是世界上最早的紙幣。四川地區一向使用鐵錢，因鐵錢重，攜帶很不方便，10 世紀末葉，成都市場上出現所謂「交子鋪」，發行紙幣——交子，代替鐵錢在市場流通。

3. 北宋思想文化的發展

蘇軾博大豐富的倫理思想並不僅僅源自他天才的獨創，從根本上講，蘇軾倫理思想的出現，是蘇軾適應時代的要求，並能動地推動了時代潮流的結果。因此，考察蘇軾的倫理思想，不僅要對他所處時代的政治、經濟狀況有相當的瞭解，而且對於宋代的思想文化的基本理路，也應該作簡要的梳理。

宋代文化是中國歷史上文化的鼎盛時期。宋代文化既有對其前文化的繼承與吸收，也有其時代自身的推陳與出新，對其後的中國文化產生了廣泛而深刻的影響。陳寅恪曾指出：「綜括言之，唐代之史可分爲前後兩期，前期結束南北朝相承之舊局面，後期開啓趙宋以降之新局面，關於政治社會經濟者如此，關於文化學術者亦莫不如此。」〔註 3〕陳寅恪對宋的評價就很高，他說：「華夏民族之文化歷數千年之演進，造極於兩宋之世。」〔註 4〕他的學生宋史專家鄧廣銘認爲：「宋代是我國封建社會發展的最高階段。兩宋時期的物質文明和精神文明所達到的高度，在中國整個封建社會歷史時期之內，可以說是空前絕後的。」〔註 5〕楊明照先生認爲：「唐代文化有如壯年，豐滿有力，宋代文化似已進入『知命』之年，思想深邃，外貌清臞，更加成熟了。」〔註 6〕日本學者內藤湖南把宋代認作是「近代」的開始，他斷言：「唐代是中世的結束，而宋代則是近代的開始。」〔註 7〕按照內藤的說法，中國在宋代就開始了相當於歐洲的近代文化。美國史學家們認爲：「宋朝不僅在政府和社會組織方面，而且在思想、信仰、文學、藝術方面，還有在通過印刷術普及學術方面，都標誌著近代的到來。這是人文主義的時代，一個同時是詩人、藝術家、哲學家的學者政治家的時代。」〔註 8〕

宋代是中國古代社會思想文化發展的極盛時期，其文化發展具有鮮明的歷史特色，主要表現爲：（一）三教合一；（二）官私學盛；（三）崇尚儒雅；（四）學派林立。在此我們主要分析三教合一。

中國是一個多宗教的國家，宗教的產生和發展歷史悠久。先秦時期，儒家學說是一種政治倫理學說，在「諸子蠭起，百家爭鳴」的春秋戰國時期並未占居主導地位。漢初統治者推崇黃老之說，至武帝時儒學定於一尊後，出現了兩漢經學。經學博士在解釋儒學經典時提出了一套以儒家倫理爲準則，以道家哲學爲基礎，輔之以陰陽五行學說，對儒家學說進行了第一次改造，至此儒學開始儒教化。東漢時，張陵創立「五斗米道」，教門中

〔註 3〕陳寅恪：論韓愈，載《金明館叢稿初編》，上海古籍出版社，1980 年版，第 296 頁。

〔註 4〕陳寅恪：《金明館叢稿二編》，上海古籍出版社，1980 年版，第 245 頁。

〔註 5〕鄧廣銘：談談有關宋史研究的幾個問題，載《社會科學戰線》，1986 年第二期。

〔註 6〕楊明照：關於宋代文化的評價的幾個問題，載《國際宋代文化研討會論文集》。

〔註 7〕內藤湖南：概括的唐宋時代觀，《日本學者研究中國史論著選譯》第一卷，北京：中華書局，1992 年版。

〔註 8〕威廉·蘭格主編：世界史編年手冊，古代和中世紀部分，上海：三聯書店，1981 年版，第 666 頁。

尊老子為教主，是為道教的創立。在西漢末東漢初，佛教開始傳入中土，為求生存與發展，佛教不得不開始本土化的漫長過程。在此過程中，一是向占統治地位的儒家靠攏，二是依附於老莊和玄學。三國時期大批印度和西域僧人來華，從事譯經、傳教的工作，為以後佛教在魏晉南北朝的廣泛傳播起了重要的推動作用。南北朝時，由於帝王垂青佛教，本土化之後的佛教逐漸適應中國社會的需要而紮根和發展壯大，至隋唐時達到鼎盛。北宋初期，統治者對佛教採取寬鬆政策；南宋偏安一隅，江南佛教雖然保持了一定的繁榮，但佛教總的趨勢在衰落。在此期間，佛教與儒、道結合，「三教合一」呈現出發展趨勢。

北宋時期，新儒學即宋學的興起和繁榮，其中尤以理學最為發達。經學自漢代形成「漢學」以後，再未取得實質性的發展，但到宋代，終於打破沉悶的局面，形成具有新風貌的宋學。同時佛教思想，特別是禪宗廣為流行。它以徹見心性、頓悟成佛為宗旨，因而在生活態度上提倡隨緣任運，這就和中國傳統的老莊思想一拍即合，成為中國士大夫化了的佛學思想。另外，老莊思想和道家思想仍很流行。老莊清靜空寂、恬淡無為思想的復歸，進而成為士大夫文人在處理出世、入世矛盾時的精神支柱和收束心性的修養方式及淡泊自然的養生之道。總之，儒、釋、道三教在宋代都很流行，且較之前代更呈現出合流的趨勢。可以說宋代文人在為人處世、言行思維上幾乎無不受其影響和制約，宋代這些思想狀況必然對宋人的思想修養、精神風貌產生深遠的影響。宋人的精神面貌和人生態度更為超脫、達觀、冷靜，對世態炎涼、人生榮辱都看得很透、很淡，特別是在官場失意時多能以樂觀、爽朗、安適的心境對待之，視之為宦海浮沉中司空見慣之事。於是，通過各種途徑，宋人把「窮則獨善其身」的傳統處世態度上升為一種具有新含義的心性修養和理性追求，並漸漸積澱成一代社會風尚。

如果說上述四個特點是宋代思想文化的優點的話，那麼，享樂之風就是兩宋思想文化的不足之處了。

超脫並不是不正視生活，恰恰是為了更好地適應生活，但宋人又未免太現實了，這就在生活態度中形成另一個特點，即享樂之風盛行。這種士風當然直接根源於最高統治者所提倡的世風。宋太祖從建國伊始就讓群臣以「多積金帛」，「多置歌兒舞女，日飲酒相歡，以終其天年」〔註9〕，作為交換條件，

〔註9〕司馬光：《涑水記聞》卷一。

輕易地解除了他們的兵權。從此不但宮中君臣宴樂无度，許多豪門大院、市樓酒肆亦皆沉湎於歌舞飲宴之中；不但腐敗的官僚如此，有清望的賢臣亦莫能外，如晏殊、韓琦、李綱家私皆不減國帑，歌兒舞女皆以數十計；不但出身豪門者如此，出身寒門的也日夜「點華燈擁妓醉飲」。

宋代這些表現在思想界的世風與士風對文風的影響是相當深刻的。宋人的享樂之風對文學的影響主要是消極的，它造成了宋代作品中描寫歌舞升平、酬賓贈妓、流連光景者特別多，這正是爲什麼宋代作家作品雖多，但格調高尚的名作家、名作品卻未能按比例增多的原因之一，也是詞在蘇、辛筆下雖曾一度得到根本性的突破，但後繼者顯得十分微弱，因而始終未能根本擺脫詩餘地位的原因之一。但這種享樂之風，也從反面刺激了某些宋人的憤慨，使他們寫出了許多具有強烈的諷刺性、批判性的優秀作品。像林升「山外青山樓外樓，西湖歌舞幾時休？暖風薰得遊人醉，直把杭州作汴州」（《題臨安邸》）的諷刺之作的出現，正是南宋苟且偷安社會現實的深刻反映。

三、蘇軾倫理思想的文化淵源

儒、釋、道是中國傳統文化的三駕馬車。蘇軾是中國傳統文化的集大成者之一，是全才式的大家。在思想學術層面，儒、道、佛三家是蘇軾思想包括他的倫理思想的主要來源。朱熹在《雜學辯》中將蘇軾的學問歸入「雜學」，王安石與蘇軾論辯時，也認爲蘇學是「縱橫之學」。這些說法不無道理。縱觀蘇軾的一生，除在京師任翰林學士那短暫的歲月外，蘇軾的主要活動是任地方官吏，在宦遊生活中讀書、寫作、接受各地的歷史文化的薰陶，如蜀文化、秦文化、吳越文化、南粵文化都對蘇軾有極其深刻的影響。他的學問駁雜廣博，對各派學說兼收並蓄，各種思潮都對他的思想有所衝擊，這就形成蘇軾思想的複雜和多元。蘇轍在《東坡先生墓誌銘》中記載：「少與轍皆師先君，初好賈誼、陸贄書，論古今治亂，不爲空言。既而讀莊子，喟然歎息曰：『吾昔有見於中，口未能言，今見《莊子》，得吾心矣。』乃出《中庸論》，其言微妙，皆古人所未喻，嘗謂轍曰：『吾視今世學者，獨子可與我上下耳。』既而謫居於黃，杜門深居，馳騁翰墨。其文一變，如川之方至，而轍瞠然不能及矣。後讀釋氏書，深悟實相，參之孔老，博辯無礙，浩然不見涯也。」蘇轍與蘇軾，兄弟的骨肉親情不必說，他們一起成長，一起攻讀，一起中科舉，一起共患難，政治理想和學術主張一致，因此《墓誌銘》中對蘇軾所接受的思想觀念的分析，是可以確信的。因爲蘇軾才氣橫逸，興趣廣泛，融納各家學說，並以開放的眼光，從自己所處的時代、文化環境、生活實踐出發，對傳統思想作多方面的吸收。

1. 儒家倫理思想

蘇軾的倫理思想錯綜複雜，我們可以從中看到儒家、佛家、道家倫理思想的淵源。蘇轍在爲蘇軾作的《墓誌銘》中說道：「（先君）作《易傳》未完，疾革，命公述其志。公泣受命，卒以成書，然後千載之微言，煥然可知也。復作《論語說》，時發孔子之秘。最後居海南，作《書傳》，推明上古之絕學，多先儒所未達。既成三書，撫之歎曰：『今世要未能信，後有君子，當知我矣。』」可見蘇軾對儒家思想經過了苦心研究，滿懷希望有人能理解自己的儒家思想。儒家思想成爲蘇軾倫理思想的基本來源，其原因在於：

第一，儒家倫理思想的歷史慣性作用。

儒家思想由孔子創立，孟荀承繼，逐步發展一整套以「仁」、「禮」爲核心，以「親親」、「尊尊」爲立法原則，提倡「德治」，重視「人治」的思想體系。儒家學派及其思想對中國、亞洲乃至世界都產生過極其深遠的影響。在中國長達兩千多年的歷史長河中，儒家思想被封建統治者長期奉爲正統思想。儒家思想對中國的影響不僅體現在政治、文化等方面，也深深烙刻在每一個中國人的行爲和思維方式之中，構成了中國人的品格、心理和價值觀的基礎。蘇軾所處的宋代，儒家思想正以極其強大的歷史慣性對社會發揮其作用。趙宋政權實行封建主義君主專制的中央集權政治，與之相適應的統治思想是儒家思想。趙匡胤即位之初，施政綱領中即貫穿儒家思想，崇尚忠義，維護仁孝。因此，作爲封建士大夫出身的蘇軾必然受到傳統儒家思想的薰陶和浸染。

第二，家庭環境賦予他深刻的儒家倫理思想。

家庭教育以尊奉儒家道德傳統爲主，在幼年蘇軾的心中播下了儒家思想的種子。蘇軾出身在一個富有文學傳統的家庭，祖父蘇序好讀書，善作詩。父親蘇洵是古文名家，受儒家思想影響頗深，曾對蘇軾悉心指導。蘇洵對蘇軾、蘇轍兩兄弟的教育十分嚴格，三人常聚集研討，剖析古今朝政得失。但蘇洵常年遊歷在外，母親承擔了教育責任。母親程氏有知識且深明大義，曾爲幼年的蘇軾講述《後漢書·范滂傳》，以古代志士的事迹勉勵兒子砥勵名節。父母的言傳身教和蘇軾本人的博覽儒家典籍，塑造了他儒家的政治人格和務實精神，從而奠定了今後政治生涯中的立身基石。蘇軾進京時已二十一歲，儒家修養的深厚導致了他個人性格和詩詞中的激進與慷慨。儒家講入世和有爲，蘇軾從小研讀經史，受儒家思想影響較深，一生中對國家的政治事務，總是敢於堅持自己的意見，不肯做圓滑的官僚。在地方官任上，他興利除弊，關心民生疾苦，大家最耳熟能詳的例子，便是蘇軾在杭州知州任上修築了蘇堤。蘇軾是一個富於社會責任感的士大夫，無論身處何方，都執著於人生。

第三，蘇軾所成長的仁宗時期也是一個人才輩出、群星璀璨的時代，以范仲淹爲代表的「先天下之憂而憂，後天下之樂而樂」的以天下爲己任、奮發自強的儒家用世之精神對蘇軾青年時期的思想也產生了很大影響。《宋史》蘇軾本傳載：「蘇軾自爲童子時，士有傳石介《慶曆聖德詩》至蜀中者，軾歷舉詩中所言韓富、杜范諸賢以問其師，師怪而語之，則曰：『正欲識是諸人耳！』蓋已有頡頏當世賢哲之意。」

那麼，儒家倫理思想的影響又體現在哪些方面呢？我們認爲，儒家思想對蘇軾倫理思想的影響主要體現在政治倫理、經濟倫理、人生理想等諸多方面。

在政治倫理思想方面，儒家思想在發揮主導影響作用。儒家有爲的倫理思想始終占著上風，是其思想的核心，有爲的思想作爲其倫理思想的理論基礎而貫穿了他的整個人生。其倫理觀主要體現出儒家勤政愛民、積極入世、有爲的一面。

在經濟倫理方面，儒家的濟世愛民思想，影響蘇軾的經濟倫理價值取向。無論是在地方官任上，還是處在被貶落難的困境中，他始終堅持爲國興利、民富國強的價值理想。

在人格理想方面，蘇軾以實際行動實踐了儒家之道，在精神上則以「居廟堂之高，則憂其民；處江湖之遠，則憂其君」的儒家理想人格爲最高追求。唐宋時期，中國的政治社會結構發生巨大的變革，並使得士大夫的價值觀念與人格理念也發生重大變化。宋儒推崇孔顏之樂，希望在承擔社會責任的同時又有個人的身心自在，在具有深切憂患意識的同時又不能放棄閑適的心態，在堅守道義情懷的同時又具有灑落胸襟。他們既想追求精神獨立，但又不能擺脫社會依附的階層，他們系統地接受了儒家思想，將出仕作爲實現人生理想的主要途徑。但是處於這個社會歷史背景下的蘇軾又有自己獨特的方面，范仲淹更是提出了儒家理想人格的道德標準：「先天下之憂而憂，後天下之樂而樂。」蘇軾就是在這樣一種政治氣氛的薰陶下走上政壇的。他一生拋卻個人功名利慾，「以天下爲己任」的儒家事功精神正是北宋廣大士人的普遍精神風貌在他身上的反映。

蘇軾畢竟是一位集封建士大夫、文學家和藝術家於一身的複雜人物，他的思想充滿著複雜性。所以，我們不能忽視佛道思想在蘇軾思想體系中的重要性，因爲正是佛道哲學與儒家思想的互補才成就了完整的蘇軾，纔使得蘇軾在儒家的現實世界中得到精神的拯救，他的靈魂纔能在藝術的殿堂裏詩意地棲居。

2. 道家倫理思想

北宋是道風很盛的時代。北宋士大夫接受道家、道教，反思道家、道教，評判道家、道教。道家、道教成爲他們日常生活中非常重要的組成部分。道家、道教的思想深入地滲透到了士大夫的心靈深處，對士大夫的爲人處世、治國理民等各個方面都產生了深遠的影響，對北宋政治、經濟、軍事、外交及思想、學術、文化也都產生了深遠的影響。蘇軾與道家、道教有著十分深厚的淵源。據記載，蘇軾的父親就信奉道教，在蘇軾出生前後，蘇洵曾到道觀裏祈子和謝恩。在學校裏，蘇軾很早就接受了道教的影響，他後來回憶說：「眉山道士張易簡教小學，常數百人，予幼時亦與焉。居天慶觀北極院，予蓋從之三年。」（《眾妙堂記》）蘇軾終其一生，沒有間斷過對道教的追求。第一，青少年時期，蘇軾建立牢固的道家道教信仰與好尚。蘇軾從小就受到道風的薰染，八歲入小學，以道士張易簡爲師，幼年所受的道教影響自然頗深。蘇軾少年時代對道教的信仰與好尚，使蘇軾具有彷彿是天生的道家氣質。蘇軾剛步入青年時就讀《莊子》，對道家經典的研讀，使他在青年時代就有很高的道家知識水平和深厚的基礎。第二，遊宦時期，爲官之餘進行道教修煉，道家思想活躍。蘇軾中進士出仕後，好道之心有所收束，悉心從事政事。然而，隨著時間的推移，他無法抑制對道教的好尚。在爲簽書鳳翔判官時，他在終南縣上清宮如飢似渴地閱讀道藏。道藏的閱讀使蘇軾對道教更加好尚，他的觀念也漸漸發生變化，以至認爲可以將道教修煉與做官結合起來。蘇軾的理想是飛黃騰達，安邦治國，健康長壽，他日成仙。實際上這也是當時官吏的一種普遍追求。這一時期，蘇軾的思想與創作都非常活躍，並明顯帶有道家色彩，創作出了很多具有強烈的道家道教傾向的著名作品，如《赤壁賦》、《後赤壁賦》、《水調歌頭・明月幾時有》等。第三，嶺南晚年時期著力進行道教修煉，熱望成仙。蘇軾晚年被貶嶺南，他感到政治前景黯淡，但又不甘沉淪，就發誓進行道教修煉，想實現自己成仙的宿願。

蘇軾一生信道，故而道家對他的影響是非常全面而深刻的。道家思想深入他的內心，融進他的生活與事業，並在自己的著述中發揮和發展了道教倫理思想。

例如，在政治倫理思想上，蘇軾主張施行儒家的仁政，輔以道家的無爲而治。他提倡以仁治天下，主張皇帝用道家思想反對迷信神仙，避免因迷信而貽誤對國家的治理。他反對猛政，反對擾民，在爲政的實踐中爲民興利除弊，讓百姓安居樂業，在某種程度上都體現出道家無爲而治的思想。其「救人」、「齊物」，也有著明顯的道家烙印。所謂「救人」，即是道教行善積德在政治上的表現；「齊物」是道家的語言，表現出某種自由、平等的思想，用在政治上則體現了仁政與博愛。蘇軾在政治上直言無隱，爲地方官所至皆有惠政，也和他的「濟時」、「救人」、「齊物」的政治理想密切相關。

又如，在文藝倫理觀上，蘇軾接受了道家特有的思維和藝術模式。換言之，道家思想陶冶了蘇軾的思想與氣質，開發了他的藝術創造力，豐富了他的創作方法與技巧，涵養了他的藝術風格。特別是《莊子》那妙趣橫生的故事，奇特聰慧的思想，辯駁無礙的談鋒，汪洋恣縱的文采，對蘇軾影響尤深。

又如，在人生觀上，蘇軾既爲人生短促而惋惜，又能積極達觀地對待人生。他認爲人生天地之間，渺不足道：「寄蜉蝣於天地，渺滄海之一粟。」蘇軾的處世態度，眞率曠達，自在逍遙，有著非常濃厚的道家成分。道家說：「聖人法天貴眞，不拘於俗」，「與時俱化」，「虛己以遊世」。蘇軾說：「任性逍遙，隨緣放曠，但盡凡心，別無勝解。」二者完全一致。像古代絕大多數士一樣，蘇軾信奉儒家學說，而與一般士不同的地方在於，他所受的道家和佛家的影響非常強烈，這就形成了他特殊的人格與氣質。

蘇軾的倫理思想雖受道家影響，但他始終未能脫離宋人崇儒的軌道，骨子裏有儒家理性主義的體現，從而以「外儒內道」的形式把思想統一起來，形成了自己獨特的政治態度和生活態度。他很欣賞陶淵明的寫作風格，取其率性自然，但又棄其傲岸視物的一面；他深受李白的影響，取其豪壯雄奇，而不取李白的大悲大喜，天馬行空。蘇軾的名言「出新意於法度之中，寄妙理於豪放之外」（《書吳道子畫後》），可以看作是他的創作準則，沒有憤世嫉俗和諷世，就算偶爾有一點遺世高蹈之想，也總要表現一點對人間的留戀，可以說，蘇軾的作品是儒道相結合的最好典範。

郭沫若在《今昔蒲劍・今昔集》中說：「莊子固然是中國有數的哲學家，但也是中國有數的文學家。他那思想的超脫精微，文辭的清拔恣肆，實在是古今無兩。他的書中無數的寓言和故事，那文學價值是超過他的哲學價值的。中國自秦以來的重要文學家差不多沒有不受莊子的影響。」郭沫若的評價是公允的。無論是思想還是藝術，莊子散文都對後世產生了深遠的影響。據陶白《蘇軾論莊子》文中統計，蘇軾詩中引用《莊子》的寓言、詞彙即達三百六十餘處，遍及內、外雜篇。綜觀其一生，從學術到立身之道，從文藝觀念到創作構思，蘇軾接受莊子的影響是相當廣泛的。蘇軾深受莊子崇樸尚眞的思想影響而形成了自然率眞的文藝倫理觀，受莊子超脫思想的影響而形成超脫豁達的人生哲學觀，並積極付諸人生實踐。

3. 佛家倫理思想

相對於其他方面來講，蘇軾的佛學思想是較難考察的，這主要是因爲蘇軾沒有系統的佛學論文，有關佛學的思想散見於他的詩文中，並不系統，而佛學又宗派林立，教義繁雜互現。必須看到的是，考察佛學對蘇軾的影響又是研究蘇軾的倫理思想不能迴避的重要方面。

蘇軾和佛教的淵源很深。蘇軾出身在一個世代信佛的家庭，蘇軾自敘父親蘇洵與母親程氏「皆性仁行廉，崇信三寶」(《眞相院釋迦舍利塔銘》)。受家庭影響，東坡自小受佛教薰染。就其父母而言，與僧人交往很多，其弟蘇轍也篤信佛教。在《子由生日》詩中說「君少與我師皇墳，旁資老聃釋迦文」。在這樣的家庭教育環境中，蘇軾的思想受佛教思想的影響也是必然的。蘇軾早年受儒家思想的影響，「學而優則仕」，青年得志、得意時名滿京城，士林仰望。然而其後卻仕途不順，殘酷的政治現實使他處於北宋政治鬥爭的漩渦，三次遭貶謫，晚年更是遙謫海南，幾乎在流謫中度過了他仕途生活的大半。這種大起大落，使他「致君堯舜」的理想根本沒有機會施展，榮辱、得失、窮達、禍福長時間交替更迭，不能不使他從青年時「奮厲有當世志」轉向消沉，發出「人生如夢」的慨歎。爲了平衡和撫慰自己痛苦的心靈，他只能轉向佛禪尋找解脫，來與苦難的人生相抗衡。在遭貶謫的歲月裏習禪，使得蘇軾即使身處逆境仍有一種隨遇而安的曠達與超脫，他纔能夠盡情享受人生的每一刻時光，充分實現自己在文學和文化方面的獨特價值，他的精神纔能給天地眾生以無盡的滋潤。可見佛家思想對其影響深刻。

總的看來，蘇軾一生無論在文化還是在人格上都受到了佛家的深刻影響，但這並不是說蘇軾對佛家的接受是一個平穩漸進的過程，相反，蘇軾有時對佛家是持激烈的詆斥態度的。應該說，蘇軾對於佛家的接受有這樣兩個特點，一是在文化和人格上易於接受佛家的影響，但在政治觀點上卻傾向詆斥佛家；二是在早年和仕途順利的時期對佛家微詞甚多，而在遭受貶謫和晚年時期則對佛家青眼有加。

在政治上蘇軾對待佛教又是另一種態度，認爲在政治的實際操作中，佛教和老莊是有害而無利的，蘇軾的詩文中應該有三百處左右用到「禪」字，其中有些「禪」與佛學有關，與佛學有關的大約有兩百處左右。但這些「禪」字並不一定都與禪宗有關，我們能夠肯定的是蘇軾十分喜歡禪，不僅詩文中是如此，生活中也是如此。冷成金先生考察了佛教對蘇軾的影響後提出：

第一，蘇軾與中國化的佛教宗派關係密切。南禪、華嚴宗、天台宗、雲門宗對蘇軾的影響最大，在這四個宗派中，前三者最具中國特色，而雲門宗「三教合一」的思想特色，更是對南禪、華嚴宗、天台宗中國化的推進。由此看來，蘇軾並不是要研究佛學，更不是要做一個虔誠的佛教徒，而是要綜合這些中國化的佛教宗派的思想特點，建構新的思維方式和哲學思想。

第二，蘇軾在表達他的佛學觀點時融進了大量的儒、道思想。本來，南禪、華嚴宗、天台宗、雲門宗等宗派就已經中國化了，但它們在融匯儒、道思想時往往以佛教的基本思想爲主體，並且從理論上加以闡述。蘇軾則不同，由於他首先是一個文學家，而表達佛學觀點的方式也是文藝性的詩文，因此，蘇軾往往以儒、道思想爲核心，佛學思想爲引子，爲點綴，最多是作爲「文眼」使詩文的意思得以超越性的昇華。所以，蘇軾佛學思想中的儒、釋、道的交融與南禪、華嚴宗、天台宗、雲門宗的儒、釋、道的交融往往有著不同的取向。

第三，蘇軾學佛的直接目的是爲了更爲透徹地瞭解世事人生，後期學佛則主要是爲了解除煩惱。事實上，佛學對於蘇軾建構超越性的人格有著極大的影響，甚至可以說，沒有佛學，蘇軾就很難使他的人格達到天地境界（參見本文第五章《「人生如寄」——蘇軾的人生哲學思想》）。

佛學是蘇軾的藝術思維和哲學思維的重要資源，而蘇軾也爲佛學向宋代士大夫的生活方式、思維方式、藝術創作和宋學的融匯做出了貢獻。這種雙向的互動，正是佛教中國化的典型特徵。〔註 10〕

〔註 10〕冷成金：蘇軾的哲學觀與文藝觀，北京：學苑出版社，2003 年版，第 318～319 頁。

四、蘇軾倫理思想的基本特徵

蘇軾的倫理思想是十分豐富而深刻的，蘇軾的倫理思想既寓於其詩詞書畫之中，又有著其政論和傳統典籍解說的特別載體，故達到了獨見與彰顯的有機統一，他的詩詞直接揭示倫理主題的可謂不少，即便專門描述自然風光、探論歷史人物的詩詞常常也掩抑不住德性思維的光芒。至於那些重在揭櫫人生哲理、處世圭臬、道德律令、倫理智慧的政論文章和經學典籍的著說，更是其倫理思想難得的文本。蘇軾倫理思想的影響既與其詩詞文學作品的影響密切相關，又有其獨特的道德文化奧蘊和人生哲學意義。不僅有對儒釋道倫理思想的批判和辯證揚棄，更有對經濟倫理、政治倫理和文藝倫理的深刻闡發，對人生哲學的洞觀，成爲中國倫理思想史上一份難得的精神財富。

1. 儒、道、佛倫理思想的揚棄

20 世紀 60 年代通常的看法是：蘇軾思想的顯著特點是「雜」，他所倡導的蜀學就是佛、道、儒三家的大雜燴，大致以「外儒內道」的形式把二者統一起來。關於蘇軾的思想，一般都認爲蘇軾是雜家，兼受儒、釋、道思想的影響，而以儒家思想占主導地位，這在學術界幾乎沒有分歧。學術界普遍認爲，蘇軾在不同時期對待儒、道、釋的態度不同：前期（指貶官黃州以前）主異，認爲儒與釋、道是對立的；後期（從貶官黃州到去世）主同，融合儒、釋、道。但是，如果說蘇軾前期「闢佛、老」，後期則「融合佛、老」，根據並不充分。事實上，蘇軾一生在政治上都在「闢佛、老」，而在其他方面又都在「融合佛、老」，他在融其所認爲可「融」，闢其所認爲不可不「闢」。

近來較爲普遍的看法是：前期以儒家思想爲主，與大量的政治、史論和有爲而作的詩歌，充滿了積極入世的精神和社會歷史責任感。到後期儘管還以儒家的忠義思想自勵，但已參入大量佛道思想，外儒內佛，以求身處逆境時的精神解脫。儒家講兼濟天下，經世致用；釋家講虛靜明達，智慧通脫；道家講清靜無爲，返璞歸眞。儒、釋、道三家作爲中國傳統文化的三大支柱，構成一種文化心態上的統一互補，給中國古代文人以深刻的影響。蘇軾融合了三家思想，但並不是把互相矛盾的諸家教義簡單地混雜在一起，而是在經過了他獨立的選擇和思考之後，兼取各家所長，並加以融會貫通，化爲自己生命意識的一部分，進而表現爲超然、曠達、開朗的人生風格。由於中國傳統哲學主要是由儒、道、佛思想構成的，所以把儒的眞性、道的飄逸、禪的機趣融合起來，我們可以從中體會中國哲學的境界。而蘇軾倫理思想的文化淵源恰恰必須爲儒、釋、道合一的文化淵源。

「蘇軾所建構的思想體系，以《東坡易傳》爲基幹，會通諸家，以儒爲本，融通三教，崇情抑性，重利致用，推自然之理，明人事之功，重視生命的價值，提倡人性的自由，追求曠達的人生境界，表現出一種自然主義的傾向。」〔註 11〕蘇軾走進了儒、道、佛，又走出了儒、道、佛。對於傳統儒、道、佛思想，蘇軾不是簡單被動地吸收，而是以其主體性鎔鑄儒、道、佛的精華，走了一條「自己構成自己」的思想道路。而這個過程是經歷了集構、解構和建構三個階段而最終完成的。〔註 12〕筆者對此說十分贊同。的確，蘇軾在對待傳統文化的態度上，是取其精華，去其糟粕，最終完成揚棄的過程。「蘇軾是一尊屹立在中國文化史上的創造之神，也是活躍在北宋文化園地裏的自由之魂。」〔註 13〕

蘇軾對於儒、道、佛思想是持批判態度的，蘇軾即使曾經吸收過儒、道、佛文化中的有益因素，也還是一種批判性地理解和吸收。也就是說，對於蘇軾來說，儒、道、佛僅僅只是在人生困境之中借以調試自己人生處世的一種文化資源，在這種人生的調試中，有時候佛禪文化的影響程度甚至還不如道家文化重要。蘇軾和佛禪文化之間的因緣所體現出來的獨特之處在於，蘇軾以一種異常瀟脫的姿態出入儒佛，正是這種瀟脫造就了文化史上蘇軾的獨特身影，成爲中國文化史和文學史上的經典模式。也正是蘇軾這種瀟脫、豁達的姿態，導致了蘇軾最終以自己的方式來理解佛禪文化，並最終揚棄了佛禪文化。

蘇軾平生對於佛禪義理採取駁斥的態度，認爲「大抵務爲不可知，設械以應敵，匿形以備敗，窘則退墮沉漾中，不可捕捉，如是而已矣」。蘇軾還形象地描繪了自己對佛教徒的議論進行反駁的狀況，「吾遊四方，見輒反覆折困之，度其所從遁，而逆閉其途。往往面頸發赤，然業已爲是道，勢不得以惡聲相反，則笑曰：『是外道魔人也。』吾之於僧，慢侮不信如此。」在蘇軾看來，儒佛之間本來存在著不謀而同之處。蘇軾晚年貶逐嶺海，這個時候，無

〔註 11〕范立舟：《東坡易傳》與蘇軾的哲學思想，載《社會科學輯刊》，2009 年第 5 期。

〔註 12〕朱靖華：對中國傳統文化的反思和建構，載《中國蘇軾研究》第一輯，學苑出版社，2004 年版，第 23～45 頁。

〔註 13〕朱靖華：對中國傳統文化的反思和建構，載《中國蘇軾研究》第一輯，學苑出版社，2004 年版，第 53 頁。

論是其佛教界朋友還是其親友，都勸說蘇軾再次在佛禪之中尋找解脫。紹聖二年（1095 年），蘇軾的朋友佛印致書，勸說蘇軾道：「子瞻胸中有萬卷書，筆下無一點塵，到這地位，不知姓名所在，一生聰明要做甚麼？三世諸佛，則是一個有血性的漢子。子瞻若能腳下承當，把一二十年富貴功名，賤如泥土，努力向前，珍重珍重也。」佛印是蘇軾多年方外好友，來信固然是安慰身處惠州的蘇軾能夠坦然面對人生逆境，但主要還是勸說蘇軾在人生大起大落之後在佛禪之中尋找安身立命之處，斬斷葛藤，尋求自家本來面目。但是從晚年的文字和行爲來看，蘇軾並未聽從佛印之語而棲心於佛禪。蘇軾臨終之時，有詩送徑山維琳長老：「與君皆丙子，各已三萬日。一日一千偈，電往那容詰。大患緣有身，無身則無疾。平生笑羅什，神咒眞浪出。」詩句中「平生笑羅什」二句，維琳難以索解，蘇軾解釋道：「昔鴻摩羅什病巫，出西域神咒，三番令弟子誦以免難，不及事而終」，正是對佛教信仰的徹底批判。從蘇軾晚年詩作來看，蘇軾在生命的最後幾年確定自己的人生觀之時，把「平生功業」落實在儒家思想之上。

其實，蘇軾從來沒有眞正地局限於哪家思想當中，他只是認眞地生活著，感受著，無論處於怎樣困苦的境地，他都能以儒家入世的態度認眞地生活，以道家出世的態度平衡著心靈，以釋家的四大皆空安慰著自己。他的生活是藝術化的，而藝術又是生活化的。他眞情、深情，又不爲情所累，他寓意於物但不拘泥於物，他看透世事後追求那不變的理；繁華落盡後欣賞那最自然的眞純與清新；洞察表面現象的紛雜而追求內在的神韻。晚年貶居海南的詩寫出了他心中的苦悶：「莫從老君言，亦莫用佛語。仙山與佛國，終恐無是處。甚欲隨陶翁，移家酒中住。」其實無論是道、佛還是陶潛的酒都是蘇軾尋求的心靈寄託之所，是其苦悶的宣泄。在他的思想上呈現出多元性：「出入儒道，濡染佛禪，思想宏博開放，兼容並採，靈活通脫，各有所用。」〔註 14〕

總之，蘇軾是中國歷史上一個特殊的文化人物，儒家喜其忠，道家喜其曠，佛家喜其空，文人喜其雅，平民喜其義，這些與其融合眾家而形成的複雜思想是密不可分的。從思想淵源看，蘇軾倫理思想的基本特徵是以儒爲宗，這從他本人所說「一生得意處，在於三傳（《東坡易傳》、《書傳》、《論語傳》）」

〔註 14〕 呂慧鵑：中國歷代著名文學家評傳（第三卷），濟南：山東教育出版社，1985 年版，第 232 頁。

中可見一斑。蘇軾的倫理路向是會通儒、道、佛，其思想內核中糅合了很多道、佛元素。蘇軾思想通達，在北宋三教合一的思想氛圍中如魚得水，他不僅對儒、道、佛三種思想都欣然接受，而且認爲它們本來就是相通的。關於這一點，有的學者概括爲「以儒治世，以佛治心，以道治身」。儒、道、佛三家思想構成了蘇軾思想的基石，在此基礎上形成倫理觀。蘇軾的倫理思想受儒、佛、道等諸多思想的影響，然而在其一生中起主導作用的是儒家的有爲思想。其文章中雖然充斥著佛道保守、虛無、消極、無爲的思想傾向，尤其是在晚年他因飽受生活磨難之苦這種想法更爲突出，但是其倫理思想在這種有爲與無爲的思想交鋒中，這集中體現在其倫理哲學理念與倫理實踐活動中。

2. 情本人性論的發掘與弘揚

臺灣學者韋政通先生認爲：「當我們希望建立新倫理時，對人性問題必須加以重新探討，新的倫理必須建立在新的人性觀上。」〔註 15〕蘇軾倫理思想的哲學基礎是他的人性論。蘇軾的人性論與倫理思想有著十分密切的聯繫，只有將他的倫理觀置於其人性論的背景下加以考察，纔能眞正深入理解其倫理思想的理論內涵和意義。

人性論是中國哲學的重要內容。在中國哲學史上，人性論一直是不同流派的哲學都傾力探討的問題，對人的性與命、情與理的不同看法決定了這種哲學的特點和性質。在中國歷史上，最著名的當數孟子的性命論，它成爲倫理思想史人性論的主流，其後雖有荀子的性惡論，告子的性無善惡論，莊子的自然人性論，並引導出了各自的流派，其間也有佛性論的摻入，但都始終未能動搖孔孟性善論的主流地位，直到明中葉以後，這種情形纔有所改變。

在北宋時期，由於宋學的興起，學術界對於人性論的探討也趨於活躍。可以說「人性論」是北宋時期最熱門的話語焦點。許多學者都提出自己的人性論觀點，或持性善論，或持性惡論，或持善惡相混論，熱鬧非凡，眾說紛紜。如果將蘇軾的人性論置於這樣的一個歷史背景下來考察，許多問題將會看得更清楚。

司馬光持人性善惡相混的觀點，他反對孟子的性善論和荀子的性惡論，而同意揚雄的善惡相混論，篤信天命，認爲天是一個有目的有意志的人格神，天命之性有善有惡，修善則爲善人，修惡則爲惡人。總體上看，司馬光的人性論在理論上缺乏深入的論證，失於簡單的比附和硬性的規定，而且爲現實

〔註 15〕韋政通：倫理思想的突破，成都：四川人民出版社，1988 年版，第 30 頁。

政治服務的目的過於直接，因而在哲學上缺乏活力和影響。

王安石是人性無所謂善惡的代言人。他不同意性善論、性惡論和性三品說，他認爲人的「五事」（即貌、言、視、聽、思）與情慾等生理心理活動是人性的內容：

> 不聽而聰，不視而明，不思而得，不行而至，是性之所固有而神之所自生也，盡心盡誠者之所至也。……聰明者，耳目之所能爲；而所以聰明者，非耳目之所能爲也。（《禮樂論》）

人的聽覺、視覺、思想、行爲是「性之所固有」、「神之所自生」的，從一定意義上講，可以說人性就是人的心理活動，但是，「聰明者，耳目之所能爲；而所以聰明者，非耳目之所能爲也」，只有「盡心盡誠」纔是耳聽目明的內在依據。可見，王安石把人性建立在人的物質感官的基礎上，把人的心性看作是主導感官的樞機。在此基礎上，他提出了自己的性情觀：

> 性情一也。世有論者曰「性善情惡」，是徒識性情之名而不知性情之實也。喜、怒、哀、樂、好、惡、慾未發於外而存於心，性也；喜、怒、哀、樂、好、惡、慾發於外而見於行，情也。性者情之本，情者性之用，故吾曰性情一也。（《性情》）

在這裏，王安石指出：情性一致，這在性與情的關係上具有新意，但在理論上有其內在的缺陷，那就是仍然承認性與情的體用關係，情仍然受到性的根本制約，情的合理性就不可能得到眞正的落實。這與蘇軾人性論中的情本論還是有著巨大的差異。

張載則從氣之一元論出發而認爲性與天道合一，人性就是天道，天道就是人性，天道常存而人性不滅。而人性又分爲「天地之性」與「氣質之性」，「天地之性」是純善的，「氣質之性」是可善可惡的，由於物慾的誘惑，「氣質之性」便有可能成爲惡的源泉，因此，人如果想恢復天理，就必須變化氣質之性，根除物慾的誘惑，存善去惡，「善反之則天地之性存焉」。所以，張載的人性論最後必然導致「心統性情」，即「天地之性」對「氣質之性」的統治。張載提出的「心統性情」的人性論，在中國人性論發展史上具有重要的意義，成爲朱熹心主性情說的最初淵源。

二程的洛學是把儒家的倫理觀念、現實的政治秩序、佛道的哲理融合起來，再將儒家的綱常名教與佛教的禁慾主義結合起來，使其人性論具有了以倫理道德爲本質、以禁慾修養爲進徑的特徵。

與上述的人性理論不同，蘇軾在秉承莊子自然人性論的基礎上超邁前人，創立了情本人性論，不僅在北宋，就是在整個中國歷史上也有著突出的意義。蘇軾的人性論思想主要散見在他的有關論文和《東坡易傳》中，通過具體分析，可以歸納出他的人性論思想。可以說，蘇軾的人性論是在批判韓愈、揚雄等前人的人性論的過程中逐漸建立起來的。

韓愈認爲：「性也者，與生俱生也。情也者，接於物而生也。」(《原性》)性之品有三：「上焉者善焉而已矣；中焉者可導而上下也；下焉者惡焉而已矣。其所以爲性者五：曰仁、曰禮、曰信、曰義、曰智。情之品有上、中、下三，其所以爲情者七：曰喜、曰怒、曰哀、曰懼、曰愛、曰惡、曰慾。……情者於性，視其品。」(《原性》)

韓愈論性時在一定程度上繼承了孔子的思想，如他以孔子的「唯上智與下愚不移」爲依據來論證人性的上與下，認爲仁義禮智信的多少對於每個人來講是生來就不同的，因此人性分爲三個等級。

然而，要想建立一種具有開放精神的人性論的蘇軾對韓愈的人性論不以爲然，他指出韓愈是以才爲性，並從根本上否定了韓愈的人性論。在《韓愈論》中，蘇軾認爲：「韓愈之於聖人之道，蓋亦知好其名矣，而未能樂其實。」即認爲韓愈沒有從自身的情感中親身體驗到「聖人之道」的眞話，對於聖人之說「往往自叛其說而不知」。蘇軾特別提出了韓愈對於性和情的看法，認爲韓愈的問題帶有相當的普遍性：「儒者之患，患在於論性，以爲喜怒哀樂皆出於情，而非性之所有。」蘇軾運思犀利，給予了這種易於僵化的理論以沉重的打擊。他用以子之矛，攻子之盾的方法，首先指出正統的儒學認爲仁義禮樂出於性，而不是出於情，接著從人們的自然感受出發指出「有喜有怒，而後有仁義；有哀有樂，而後有禮樂」，使喜怒哀樂之情變成了聯繫性與仁義禮樂的中間環節，最終迫使正統儒學承認喜怒哀樂源於性，並且進一步「上綱上線」：「以爲仁義禮樂皆出於情而非性，則是相率而叛聖人之教也。」使所謂的聖人之徒不敢輕易否定情出於性。在《揚雄論》中，蘇軾嚴肅地指出了性與才的區別，批評了韓愈的以才爲性論。蘇軾認爲，性與才雖然相近，但本質上不同，才對於每個人來講都是不同的，但性卻是聖人與小人共有的東西。

在《揚雄論》中，蘇軾分析了人的本眞性與人的社會性的區別，他認爲以揚雄、韓愈等爲代表的正統儒家所說的性實際上是人在社會發展過程中所產生的社會性，他說：

> 夫太古之初，本非有善惡之論，唯天下之所同安者，聖人指以爲善，而一人之所獨樂者，則名以爲惡。(《揚雄論》)

也就是說，符合社會集體公利的是善，而只符合一己之私利的就是惡。聖人與天下之人的不同就在於，「天下之人，固將即其所樂而行之」，而聖人則知道這樣天下就不能安定，社會就不能建立，所以由此區別出善惡。這種善惡的區分本來是天下的公義，是由人類社會的發展決定的，「而諸子之意，將以善惡爲聖人之私說」，蘇軾批評了「諸子」將聖人的具有社會普遍性的觀點看成了出自私意的一家之言，抹煞了聖人之成爲聖人的高尚之處。

但是，在蘇軾看來，善惡等社會性是在具體的歷史階段和歷史環境中形成的，對人來講並不具有普遍性和長久性，因此不是人性。人性不同於受政治意識形態左右的社會性，只有人本眞的生命情感纔具有普遍性和長久性，那些無時無處不在，隨遇而發而又來自生命深處的喜怒哀樂等情感纔是人性。蘇軾認爲：

> 聖人之論性也，將以盡萬物之天理，與眾人之所共知者，以折天下之疑。(《揚雄論》)

那麼，何爲「萬物之天理」，何爲「眾人之所共知者」？其實就是人人都能明證，事物都具有的自然本眞之理，而對於人，這種理就是人人都可體驗到的本眞的情感。蘇軾實際上是要通過證明情出於性而證明情即性，情外無性，性外無情，情和性實際上是一個東西。

關於什麼是人性，蘇軾明確提出：

> 人生而莫不有飢寒之患，牝牡之慾。今告乎人曰：飢而食，渴而飲，男女之慾，不出於人之性也，可乎？是天下知其不可也。聖人無是，無由以爲聖；而小人無是，無由以爲惡。聖人以其喜、怒、哀、懼、愛、惡、慾七者禦之，而之乎善；小人以是七者禦之，而之乎惡。由此觀之，則夫善惡者，性之所能之，而非性所能有也。且夫言性者，安以其善惡爲哉？雖然，揚雄之論，則固已近之，曰：「人之性善惡混。修其善則爲善人，修其惡則爲惡人。」此其所以爲異者，唯其不知性之不能以有夫善惡，而以爲善惡之皆出乎性也而已。(《揚雄論》)

蘇軾看到：人性就是人的自然慾求，是飢寒之需和男女之歡，是人的本性的自然顯現，也是聖人和小人所共有的。余敦康認爲，蘇軾以人的自然本性爲基礎的心性之學，與理學形成了鮮明的對立，這種對立同時也是一種互補，擴展了對人性本質的全面理解。就這個意義而言，在宋代思想史上，蘇軾的心性之學與理學的心性之學構成一種必要的張力。〔註 16〕

在《東坡易傳》中，蘇軾也說：

> 夫所以食者，爲飢也，所以飲者，爲渴也，豈自外人哉！人之於飲食，不待學而能者，其所以然者明也。（《東坡易傳》卷九）

然而，我們必須看到的是，蘇軾的「性之所能有」並不是「性之所能至」，前者是男女之慾和飢寒之需，後者則是因不同的人對飢寒之需和男女之慾採取不同的態度而導致的不同的人的道德品質的高下和性格的差異。所以，在蘇軾看來，性是沒有善惡的，至於具體的人表現出的善惡，那是在社會實踐的過程中形成並變化著的，不是性本身。人的自然慾求便是人的本性，也就是人性。那麼，現實中的人性又是怎樣形成的呢？原來，善惡以及人的各種各樣的表現都來自對人的自然慾求本性的不同的認識和不同的態度，這也正是人的主觀能動性所在。當然，在涉及政策層面時，蘇軾的人性論又往往富有實用色彩，認爲人的「主觀能動」是需要禮法約束和引導的，這是作爲一個影響帝王和國家制定法律政策的高級官吏所無法避免的，同時也是理論形態的東西向現實積澱的一種表現。「人之善惡，本無常性」是蘇軾對現實中一般人的人性的基本看法，「御得其道」、「因其材而用」是蘇軾基本的用人理論。

那麼，人性是不是可以改變的呢？蘇軾認爲：

> 君子日修其善，以消其不善，不善者日消，有不可得而消者焉；小人日修其不善，善者日消，亦有不可得而消者焉。夫不可得而消者，堯舜不能加焉，桀紂不能亡焉，是豈非性也哉！（《東坡易傳》卷一）

人性是堯舜和桀紂所無法改變的，只有這種從人的經驗性的現實出發得出的不可改變的人的自然慾求纔是人性。君子如果明白了這一點，並且從這裏出發來修身養性，建立自己的人格，那麼就離聖人不遠了。蘇軾實際上是建立了一種與性善、性惡、性無善惡都不同的人性論，這種人性論的出發點，就是人的恒久不變的本眞情感。簡言之，蘇軾認爲人性是不可移易的，不以人的主觀意志爲轉移，是人性的基本特徵。朱熹作《雜學辯》攻伐諸家「異端邪說」，首選蘇軾，他對此話的態度可謂意味深長：「蘇氏此言，最近於理。夫

〔註 16〕余敦康：內聖外王的貫通：北宋易學的現代闡釋，上海：學林出版社，1997 年版，第 109～110 頁。

謂『不善日消，而又不可得者』，則疑若謂夫本然之至善矣。謂『善日消，而有不可得而消者』，則疑若謂夫良心之萌蘗矣。以是爲性之所在，則似矣。」朱熹知道蘇軾所說的那個不變的東西並不是天理，恐怕是「與犬羊之性無以異」的動物的「自然性」，所以，朱熹對待蘇軾人性論的態度是十分微妙的，他一方面對蘇軾人性論的深刻之處不無覬覦，另一方面，他又對蘇軾人性論的內容保持著高度的警惕，所以他連用兩個「疑」字。朱熹的眼光是厲害的，參之蘇軾的其他論述，可知蘇軾所說的人的這個恒定不變的東西就是人的本眞情感。

此外，蘇軾專門地論述性、情、命的關係，他說：

> 情者，性之動也，溯而上，至於命，沿而下，至於情，無非性者。性之與情，非有善惡之別也，方其散而有爲，則謂之情耳；命之與性，非有天人之辨也，至其一而無我，則謂之命耳。(《東坡易傳》卷一)

蘇軾認爲情、性、命同無善惡，三者的關係是雙向互動，互相貫通的關係，「情」是「性」向下的「散而有爲」，是動態中的「性」；「性」則是「情」向上的循而反本，是昇華了的靜態的「情」。而情作爲性的運動形式，也應是富於變化的，不應該以外在的道德教條過分限制甚至扼殺情感。蘇軾將情看作是性、命的核心，性和命都是抽象的存在，性一動，便是具體可感的情。如果從性（實際上也就是情）出發向上推演，就到了能否實現情——這個屬於天命（命、命運）的問題。而人性和天命，並無天、人之間不可逾越的鴻溝，只要消除了私心、成見，只要順其自然（無我），也就是由人的命運歸於天命了。這天命的核心，就是自然之情的自然生發，而天命，則是具有天然的合理性的，所以情也就具有了天然的合理性。蘇軾從人的自然而然的本性中抽繹出情，再讓情進入到本體的層次，使情、性、命處於同一個層面，這就是我們所說的情本論。

3. 豁達人生觀的提煉與信守

蘇軾的意義和價值，並不僅僅在於他文學藝術領域的卓越成就，他的全部作品展現了一個可供人們感知、思索和效仿的活生生的眞實人生，影響了無數後繼者的人生模式的選擇和文化性格的自我設計。無盡無休的苦難，沒有使他厭倦人生，變得冷漠；權利與名望的誘人光彩，也沒有使他自我迷失，忘乎所以。他心境恬淡，視若浮雲，有足夠的勇氣和力量蔑視

身外的一切。〔註 17〕

樂觀曠達的人生態度是其人生觀的最終表現形式。深刻的人生思考使蘇軾對沉浮榮辱持有冷靜、曠達的態度，這在蘇詩中也有充分的體現。蘇軾在逆境中的詩篇當然含有痛苦、憤懣、消沉的一面，如在黃州作的《寒食雨二首》，寫「空庖煮寒菜，破竈燒濕葦」的生活困境和「君門深九重，墳墓在萬里」的心態，語極沉痛。但蘇軾更多的詩則表現了對苦難的傲視和對痛苦的超越。嶺南荒遠，古人莫不視爲畏途。韓愈貶至潮州，柳宗元貶至柳州，作詩多爲淒苦之音。然而當蘇軾被貶至惠州時，卻作詩說：「日啖荔支三百顆，不辭長作嶺南人。」（《食荔支二首》之二）及貶儋州，又說：「他年誰作輿地志，海南萬里眞吾鄉。」（《吾謫海南，子由雷州，被命即行，了不相知。至梧乃聞其尚在藤也，旦夕當追及。作此詩示之》）這種樂觀曠達的核心是堅毅的人生態度和不向厄運屈服的鬥爭精神，蘇軾在逆境中的詩作依然是筆勢飛騰，辭采壯麗，並無衰疲頹唐之病。

蘇軾的一生在相互衝突、相互制約和相互交匯鎔鑄中形成了自己的天地境界，把人生世界當作審美對象來看待，奉行凡事「遊於自然」、「忘情物我」的獨特生活態度和處世方式。這種天地境界的人生頓悟，使他不斷地進行著自我精神超越，不斷地把他的處世態度昇華爲與天地並存的精神境界，並站在哲理高度思考人生意義和價值，從而達到了任性、自適、曠達、通脫的人生境地，這是蘇東坡人生觀念發展歷程中的最高層次。

蘇軾遭貶南荒惠州及海南儋州，這六年間，他的人生思想發生了巨變，開始了對自己「一生凡九遷」的全面反思。渡大庾嶺「鬼門關」時，就像接受了一次重大的人生洗禮，而對自己的身世進行了整體的總結。他說：「一念失垢污，身心洞清靜。浩然天地間，惟我獨也正。今日嶺上行，身世永相忘。仙人推我頂，結髮授長生。」（《過大庾嶺》）他在嶺上似是騰空一躍，對過去「垢污」的身世頓然全部忘卻，飛入了空中仙境，與天地相接；並爲站在這清靜寥闊的「浩然天地間」，有自己這位正大光明形象的存在而感到自豪。也就是說，蘇軾從此埋葬了過去的舊我，永忘身世的垢污，在清靜的「浩然天地間」樹立起了他的天地境界。

蘇軾在嶺海時期不斷地進行著自我精神超越，不斷地把他的處世態度昇

〔註 17〕參閱王水照、崔明著：蘇軾傳：智者在苦難中的超越，天津：天津人民出版社，2008 年版。

華爲與天地並存的精神境界，並站在哲理高度思考人生意義和價值，從而達到了觸處生春，「無往而不樂」的任性、自適、曠達、通脫的人生境地。

蘇軾這種人生境地在他於儋州寫的《桄榔庵銘》中表述得尤爲具體形象：「九山一區，帝爲方輿。神尻以遊，孰非吾居……東坡居士，強安四隅。以動寓止，以實託虛。放此四大，還於一如。東坡非名，岷峨非廬。鬚髮不改，示現毗盧。無作無止，無欠無餘。生謂之宅，死謂之墟。三十六年，吾其捨此。」正因爲蘇軾完全捨棄了塵世的桎梏，獲得了精神心靈的完全自由，他就能夠以天然的桄榔林爲家，並與毒蛇猛獸、山妖鬼魅相處同居而不驚疑。在這裏，蘇軾對其現實生活只作情感的體驗，任何具體事物都具有同等的意義，就使蘇軾在每一具體事物的觀照中，領悟到了有限中的無限，感受到了現象背後的本體，達到了隨遇而安、「無往而不樂」的曠達、樂觀境界。

在人生觀上，蘇軾既爲人生短促而惋惜，又能積極達觀地對待人生。受道家思想的影響，蘇軾認爲人生天地之間，渺不足道：「寄蜉蝣於天地，渺滄海之一粟」。但他並不消極，而是珍惜生命，珍惜時光，奮發有爲，這顯然已受到儒家樂天知命思想的影響。蘇軾的處世態度，率眞曠達，自在逍遙，有著非常濃厚的道家成分。道家說：「聖人法天貴眞，不拘於俗」，「與時俱化」，「虛己以遊世」。蘇軾說：「任性逍遙，隨緣放曠，但盡凡心，別無勝解。」二者完全一致。像古代絕大多數士一樣，蘇軾信奉儒家學說，而與一般士不同的地方在於，他所受的道家和佛家的影響也非常強烈，這就形成了他特殊的人格與氣質。道家道教講究道德，對於形成蘇軾良好的品格有很大關係。蘇軾說：「神仙至術，有不可學者：一忿躁，二陰險，三貪欲。」蘇軾好神仙，就不斷修飭自己的德行，形成正直善良、高潔磊落的品格，表現出一種胸襟博大、豪放達觀、天才縱逸的氣質，而淘去士人的通病：膠固狹隘，淺陋沉濁。他主張「知命者必盡人事，然後理足而無憾」，濟時治國，「凡可以存存而救亡者無不爲，至於不可奈何而後已」（《墨妙亭記》）。他對待人生又有超曠達觀的襟懷，認爲「君子可以寓意於物，而不可以留意於物」（《寶繪堂記》）。能夠超然「遊於物之外」，自可「無所往而不樂」（《超然臺記》）。他有一種對人生的徹悟式理解，在一種超然物外的曠達態度背後，仍然堅持著對人生、對美好事物的追求。

在人生價值的選擇上，蘇軾浮沉宦海，卻慣於淡泊名利，適然曠達，有著遊於物外的襟懷。他主張要「寓意於物」，即借物寄興，這樣「雖微物足以爲樂」，而反對「留意於物」，即爲物所役，這樣「雖尤物不足以爲樂」（《寶繪堂記》）。所以對於名利爵祿，他力求做到「毀譽不動，得喪若一」，他愛惜聲名，但不汲汲於求名，主張：「處己也厚」，對自身要求多，體現了執著現世的精神；「取名也廉」（《醉白堂記》），向社會索取名利少，體現出超然名利的態度。寧可「實浮於名」，不要名過乎實。在物慾的需求上，他不贊成節慾，又反對強求，而主張「因緣自適」，水到渠成，「不須預慮」。他說：「外物不可必，當更臨時隨宜。」（《與鄭靖老》）他提出要「善於處窮」，尤其在逆境中，雖也偶或流露憂畏灰冷的意緒，然而大多數場合則能優遊自得，處之坦然。「所謂禍福苦樂，念念遷逝，無足留胸中者。」（《與孫志康》）這種超曠識度，給了他戰勝惡劣環境的毅力。他在自己的論著中，多次明白地表述自己思想上對於現實的這種超然態度。在《超然臺記》中，蘇軾寫道：「人之所慾無窮，而物之可以足吾慾者有盡。美惡之辯戰乎中，而去取之擇交乎前，則可樂者常少，而可悲者常多。」而「余之無所往而不樂者，蓋遊於物之外也」（《超然臺記》）。這就是蘇軾的不計禍福、安貧安賤、恬淡自適的處世哲學的表述。

蘇軾對苦難並非麻木不仁，對加諸其身的迫害也不是逆來順受，而是以一種全新的人生態度來對待接踵而至的不幸，把儒家固窮的堅毅精神、老莊輕視有限時空和物質環境的超越態度以及禪宗以平常心對待一切變故的觀念有機地結合起來，從而做到了蔑視醜惡，消解痛苦。這種執著於人生而又超然物外的生命範式蘊含著堅定、沉著、樂觀、曠達的精神，不僅構成蘇軾倫理思想的基本特徵，也是蘇軾迎戰人生困厄和苦難的力量源泉，是中華民族精神的寶貴財富。

第二章　尊主澤民——蘇軾政治倫理的實踐訴求

蘇軾倫理思想在政治生活中的展開有兩個維度，即國家的安危和人民的生存，於是「尊主澤民」成爲其基本的價值關懷和目標。蘇軾一生有著濃濃的忠君愛民情結。他將「忠君」與「愛民」統一起來，愈忠君便愈愛民，愈愛民便愈關心時政，而愈關心時政便愈激發他的責任感。蘇軾自小就「奮厲有當世志」，成年之後也從不爲現實中的挫折摧撓，永遠是遇事則發、積極有爲。雖然蘇軾詩詞中確實有些表現虛無空漠之感的內容，但蘇軾在「道之無常」、「人生無常」的感悟中，並沒有趨向遁世、棄世和玩世。他厭惡的是世間那些爭名奪利、鉤心鬥角的機心，但他一生執著於對國家人民的忠貞關切。這一點蘇軾自己在《與李公擇十七首》之十一中說得很明白：「吾儕雖老且窮，而道理貫心肝，忠義塡骨髓，直須談笑於死生之際，若見僕困窮便相於邑，則與不學道者大不相遠矣。兄造道深，中心不爾，出於相好之篤而已。然朋友之義，專務規諫，輒以狂言廣兄之意爾。兄雖懷坎壈於時，遇事有可尊主澤民者，便忘軀爲之；禍福得喪，付與造物。」也就是說，尊主與澤民是他一生的政治抱負，對國家、人民的忠貞義膽深入骨髓、始終不渝，無論何時何地他都能爲之捨身忘軀。

東坡自幼學習儒學，較早地確立了以儒學爲主的治世思想，他繼承了傳統儒家學派「以人爲本」的學說，將「致君堯舜」和「兼濟天下」作爲自己的入仕目標。蘇軾一生兩次任職廟堂之上，兩次外任地方，三次被貶荒地，在主動與被動之間他的足迹遍佈了大半個中國。儘管蘇軾一生經歷坎坷，但他無論是身處廟堂之上還是身處江湖之中都不曾放棄其憂國憂民、仁政愛民的政治思想。「東坡的政治思想是以儒學爲本的，而儒學的精髓——仁政之說」，〔註 1〕也成爲東坡政治生活中思想和行爲的出發點。蘇軾每到一處都盡心竭力地爲當地百姓謀取利益，親歷親爲地實踐著他的政治思想和政治主張，可以說蘇軾爲他年輕時就樹立了的理想追求付出了畢生的努力。

一、尚禮治、重德化的政治倫理價值觀

蘇軾崇尚禮治、仁政和德治，對儒家倫理思想的這一價值觀深表贊同，並予以創造性地發揮。在他考禮部進士的論文《刑賞忠厚之至論》中提出了「天下歸仁」的理想：「以君子長者之道得天下，使天下相率而歸於君子長者之道」，這種德治仁政的政治思想成了蘇軾政治倫理思想的基本觀念和價值目標。

1. 尚禮治而明天下之分

中國古代社會秩序的基本原則是以道德爲基礎並涵攝法律與宗教的禮。趙宋王朝繼「禮廢樂壞」的五代之亂而起，其統治者大力提倡尊禮重德，以重建社會「禮德」體系作爲維護其統治的重要手段。在這種背景下，深受傳統儒家思想薰陶的蘇軾將「禮」、「德」視爲社會控制的重要武器。他明確提出禮的社會功用就是確定人的名分和等級，安定社會秩序，即「禮之大意，存乎明天下之分。嚴君臣，篤父子，形孝弟而顯仁義也」（《禮以養人爲本論》）。主張以禮來教育人，認爲這是治理國家最根本的方略，因爲禮能使君臣各守其職分，父愛子，子孝父，兄愛弟，弟敬兄，使得仁義得以光大發揚。

蘇軾主張用「禮」來約束君臣之間的關係。他認爲「君以禮使臣，則其臣皆君子也。不幸而非其人，猶不失廉恥之士也。其臣皆君子，則事治而民安」（《論語解・君使臣以禮》）。因此蘇軾指出「禮者，君臣之大義也，無時而已也」（《論語解・君使臣以禮》）。「禮」成爲維繫君臣和諧關係的一個重要紐帶，和諧的君臣關係有利於統治階級執政水平和治國能力的提高。

關於禮治與法治的關係，他也作出了深入的思考。他巧借養生健身理論，將「禮治」喻爲「平居治氣養氣，宣故而納新，其行之甚易，其過也無大患」，將「法治」喻爲「悍藥毒石，以搏去其疾，則皆爲之。此天下之公患也」（《刑賞忠厚之至論》），通過對二者的比較論述，他總結道「禮治」雖然顯效緩慢，

〔註 1〕莫礪鋒：漫話東坡，南京：鳳凰出版社，2008 年版，第 78 頁。

卻是治國爲政之根本；實施「法治」可震懾民眾，卻是一種急功近利之體現。「夫法者，末也。又加以慘毒繁難，而天下常以爲急。禮者，本也。又加以和平簡易，而天下常以爲緩。」（《禮以養人爲本論》）二者弊益，一目瞭然。蘇軾認爲「夫法出於禮，本於仁，成於義」（《外制制敕》），所以他強調人與法的有效結合，「任法而不任人，則法有不通，無以盡萬變之情；任人而不任法，則人各有意，無已定一成之論」（《外制制敕》）。他主張應「人法兼用」：「夫法者本以其存大綱，而其出入變化，固將付之於人。」（《策別課百官二》）蘇軾反對嚴刑峻法，主張將法律治理控制在社會發展所能承受的範圍之內。他認爲：「《書》曰：『臨下以簡，御眾以寬。』此百世不易之道也。」（《代呂申公上初即位論治道二首・刑政》）但是「今《編敕》續降，動若牛毛，人之耳目所不能周，思慮所不能照，法病矣。臣愚謂當熟議而少寬之」（《代呂申公上初即位論治道二首・刑政》）。如果單用法律來約束民眾，並不能完全使其服從治教，「殘而肌膚，不足使之畏；酷而憲令，不足制其亂」（《三法求民情賦》），運用不當，甚至有可能會導致民怨政亂的危險局勢，「蓋念罰一非辜，則民情鬱而多怨；法一濫舉，則治道汩而不綱」（《三法求民情賦》）。

2. 重獎賞而慎刑罰

《刑賞忠厚之至論》是蘇軾在二十歲時考進士的答卷。題目出自《尚書・大禹謨》「罪疑惟輕，功疑惟重」二句下的孔安國的傳注：「刑疑附輕，賞疑從重，忠厚之至。」這篇答卷經副主考官梅堯臣發現，推薦給主考官歐陽修，歐陽修閱罷非常驚喜，蘇軾於是得以高中。這篇文章的核心思想即是主張以仁政治國，所謂「以君子、長者之道待天下，使天下相率而歸於君子、長者之道」。蘇軾用這種觀點來看待刑賞，便主張「有一善，從而賞之」，「有一不善，從而罰之」。蘇軾在文章中主張重賞慎刑，要效《春秋》之義，「立法貴嚴而責人貴寬」。亦即體現「忠厚之至」的精神。指出：「『賞疑從與』，所以廣恩也。『罰疑從去』，所以慎刑也。」「可以賞，可以無賞，賞之過乎仁；可以罰，可以無罰，罰之過乎義。過乎仁，不失爲君子；過乎義，則流而入於忍人。故仁可過也，義不可過也。」這些話的意思就是重賞輕罰，賞疑從與，罰疑從去。功疑從賞，罪疑從無。蘇軾從《尚書》「罪疑惟輕，功疑惟重。與其殺不辜，寧失不經」的思想基點出發，特別強調賞要賞得有價值，罰要罰得有根據。對於那些可以賞也可以不賞的行爲，如果賞了就超出了仁慈的界限，對於那些可以罰可以不罰的行爲，如果罰了就超出了合宜的標準。相對而言，賞賜超出了仁慈的界限還不失爲君子的行爲，但如果刑罰超過了合宜的標準則會走向殘忍。所以，仁慈的界限可以超越，合宜的標準不能超過。蘇軾指出：「古者賞不以爵祿，刑不以刀鋸。賞以爵祿，是賞之道，行於爵祿之所加，而不行於爵祿之所不加也。刑之以刀鋸，是刑之威，施於刀鋸之所及，而不施於刀鋸之所不及也。先王知天下之善不勝賞，而爵祿不足以勸也；知天下之惡不勝刑，而刀鋸不足以裁也。是故疑則舉而歸之於仁，以君子長者之道待天下，使天下相率而歸於君子長者之道。故曰：忠厚之至也！」蘇軾感慨古代盛世刑賞忠厚之至，從堯的舉動說出他的忠厚之意，繼而就「罪疑惟輕，功疑惟重」發表見解，點出「疑則舉而歸之於仁」的原因，論述刑賞忠厚之至的根本目的，建樹起了自己關於德法關係的政治倫理理論。

蘇軾認爲，賞罰不僅要體現愛民、利民的宗旨，而且要有利於社會道德風氣的改善，有利於人自身的不斷完善，有利於社會公平原則的體現。聯繫考察蘇軾的政治改革主張，他終身堅持改革社會弊端必須要有利於「結人心」、「厚風俗」、「存紀綱」的觀點，十分重視立足長遠的社會秩序和道德建設的價值取向。從治理國家的角度而言，實施賞罰與推行政治改革在維護社會安定、鞏固政權和維持共同道德價值觀念方面，其目的是完全相同的。

3. 敦教化而致太平

「敦教化」是蘇軾重要的治國安民的理念之一。敦，就是重視；教化，就是教育感化。蘇軾主張以仁義禮信教育感化人民，從而使國家安定和諧。他在《進策・策別安萬民一》中就提出了「敦教化」的主張，他說：「民不知信，則不可久居於安；民不知義，則不可同處於危。平居則欺其吏，而有急則叛其君。」老百姓不知信義，便不會安居樂業，更不會共赴危難。平日裏無事就欺詐官吏，而一旦國家有急難就會背叛人君，有這樣不知禮義的百姓，國家怎麼可能安定呢？而「聖人之於天下，所恃以爲牢固不拔者」的根本原因在哪裏呢？古代聖人的天下之所以牢固，其根本原因就「在乎天下之民可與爲善，而不可與爲惡也」。蘇軾說：「昔者三代（夏、商、周）之民，見危而授命，見利而不忘義。此非必有爵賞勸乎其前，而刑罰驅乎其後也。」三代之民能在國家危難時挺身而出，能在利益面前保持良好的操守，並不是國家用爵位和獎賞去鼓勵他們，也不是用刑罰去迫使他們。三代之民能做到這樣，是因爲他們「其心安於爲善，而忸怩於不義，是故有所不爲」。民知仁義禮信，「則天下不可以敵，甲兵不可以威，利祿不可以誘，可殺可辱可飢可寒而不可與叛」。這就是「三代之所以享國長久而不拔也」的根本原因。蘇軾還以秦漢以來由於不重視對民的教化，從而導致「無復天子之民」的國家不穩定局面，從反面說明「敦教化」的重要性。

蘇軾在《策別安萬民二》中又明確提出「勸親睦」的主張，鼓勵倡導老百姓相親相愛，和睦和諧相處。他說，「民相與親睦者」，是以仁義治理天下的王道的開始。他贊頌夏、商、周三代時，「比閭族黨，各相親愛，有急相周，有喜相慶，死喪相恤，疾病相養。是故其民安居無事，則往來歡欣，而獄訟不生；有寇而戰，則同心並力，而緩急不離」。可是，自秦、漢以來，由於疏於教化，著力以嚴法治國，導致了「民乖其親愛歡欣之心，而為鄰里告訐之俗。富人子壯則出居，貧人子壯則出贅。一國之俗，而家各有法；一家之法，而人各有心。紛紛乎散亂而不相屬，是以禮讓之風息，而爭鬥之獄繁。天下無事，則務為欺詐相傾以自成；天下有變，則流徙渙散相棄以自存」的天下難治的不良局面。百姓缺少仁義禮信的教化，「不愛其身」，所以「輕於犯法」；民「輕於犯法，則王政不行」。要改變這樣的不良局面，使百姓不要去輕易犯法，就需要讓他們愛惜自己的身體生命；而百姓要愛惜自己的身體生命，就要用「父子親、兄弟和、妻子相好」的禮義去教育感化他們，使他們懂得一個人活在世上，不是只為自己一人而活，還應承擔對親人的責任，這樣他們就會珍惜自己的身體生命，不會輕易去犯法。百姓能安居樂業，國家也就因此而安定了。

蘇軾在給宋神宗的萬言書中專門論述了社會道德風俗對「興致太平」的重要性。他將道德風俗提升至國家存亡之基石的高度來規勸神宗皇帝「崇道德而厚風俗」。他指出「夫國家之所以存之者，在道德之深淺，不在乎強與弱；歷數之所以長短者，在風俗之厚薄，不在乎富與貴」，一個國家「道德誠深，風俗誠厚，雖貧且弱，不害與長而存。道德誠淺，風俗誠薄，雖強且富，不救於短而亡」。蘇軾還以「國之長短，如人之壽夭」，來進一步論證道德風俗建設的重要性，認為「人之壽夭在元氣，國之長短在風俗」，「故願陛下愛惜民風，如護元氣」。蘇軾認為治國施政要善於因俗而革，「夫政何常之有？因俗而已矣。俗善則養之以寬，俗頑則齊之以猛」（《道有昇降，政由俗革》）。他提倡對那些品行端正、剛直不阿的賢良加以褒獎。他說：「右臣聞國之興衰，繫於風俗。若風節不競，則朝廷自卑。故古之賢君，必厲士氣，當務求難合自重之士，以養成禮義廉恥之風。」（《奏議・乞錄用鄭俠王斿狀》）

蘇軾這種「敦教化」的理念，在《眉州遠景樓記》中即已反映出來，在蘇軾看來：「吾州之俗，有近古者三：其士大夫貴經術而重氏族，其民尊吏而畏法，其農夫合耦以相助。蓋有三代、漢、唐之遺風，而他郡之所莫及也。」此處，蘇軾將自己家鄉之所以能讓「他郡之所莫及」的原因歸結爲「有三代、漢、唐之遺風」，表明了以禮義教化民的重要性。

二、「民爲國之本」的治國理念與原則

蘇軾的治國之道中最基本最重要的理念是他的民本思想。他在《上初即位論治道二首》中的《刑政》篇裏就明確地提出了「民爲國之本」的治國理念，在《策別訓兵旅二》中也明確地說：「民者，天下之本。」蘇軾深深懂得國家的最高統治者人君與民的關係是舟與水的關係，「水可載舟，亦可覆舟」。在《御試制科策》中，他大膽地提出：「夫天下者，非君有也，天下使君主之耳。」國家不是君王私有的，君王只是主持天下的事罷了。而要把國家天下的事主持好，首先就要把民這個國家之本的事處理好，要固好民這個國本，一切從民出發，一切爲民著想。國本固好了，民安則國安，民富則國強，所以治國的首要在於以民爲本。

1. 弘揚傳統的民本主義思想

蘇軾的民本思想主要源於先秦時期儒家的仁政愛民思想，即孔子所創立的仁愛學說和孟子繼承並加以發展的仁政思想。「民本」是我國原始儒家的道統思想。「民本」一詞來源於《尚書・五子之歌》:「民惟邦本，本固邦寧」，及《春秋穀梁傳》:「民者君之本也」(桓公十四年）等語，可謂源遠流長。但也只是在儒家創始人孔子、孟子那裏民本思想纔得到了系統和明確的表述。在《論語・顏淵》中有一段這樣的記載：子貢問政。子曰：「足食，足兵，民信之矣。」子貢曰：「必不得已而去，於斯三者何先？」曰：「去兵。」子貢曰：「必不得已而去，於斯二者何先？」曰：「去食。自古皆有死，民無信不立！」在《孟子》中，孟子更直截了當地說：「民爲貴，社稷次之，君爲輕。是故得乎丘民而爲天子……」(《孟子・盡心下》) 還說：「保民而王，莫之能禦也。」(《孟子・梁惠王上》)

孟子進一步認識到了人民群眾的重要性，要求統治者正確評價普通百姓的價值，指出歷史上開明的政治家、思想家之所以都把「愛民」作爲治國之道就是因爲他們認識到了民眾的力量是偉大的，民心向背決定著國家的興

亡。孟子認爲，如果爲政者不愛惜民眾，不關心百姓的生活，就難免會導致官逼民反，王朝傾覆的結局。由此孟子強調爲政者要始終把「愛民」作爲爲政之本，治國之道。其次，孟子進一步指出實現「愛民」的治國之道，根本在於正確處理君、臣、民三者之間的關係，要努力做到以人爲中心，以民爲本，要認識到民眾是最爲寶貴、最重要的，處於第一位，國家處於第二位，君主則排在第三位，即所謂「民爲貴，社稷次之，君爲輕。是故得乎丘民而爲天子」（《孟子・盡心下》）。孟子所強調的這種「民本主義」，表明君主要想得天下，鞏固自己的統治，關鍵在於得人心，即「得天下有道：得其民，斯得天下矣。得其民有道：得其心，斯得民矣。得其心有道：所欲與之聚之，所惡勿施爾也」。「是故得乎丘民而爲天子，得乎天子爲諸侯，得乎諸侯爲大夫。」（《孟子・盡心下》）孟子認爲，得天下是有規可循的，總結起來就是得民心者得天下，失民心者失天下。

蘇軾民本主義思想的形成是深受傳統儒家思想教化與影響的結果。蘇軾生活的時代，雖然是儒、道、釋三教大融合的時代，但作爲文人學士的蘇軾來說，其處世立身之本仍是以儒家的思想爲主導的。他從小就受到正統儒家思想的陶冶，孔孟的「仁」學早早就深深地刻入了他的頭腦。

蘇軾從小就立志效法東漢的范滂，做一個「亡軀犯顏之士」。稍長，他又學習和研究了賈誼、陸贄等人的政論，對管仲、諸葛亮等經邦濟世的忠臣欽慕不已。他小時候就知道當朝的名臣並敬仰其爲人：「軾七八歲時，始知讀書，聞今天下有歐陽公者，其爲人如古孟軻、韓愈之徒。……其後益壯，始能讀其文詞，想見其爲人。」（《上梅直講書》）可見蘇軾從小接受的就是儒家思想，敬仰的是儒家代表人物。蘇轍在《藏書室記》中亦說：「予幼師事先君，聽其言，觀其行事，今老矣，尤誌其一二。先君平居不治產業，有田一廛，無衣食之憂。有書數千卷，手緝而校之，以遺子孫，曰：『讀是，內以治身，外以治人，足矣！此孔氏之遺法也。』」〔註 2〕最有說服力的乃是這個材料：曾過眞州見呂吉甫（惠卿），吉甫問曰：「軾何如人也？」曰：「聰明人也。」吉甫怒……曰：「所學何如？」曰：「學孟子。」愈怒，愕然而立曰：「是何言歟？」曰：「孟子以民爲重，社稷次之，此所以知學孟子也。」吉甫默然久之。〔註 3〕

〔註 2〕孔凡禮：蘇軾年譜，北京：中華書局，1998 年版，第 24 頁。

〔註 3〕四川大學中文系唐宋文學研究室編：蘇軾資料彙編，北京：中華書局，1994 年版，第 36 頁。

可以看出，蘇軾的民本思想是直接來源於孔子、孟子的。他懂得對人的態度應是「愛人」，所以他後來說：「吾眼前見天下無一個不好人。」（《蓼花洲詩話》）他瞭解君、國、民三者的關係，應是「民爲貴，社稷次之，君爲輕」，君王應該「保民而王」、「行仁政而王」，應該做到「足食，足兵」，使「民信之」。他也深深地認識到天下非君王私有，一旦失去民心，就會失去天下。要想得到民心，絕不能與民爭利，要廣行仁政，使民豐足。蘇軾一生的政治思想和行動都本源於此。

受其父蘇洵言行和家學淵源的影響。「（蘇軾）少與轍皆師先君」，蘇氏兄弟兩人在思想傾向上深受其父蘇洵的影響。父親蘇洵在「遂絕意於功名，而自託於學術」後，「大究六經百家之說，以考質古今治亂成敗，聖賢窮達出處」而自成一家。自慶曆七年（1047 年）奔父喪回家之後，接下來的十年，他不再出蜀遠遊，而是在家著述立說，陸續撰成《幾策》、《權書》、《衡論》、《六經論》、《洪範論》、《史論》等傳世名著，同時精心培育兩子成才，對蘇軾兄弟的成長產生了深刻的影響。在文藝創作思想方面，蘇軾就多次談到父親對他們兄弟的影響：「夫昔之爲文者，非能爲之爲工，乃不能不爲之爲工也。……自少聞家君之論文，以爲古之聖人有所不能自已而作者。故軾與弟轍爲文至多，而未嘗敢有作文之意。」（《南行前集》敘）在從政理念來說，蘇軾受其父的影響也是明顯的。蘇洵在科舉道路上屢不得志，於是便「退居山野，自分永棄，與世俗日疏闊，得以大肆其力於文」（《答王庠書》）。蘇軾在始入仕途時策論的寫作風格明顯受其父的影響。他仿照父親蘇洵的文章體式和寫法，寫了政論和策論共 50 篇，其中對好些社會問題的看法都是一致的。最有說服力的是，嘉祐八年（1063 年）宋仁宗去世，韓琦爲山陵使，不顧當時國庫空虛的現實，向下面州縣大肆攤派，修治規模宏偉的昭陵，社會反應強烈。蘇洵便寫了《上韓昭文論山陵書》規諫韓琦，他在信中毫不客氣地說：「竊惟先帝平昔之所以愛惜百姓者如此其深，而其所以檢身節儉者如此其至也，推其平生之心而計其既沒之意，則其不欲以山陵重困天下，亦已明矣。」所以，他建議：「莫若建薄葬之議，上以遂先帝恭儉之誠，下以紓百姓目前之患，內以解華元不臣之譏，而萬世之後以固山陵不拔之安。」最後，他還語重心長地說：「夫君子之爲政，與其坐視百姓之艱難而重改令之非，孰若改令以救百姓之急？」韓琦閱後爲之「色變」，雖未完全採納蘇洵的建議，但也「爲稍挽其過甚者」（張方平：《文安先生墓表》）。而蘇軾在鳳翔任簽判時，針對興建仁宗陵墓之事也在詩中寫道：「橋山日月迫，府縣煩差抽。王事誰敢愬，民勞吏宜羞。中間罹旱暵，欲學喚雨鳩。千夫挽一木，十步八九休。渭水涸無泥，菑堰旋插修。對之食不飽，餘事更遑求。」（《和子由聞子瞻將如終南太平宮溪堂讀書》）其後貫穿蘇軾一生的這種憂民思想和行事風格顯然是深受其父的影響。

蘇軾出身於一個較爲寒微的布衣家庭，能接觸到農村的生活實際，對農民「少小辛苦事犁耕」（《野人舍》）的生活比較瞭解。況且，其良好的啓蒙教育和家庭薰陶，使蘇軾從小就受到良好的心靈教育，並逐步養成了耿直仗義的性格。這樣，他從小就對「野人喑啞遭欺謾」的現象具有同情心，對「千人耕種萬人食」（《和子由蠶市》）的不合理社會現象有較爲眞切的瞭解。此外蘇軾牢固的民本思想的形成還源於他一生坎坷多舛的仕途經歷。熙寧時蘇軾不能取悅於新黨，元祐時又不能容於舊黨，因爲一直以激烈的言辭批駁他人並發表自己的主張而屢次遭到姦邪小人的誣陷。從二十六歲走上仕途，到六十六歲病逝常州，爲官四十年，既在朝廷任過高官，也做過八個地方州的太守，還流放三個州，生活閱歷非常豐富。從南到北，又從北到南，足迹遍佈宋代大半個疆域。正是基於這多年的地方仕宦生涯，使得蘇軾對宋代社會有了深刻的瞭解，也給他創造了接近下層勞動人民，瞭解民間疾苦的有利條件。蘇軾一生的仕途顯得異常艱難，每一次遭受政治打擊之後，他的生活往往陷入前所未有的極度困境之中，他不得不爲了滿足全家的衣食而謀劃生計，躬耕於東坡之上。勞作的親身體驗也使他更加走向民間，親近百姓。由以前的體察民情到此時的親身經歷百姓疾苦，政治地位的落差使得他此時的民本思想是人民的「民本」，是完完全全的從百姓的立場來看百姓，不同於先前爲官的「民本」。他把民本之「民」更多地集中到下層百姓中間，少數民族身上，他擴大了「民」的範疇，使他後期的民本思想在理論和實踐上都更加豐富、生動。

同時每當政治打擊給他帶來精神的痛苦和孤寂時，他的選擇是閱讀佛家典籍和道家教義，並將以道家爲養生之學的興趣推向了更高一層。他說：「吾儕漸衰，不可復少年調度，當速用道書方士之言，厚自養煉。」（《答秦太虛》）蘇軾也重新研讀《莊子》，以「清詩健筆何足數，逍遙齊物追莊周」（《送文與可出守陵州》）來寬慰自己。精神生活中儒、釋、道的互融促使他一步步通向澄清空明的心靈境界。

蘇軾有自己的人生準則和政治主張，又敢於仗義執言。自他從仕伊始便選擇了一條最危險的、與腐敗的統治集團進行鬥爭的政治改革之路。幾十年間，他剛直無畏地痛罵弊政，責斥皇帝，抨擊權豪，懲治貪酷，得罪了許多當朝執政及其追隨者。但他卻一生堅持處處爲老百姓說話，絕不折節保身，更不同污求利。縱觀蘇軾的一生，因爲他既對民間的疾苦有深刻的感性認識（與下層百姓有親密的情感交流），又能站在理論的高層次上來看待社會現實問題，從不肯隨波逐流，所以蘇軾以民爲本的仁政愛民思想呈現出與宋儒截然不同的豐滿特色，並使以「仁」爲核心的儒家民本主義在其一生的政治實踐中充滿了活力。

作爲接受儒家思想教育多年的士大夫，蘇軾從開始便接受了儒家「愛民」、「以民爲本」的民本主義思想，進而將其作爲自己終身所追求的施政理想，最終形成了自己仁政愛民的政治風格。蘇軾一生對民本思想有充分的論述，並身體力行，或直接上書反映民眾疾苦，或用詩文來反映民眾的疾苦，在地方爲官時因法便民，幫助老百姓解決生活上的困難等等，作爲一個士大夫，他的一生都在踐履著儒家的民本主義思想。

2. 仁政乃以民為本之治道

怎樣來貫徹落實以民爲本呢？蘇軾秉承和發揚儒家以「仁政」治天下的治國安邦主張，提倡對天下之民施以仁愛。

孔子的仁愛是一種由內而外的，主張從「親親」原則出發，以血緣宗法關係的「孝悌」爲核心，從以父母兄弟爲同心圓的小圓心向外輻射的愛人之心，把血親之愛發散到一般的人際關係之中，形成一個大圓心，超越狹隘的小愛，而展開爲普通之愛，不僅僅要做到愛自己，還要愛尊長、愛朋友、愛民眾，從而由這種「孝悌」、「親親」的小愛通向「泛愛眾」的理想。可見，孔子所講的仁愛對象是一個相當寬泛而具有包容性的概念。孔子的這種「仁者愛人」的博愛思想表現在施政過程中，便是要求實現治人以仁。他認爲只要做到了仁者愛人，由愛親人而愛百姓，就可以實現仁政。孔子「仁」學的終極目標就是要實現這種仁政的理想社會。這就要求社會中的每一個人都要自覺地接受仁、實踐仁。尤其是統治者必須要做到對人民施行仁政，應該做到愛民，而不應該只是把這種仁愛作爲一種描述或一種規定，而應該作爲一種命令，一個倫理要求。也就是要把儒家「以人爲本」的思想落實到「修己以安百姓」（《論語・憲問》）、「博施於民而能濟眾」（《論語・雍也》）上面。

實際上就是要求「仁愛不僅可以作爲一種人類共有的情感狀態，更應該作爲一種客觀實踐行爲的準則」〔註4〕。在孔子看來，身處廟堂，能爲老百姓著想，多爲民辦好事，使老百姓生活得好些，是非常神聖的事情，也只有這樣才能做到「本固邦寧」，維護社會的和諧，緩解階級矛盾。

戰國時期的孟子，被認爲直接繼承和發揮了孔子的「仁」學，一方面孟子繼承並發展了孔子「性相近，習相遠」的思想，提出人性本善的性善論，認爲每個人生來就是有同情憐憫、羞恥憎恨、恭敬謙讓和是非之心，這四心是仁、義、禮、智四體本性的表現，如同人之手足，是與生俱來的。所謂「今人乍見孺子將入於井，皆有怵惕惻隱之心，非所以內交於孺子之父母也，非所以要譽於鄉黨朋友也，非惡其聲而然也。由是觀之，無惻隱之心，非人也。無羞惡之心，非人也。無辭讓之心，非人也。無是非之心，非人也。惻隱之心，仁之端也。羞惡之心，義之端也。辭讓之心，禮之端也。是非之心，智之端也。人之有是四端也，猶其有四體也。……苟能充之，足以保四海，苟不充之，不足以事父母」（《孟子・公孫丑上》）。正是在這種性善論的基礎之上，孟子進一步明確了統治者要「愛民」，提出了「仁政王道」的政治主張。另一方面孟子進一步重新認識傳統儒學中的「民本」思想，將「以人爲本」的民本主義提升到關係封建統治興亡的高度進行論述，提出了一套系統的治國思想，描繪了一幅以「仁愛」之心實現重民、愛民、惠民、富民的理想社會秩序的藍圖。

第一，強調「民者天下之本」，深入闡發民眾在國家政治生活中的地位和作用。蘇軾喜歡鑽研歷史，「好觀前世盛衰之迹，與其一時風俗之變」（《上韓太尉書》），對歷代王朝存亡、興衰的情況及其原因，都有著較深入的瞭解和認識，深知人民在其中的作用。因此，在蘇軾的民本思想中，更加強調民之可畏與人君所處地位之危。他多次談到民眾是國家的根本。尙在年青時期舉進士後回四川老家守母孝時，就在《策別訓兵旅二》中說：「民者，天下之本；而財者，民之所以生也。」在《策斷一》中又說：「蓋臣以爲當今之患，外之可畏者，西戎、北狄，而內之可畏者，天子之民也。……內之民實執其存亡之權。」在熙寧四年（1071 年）二月，當三十六歲的蘇軾還在京任殿中丞直史館判官告院權開封府推官時，在《上神宗皇帝書》中說：「人主之所恃者，

〔註 4〕李湘，李軍，李方澤：儒教中國，北京：中國社會出版社，2004 年版，第 77 頁。

人心而已。人心之於人主也，如木之有根，如燈之有膏，如魚之有水，如農夫之有田，如商賈之有財。……人主失人心則亡。」在《再上皇帝書》中又一再強調說：「自古存亡之所寄者，四人而已，一曰民，二曰軍，三曰吏，四曰士。此四人者一失其心，則足以生變。」晚年的蘇軾，他繼續堅持著自己的觀點：「位之存亡，寄乎民。民之死生寄乎財，故奪民財者，害其生者也；害其生者，賊其位者也甚矣！斯言之可畏也，以是亡國者多矣！」〔註5〕可見他一生都堅持認爲民眾是國家的根本，如果失去民心，國家肯定會滅亡。因此，他一再強調人主必須擺正自己的地位。他認爲「天下者非君有也，天下使君主之耳」（《御試制科策》）。而人民「實執存亡之權」（《策斷一》）。他很形象地描述了君王所處的地位：「臣聞天子者，以其一身寄之乎巍巍之上，以其一心運之乎茫茫之中，安而爲泰山，危而爲纍卵，其間不容毫釐。是故古之聖人不恃其有可畏之姿，而恃其有可愛之實；不恃其有不可拔之勢，而恃其有不忍叛之心。何則？其所居者，天下之至危也。」所以，他勸諫仁宗要「深結天下之心」，如果君王依恃國家機器來統治人民，平居無事之時，猶可以相制，「一旦有急，是皆行道之人，掉臂而去，尚安得而用之？」到時，甚至「欲分國以與人，而且不及矣」（《策略》）。所以人心之得失，對於人主而言可謂頭等大事：「聚則爲君臣，散則爲仇讎，聚散之間，不容毫釐。故天下歸往謂之王，人各有心謂之獨夫……人主失人心則亡。此理之必然，不可逭之災也。其爲可畏，從古以然。苟非樂禍好亡，狂易喪志，則孰敢肆其胸臆，輕犯人心。」（《上神宗皇帝書》）可以看出，作爲思想家、政治家的蘇軾清醒地認識到了對於以皇權爲中心的封建中央集權制來說，以民爲本的仁政愛民思想是安邦立國的根本，在他的一生中也一直將其作爲他自己思考一切政治問題的出發點。

蘇軾十分推崇古代聖明君王以仁愛之心治理天下，他在《刑賞忠厚之至論》中一開篇就說：「堯、舜、禹、湯、文、武、成、康之際，何其愛民之深，憂民之切，而待天下之以君子長者之道也！」「愛民」、「憂民」，是古之聖人明君的最突出之處，蘇軾在文章中明確表明治理國家應「廣恩」、「愼刑」。蘇軾在《論諸葛亮》中也是一開篇就盛贊周王朝是「取之以仁義，守之以仁義」。蘇軾不僅僅只是去頌贊古代聖明君王、盛世王朝的「仁政」，而且還十分希望當今天子也成爲施「仁政」的聖明君王，他在《上初即位論治

〔註5〕龍吟點評：蘇東坡．東坡易傳，吉林文史出版社，2002年版，第314頁。

道二首》中的《道德》篇中也是一開篇就說：「人君以至誠爲道，以至仁爲德。守此二言，終身不易，堯、舜之主也。」在神宗皇帝即位之初，蘇軾就以「至誠」「至仁」的仁君施「仁政」思想來向皇帝進言，希望神宗皇帝能終身堅持，成爲像堯舜那樣的古代聖明君王。爲了讓皇帝能遵循並堅守「仁政」，蘇軾還在《試館職策問三首》中的《師仁祖之忠厚法神考之精勵》中說：「國家承平百年，六聖相授，爲治不同，同歸於仁。」蘇軾肯定了宋王朝建國百年以來，其國家總看起來是「承平」的，儘管宋王朝從開國以來到現在的六代君王各自有不同的治國方略，但有一點是共同的，那就是以「仁」治天下，所以纔能取得「承平百年」的好政績。不僅如此，蘇軾還對皇帝施仁政而取得的成果作了贊揚，他在《省試策問三首》中的《漢文帝之行事有可疑者三》中說當朝皇帝嗣位才四年就能取得「未言而民信之，無爲而天助之」的承平政治局面，那是因爲皇帝陛下「專以仁孝禮義好生納諫治天下」的緣故。蘇軾的這些言論充分表明了他秉承儒家安邦治國思想，以「仁政」治國安民的主張。

蘇軾與王安石在政治倫理上的一個重大區別在於王安石推崇變法，強調富國強兵的一般價值，而蘇軾「推闡理勢」，以民心之所向作爲判斷善惡正邪的標準。蘇軾的「推闡理勢」，勢是表現民心之所向，理是對民心所向之內在邏輯的體悟。他在元豐七年（1084 年）三月十一日，曾記夢中詩文：「道惡賊其身，忠先愛其親。」又有數句若銘文者云：「道之所以成，不害其耕，德之所以修，不以賊其身。」這反映了蘇軾的基本觀念，民眾的生產和生活是道德性命的根本，不能賊民眾之身，要讓民眾能親其親，纔能使大家忠於道義，說到底還是以民生爲本，對於執政者而言，是如何使行政的作爲去適應民心所向，而且這沒有定勢和定式，它應該是隨著時事的變化而變化無常的。他在《渙卦》的註釋中說：「世之方治也，如大川安流而就下；及其亂也，潰溢四出而不可止。水非樂爲此，蓋必有逆其性者，泛溢而不已。逆之者必衰，其性必復；水將自擇其所安而歸焉。古之善治者，未嘗與民爭；而聽其自擇，然後從而導之。」換言之，便是讓百姓有表達自己意願和充分選擇的自由，國家的治理也只是提供必要的公共服務，儘可能地滿足人民的各種需要。如何順水之性，適水之勢，也就是順民之心，得民心者纔能得天下。適水之勢，也就是滿足大多數人民日常生活的需要，故任何事都只能順勢而爲，從實際出發，而不是從給定的概念出發，圖虛名而受實禍。

第二，多次上書皇帝，反映民間疾苦，爲民爭利。早年的蘇軾有幸得到神宗皇帝對他的器重，神宗皇帝召見蘇軾時說：「方今政令得失安在？雖朕過失，指陳可也。」〔註 6〕蘇軾深感知遇之恩，責任重大，一遇到比較大的策略性問題就直接向皇帝上書。如熙寧四年（1071 年）二月的《上神宗皇帝書》就歷陳當時社會的積弊，力倡政治改革。蘇軾從古今政治的比較中，看出了宋代社會弊害在於冗官。他認爲，從唐代中葉之後，這一積弊已越來越深了，「及唐中葉，列三百州，爲千四百縣，而政益荒。是時宿兵八十餘萬，民去爲商賈，度爲佛老，雜入科役，率常十五。天下常以勞苦之人三，奉坐待衣食之人七。流弊之極。……今朝廷無事，百有餘年，雖六聖相授，求治如不及，而吏墮民勞，蓋不勝弊。今者驕兵冗官之費，宗室貴戚之奉，邊鄙將吏之給，蓋十倍於往日矣」（《省試策問》）。面對這種情況，是要以民意爲重，還是一味照顧官吏的人情呢？蘇軾的主張是：嚴懲貪官污吏，減少皇族的浪費，裁減冗官，盡量減輕老百姓的負擔。再如熙寧四年正月的《諫買浙燈狀》奏摺也是比較著名的。其時蘇軾任殿中丞直史館判官告院權開封府推官。當他知道皇帝下令減價收購浙燈四千多盞時，就心急如焚，直言上書道：此種做法「不過以奉二宮之歡，而極天下之養耳。然大孝在乎養志，百姓不可戶曉，皆謂陛下以耳目不急之玩，而奪其口體必用之資。賣燈之民，例非豪戶，舉債出息，畜之彌年。衣食之計，望此旬日。陛下爲民父母，唯可添價貴買，豈可減價賤酬。此事至小，體則甚大」。結果，神宗皇帝便下令停止收購。在王安石推行變法期間，蘇軾根據他目睹的變法弊端，多次陳情上書皇帝「青苗放錢，自昔有禁。今陛下始立成法，每歲常行，雖云不許抑配，而數世之後，暴君污吏，陛下能保之歟？異日天下恨之，國史記之曰，青苗錢自陛下始，豈不惜哉！」（《上神宗皇帝書》）「昔漢武之世，財力匱竭，用賈人桑弘羊之說，買賤賣貴，謂之均輸。於時商賈不行，盜賊滋熾，幾至於亂。孝昭既立，學者爭排其說，霍光順民所欲，從而予之，天下歸心，遂以無事。不意今者此論復興。」（《上神宗皇帝書》）同年三月，蘇軾在《再上皇帝書》中又繼續說：「《書》曰：『與治同道，罔不興，與亂同事，罔不亡。』陛下自去歲以來，所行新政，皆不與治同道。立條例司，遣青苗使，斂助役錢，行均輸法，四海騷動，行路怨咨。自宰相以下，皆知其非而不敢爭。臣愚蠢不識忌諱，乃者上疏論之詳矣，而學術淺陋，不足以感動聖明。……」（《再上皇

〔註 6〕孔凡禮點校：蘇軾詩集，北京：中華書局，1982 年版，第 2817 頁。

帝書》）以後，他在地方上任知州時，一如繼往地向朝廷反映社會問題，如《論河北京東盜賊狀》、《乞醫療病囚狀》、《乞罷登萊榷鹽狀》、《論疫法差雇利害起請畫一狀》、《杭州乞度牒開西湖狀》等，這些「狀」的內容，都是爲解決老百姓生活問題的。蘇軾也自知向神宗皇帝上書是冒著生命危險的，但他仍坦然地說：「臣非敢歷詆新政，苟爲異論。……然而臣之爲計，可謂愚矣。以螻蟻之命，試雷霆之威，積其狂愚，豈可數赦，大則身首異處，破壞家門，小則削籍投荒，流離道路。……」（《上神宗皇帝書》）蘇軾站在民眾利益上來爲民請命，其爲民爭利之勇氣可見一斑。

第三，主張上自天子、下至各級官吏都應該愛民安民。蘇軾認爲，「民爲邦本」必須靠各級官吏在工作中去落實。他早年在《策略五》中的「深結天下之心」中提出的五條措施中就有：「其二曰：太守刺史，天子所寄以遠方之民者，其罷歸，皆當問其所以爲政，民情風俗之所安，亦以揣知其才之所堪。……其四曰：吏民上書，苟小有可觀者，宜皆召問優慰，以養其敢言之氣。」也就是直接希望皇帝能關心老百姓的事情，過問老百姓的事情。他在徐州任太守時，得知將改元爲元豐元年時，在賀表上就說：「切以爲政急於愛民，改元所以表信。非有年無以致家給人足，非盛德無以貽時和歲豐。鴻惟徽稱，獨冠前代。恭惟皇帝陛下，和佈治法，底修事功。闢土而任三農，順時而佐五穀。天用眷祐，秋常大登。蠲通八方之神，民足四豳之養。乃順休命，著爲始年。」（《徐州賀改元表》）在賀表中不是謳歌皇帝的英明偉大，而是希望皇帝愛民親民，這種做法，在歷代臣子的賀表中也是少見的。他不僅大膽上書皇帝，還對自己的好友寄予關心老百姓疾苦的希望。他在《上韓丞相論災傷手實書》中詳盡地列舉了他到密州後，目睹蝗蟲、手實法、免役法、鹽法給老百姓帶來的危害情形，語重心長地說：「軾不敢論事久矣，今者守郡，民之利病，其勢有以見及。又聞自京師來者，舉言公深有拯救斯民爲社稷長計遠慮之意。故不自揆，復發其狂言。」蘇軾落難惠州時，其表兄程正輔正官嶺海，蘇軾迭次提請他制止地方官吏用過重苛捐克扣民財，以防「惠州秋田大熟，米賤傷農」（《與程正輔》）。廣州除官員富戶可得井水外，一城盡飲咸苦，蘇軾又建議知州王敏仲採納羅浮道士鄧守安的設計，籌建竹筒飲水工程，使「一城貧富同飲甘涼」（《與王敏仲》）。諸如此類的事例很多，這足以證明蘇軾及物濟世之心，始終不輟，作爲政治家的蘇軾，他非常注重民本思想的落實。

3. 志在斯民，仁為己任的政治倫理實踐

在歷代官吏中，蘇軾可以說是一個特例，他不僅在理論上認識到「民」（老百姓）對於國家的重要，形成了以民本思想爲核心的政治理想，而且一生都在爲「民」爭取利益，不管他是在朝廷爲官，還是在地方爲官，甚至是在遭受貶謫時期。他一生都關心著老百姓的利益，一生都在爲老百姓的利益而鬥爭。可以說，民本思想是他一生主要的思想基礎。而其他官員，無論在理論上還是在實踐上，都沒有蘇軾來得徹底。

爲官愛民是他閑一生的價值追求。蘇軾從內心坦言：他愛民，他應該愛民。他說：「始臣之學也，以適用爲本，而恥空言；故其仕也，以及民爲心，而慚尸祿。」（《謝除兩職守禮部尚書表》之二）「伏惟某官，才出間世，志存生民。」（《謝秋賦試官啓》）還說：「此蓋伏遇某官，志在斯民，仁爲己任。」（《謝館職啓》）他一生儘管宦海昇沉，但他始終關注現實，關心國計民生，儘可能爲天下的百姓多做點事情。即使晚年困厄嶺南，一身難保，仍然執著地表示：「少壯欲及物，老閑餘此心。」（《次韻定慧欽長老》）從歷史上看，蘇軾不管自己的處境如何，身份如何，愛民親民始終是他人生中不變的價值訴求。

在詩文中流露出對百姓的關切眞情。政治家蘇軾更以文見長。蘇軾大量的詩文都流露出他對下層老百姓的殷殷關愛之情，這是他爲民請命、便民、利民的行爲動力。蘇軾在鳳翔任職期間，曾幾度遇到嚴重的旱情。在古代農民都是靠天吃飯，農民耕種莊稼之後唯一能夠做的就是靜靜地等待降雨，如果今年雨水豐足，百姓就有可能獲得充足的糧食。如果今年天公不作美，那麼百姓只能眼睜睜地看著田地荒廢，禾苗枯萎。蘇軾親眼看到了旱災給百姓帶來的災難：「千夫挽一木，十步八九休。渭水涸無泥，菑堰旋插修，對之食不飽，餘事更遑求。」（《和子由聞子瞻將如終南太平宮溪堂讀書》）眞實地反映了大旱來臨之時，河水乾涸，百姓無食的困難生活狀態。詩人對此也束手無策，怎麼辦呢？「至人舊隱白雲合，神物已化遺蹤蜿。安得夢隨霹靂駕，馬上傾倒天瓢翻。」（《二十六日五更起行，至蟠溪，天未明》）詩人甚至幻想自己能夠成爲像傳說中的李靖那樣，巧遇龍王，得以跨上天馬，行雲佈雨，解救人間的乾旱，消除自然災害給人民帶來的鉅大痛苦。詩中眞實地展現了詩人對於百姓的關心與牽掛之情，讓我們不得不爲這位封建士大夫——蘇軾心爲民憂、身爲民勞的深情所折服。

蘇軾任職杭州時期，正值王安石變法運動全面展開，爲了增加國家的財政收入，從熙寧二年（1069 年）到熙寧五年（1072 年），朝廷陸續實行了均輸法、青苗法、農田水利法、市易法和方田均稅法。國家皇室在短時間內得到了實際效益，可是這一時期的新法均以富國爲目的，一切的行動都以追求最大的經濟利益爲出發點，強調高效快速，不可避免地擴大和加深了對社會下層廣大民眾的盤剝，加重人民的負擔，加之封建官僚機構的腐敗，在新法的實際推行過程中變本加厲。蘇軾因爲離京外任，奔波於鄉野之間，更加全面、眞實地目睹了百姓在天災與新法的夾擊下無以爲生的慘狀。面對百姓無以爲生的悲慘遭遇，蘇軾情不自禁地拿起手中的筆，正如《東坡先生墓誌銘》所言：「公既補外，見事有不便於民者，不敢言亦不敢默視也。緣詩人之義，論事以諷，庶幾有補於國。」他寫下了：「今年粳稻熟苦遲，庶見霜風來幾時。霜風來時雨如瀉，杷頭出菌鐮生衣。眼枯淚盡雨不盡，忍見黃穗臥青泥！茅苫一月隴上宿，天晴獲稻隨車歸；汗流肩赬載入市，價賤乞與如糠粞。賣牛納稅拆屋炊，慮淺不及明年饑。官今要錢不要米，西北萬里招羌兒。龔黃滿朝人更苦，不如卻作河伯婦。」（《吳中田婦歎》）這首《吳中田婦歎》，詩人借田婦之口，寫出了農民同時遭受雨災和暴政的苦難，表現了詩人對新法擾民的不滿。隨著秋季的到來，長時間降水也隨之而來，因爲無法下田務農，連耙頭都生銹了，而莊稼更是遲遲難以成熟，看著一年來辛苦得來的麥禾被雨水擊打倒在泥水之中，百姓的眼中、心中都在流血。農民只能盡其所能來挽救，終月都不回家，住在茅草棚裏看護著禾苗。即使如此，艱難獲得的一點糧食，卻又要因新法收錢不納糧的稅收政策，拿去變賣，商家趁機降低糧食的收購價格，使百姓僅有的一點收穫也賤如糠粞。爲了繳納朝廷的稅收，百姓只能拆房、賣牛來滿足官吏的慾望，根本顧不上去想以後。百姓在備受煎熬的環境中發出了「龔黃滿朝人更苦，不如卻作河伯婦」的悲鳴，如此悲慘地活著，還不如投入河中做河伯婦，來得清淨。詩中訴說了農民不幸的遭遇，如實地反映了新政的流弊，表現了作者對農民深深的同情，眞實地反映了詩人此時沮喪、無奈的心情，一方面是對新法的無能爲力，一方面是對百姓所受苦難的心痛無奈。

再如他寫的《山村五絕》之四：「杖藜裹飯去匆匆，過眼青錢轉手空。贏得兒童語音好，一年強半在城中。」當時的青苗法規定：半年二分利息，每年兩次，就是百分之四十利息了。雖名爲「備災傷」，但客觀上卻是放債取利。

另外，有的地方在預支青苗錢時，往往有「比時價高」的弊端發生。在發放青苗錢的時候，地方官吏一面放錢，一面張設酒肆妓館，誘惑借錢人去吃喝玩樂。所以，蘇軾在《乞不給散青苗錢斛狀》中寫道：「先朝初散青苗，本爲利民，故當時指揮，並取人戶情願，不得抑配。自後因提舉官速要見功，務求多散，諷脅州縣，廢格詔書，名爲情願，其實抑配。……又官吏無狀，於給散之際，必令酒務設鼓樂倡優，或關撲賣酒牌子，農民至有徒手而歸者。但每散青苗，即酒課暴增，此臣所親見而爲流涕者也。二十年間，因欠青苗至賣田宅、雇妻女、投水自縊者，不可勝數，朝廷忍復行之歟！」所以，這首詩是實錄，詩中表現了詩人對青苗法勞民傷財的強烈不滿，農民爲了還債，經常丟下手中的活計，拄著杖，帶著乾糧進城，時間就這樣白白地浪費掉了，而貸來的青苗錢經過幾次的輾轉早已一名不文，得到的只是小孩不知不覺中學會的城市口音。詩文是情感的表達，蘇軾這種時刻關心民瘼的深情，也使他得到了老百姓的衷心愛戴。

爲官一任，造福一方，因法以便民。蘇軾踏入仕途後，他的絕大部分時間是任職於地方。每到一地，他都因法以便民，爲當地老百姓做些實事，使百姓受到實惠。嘉祐六年（1061 年）在鳳翔府任簽判時，爲老百姓做了三件好事：一是改革「衙前役」，根據「自擇水工，以時進止」的原則，由差遣制改爲招募制，從而減輕了普通農戶和貧困戶的負擔。二是主張「與官榷與民」，准許百姓經營茶、鹽、酒等，將專賣權和餘利讓還於民。三是主張免除積欠。根據朝廷減免水旱災區積欠的命令，蘇軾親赴實地調查，釋放了二百二十五名因積欠而關進監獄的「囚犯」，並說「自今苟無所隱欺者，一切除免，不問其他」（《上蔡省主論放欠書》）。當地百姓稱他爲「蘇賢良」。

熙寧四年（1071 年），蘇軾任杭州通判，「他本著一名正直封建官吏的良心以及他所獨具的廣博仁愛之情，盡心盡力，在杭州爲民造福」〔註 7〕。其間主要爲民做了兩件實事：一是組織民眾滅蝗；二是組織民眾治理六井。

熙寧七年（1074 年），改知密州，這是蘇軾第一次擔任獨當一面的地方長官。密州是一座人窮地僻的「寂寞山城」，不但連年災荒，而且盜賊橫行，如何治理此地纔能造福一方百姓，是蘇軾即將面臨的嚴峻考驗。蘇軾下車

〔註 7〕王水照，崔銘：蘇軾傳：智者在苦難中的超越，天津：天津人民出版社，2000 年版，第 147 頁。

伊始，便發現此地蝗災嚴重，農民用蒿蔓裹著蝗蟲埋入土中，堆成的一座座土堆，綿延兩百多里。更爲嚴重的是地方官吏爲了取悅朝廷，竟然謊報說「蝗不爲災」，居然還說蝗蟲會「爲民除草」。面對這種情況，蘇軾以他精明練達的才幹、踏實勤政的精神，有計劃、有步驟地組織農民積極捕蝗，採用火燒、土埋等辦法來消滅蝗蟲，還下令獎勵那些捕蝗有功之人，設法對蝗蟲斬草除根，號召百姓搜集蝗蟲的卵塊，挖坑深埋。短短兩年的任期內，蘇軾帶領百姓撲滅蝗蟲、緝拿盜賊、收養棄嬰、抵制苛政，一刻都不曾歇息。本著仁政愛民的感情，努力地實踐著自己的治世理想，比起身居高位卻無法爲百姓謀福，蘇軾更願意把他的愛民思想落到實處。

熙寧十年（1077 年）改知徐州，到任四個月後就遇上歷史上罕見的一場洪災。原來此年七月七日黃河澶州決口，洪水淹沒了四十五個州縣。到八月間，一連數日的暴雨使洪水更加迅猛，很快就殃及徐州。蘇軾臨危不懼，他一面向當地父老請教抗洪的經驗，一面火速徵集民夫五千餘人搶修堤壩，加固城牆。蘇軾不計個人的得失，請求徐州禁軍出兵支持，不久就在城南爲徐州城築起了一道長堤，首起戲馬臺，尾連內城牆，在之後的日子裏，東南長堤也陸續竣工，直到十月洪水漸漸退去，黃河恢復故道。其間蘇軾既要指揮軍民搶險堵水，又要籌集糧款救濟災民，晝夜不得休息，整天身披蓑衣，手拄木杖，東奔西走，幾過家門而不入，最終使這場巨大的洪災以蘇軾和徐州百姓的勝利而宣告結束，也使得徐州全城百姓的生命財產逃過一場浩劫。

元祐四年（1089 年），蘇軾知杭州。此時距離他上次離開杭州已經整整十五年了。蘇軾上次在杭州任職是當知州的副手，此次往臨則身爲獨當一面的地方長官，而且他剛到任便面臨著十分嚴峻的形勢，於是暫時收斂吟賞湖山的雅興，一頭紮進處理政務的辛勞。原來在蘇軾到任的當年裏他所管轄的浙西七州——杭州、湖州、秀州、睦州、蘇州、常州、潤州，「冬春積水，不種早稻，及五六月水退，方插晚秧，又遭乾旱，早晚俱損，高下並傷，民之艱食，無甚今歲。見今米斗九十足錢，小民方冬已有飢者。兩浙水鄉，種麥絕少，來歲之熟，指秋爲期，而熟不熟又未可知」（《乞賑濟浙西七州狀》）。蘇軾認爲照這種勢頭發展下去，後果將不堪設想。「深恐來年春夏之交，必有饑饉盜賊之憂。」於是蘇軾立即上奏朝廷，申報災情，請求緩交浙西七州的上供米，他又上奏請求賜予僧尼度牒兩百道，來爲救災籌集款項。爲了及時籌集救災糧款，蘇軾接連呈上七道奏本，籌劃救災的各項事宜，絲絲入扣，鉅細無遺，如《乞降度牒召人入中斛斗出糶濟饑等狀》、《奏浙西災傷第一狀》、《奏浙西災傷第二狀》、《相度準備賑濟第一狀》、《相度準備賑濟第二狀》、《相度準備賑濟第三狀》等。有的請求從沒有遭災的鄰近地區收購糧食，並減免運糧船隻的稅項，「請削去力勝錢之條，而行天聖免稅之制」，來鼓勵船隻積極運糧；有的請求將減免的上供米及將義倉裏的存米在饑荒的時節投放市場，來平抑糧價。儘管這次水旱之災非常嚴重，但在蘇軾的領導之下終於安全度過，杭州的糧價一直都保持平穩，百姓得以安然度過凶年，避免了百姓流離、餓殍流亡的殘酷景象。以後，爲防治流行瘟疫並創立了一所常設的公立醫院，興修水利、疏濬西湖。

蘇軾最爲可貴的是，他不僅在任時能夠利用職權爲百姓謀福利，就是在遭受貶謫，毫無權力的時候，也能夠利用自己的影響來爲百姓做好事，如他在黃州時力除溺嬰陋習；被貶嶺南惠州時，亦能爲惠州百姓引水修橋修堤，推廣先進農具秧馬；再貶儋州後，這位白髮老人仍在勸導當地居民重視農耕，興辦教育。可以說，凡是蘇軾足迹遍佈的地方，在民間都世世代代流傳著對他歌頌的美好傳說。那時的蘇軾每到任一個地方最多任職兩三年，有的地方甚至僅僅只居半年或幾個月、幾天乃至過路暫住，而他的名字卻永遠留在這些地方的牌匾上、口頭上、方誌上。即使在今天，中國百姓還念念不忘蘇東坡，蘇東坡成了中國老百姓的永恒話題。

蘇軾出身在一個較寒微的「布衣」家庭裏，自小曾經歷過「少年辛苦事犁耕」（《野人舍》）的生活，遭受過有權勢的地主官僚的冷遇，這使蘇軾很早就具有同情被壓榨、被迫害人民的感情基礎。蘇軾在後來追求改革的政治生涯中，貫串了一條「愛民」、「憂民」的主線——「堯舜禹湯文武成康之際，何其愛民之深、憂民之切？」（《刑賞忠厚之至論》）蘇軾懷著「太公治齊，周公治魯」（《思治論》）的理想，稟受著儒家「勤政愛民」的教養，而踏進了仕途社會。而經歷長期貶逐和困窘生活的蘇軾對下層民眾較多接觸，發現了他們的優良品格，也看到了他們的貧困處境，所謂任官一處，惠民一方，蘇軾終於以他自己的不幸，與廣大人民的不幸聯繫起來，農民群眾的淒苦便成了他自己的淒苦，這便是促使蘇軾做出一系列好事的感情基礎。

蘇軾一生始終堅持自己的政治信仰，以愛民、重民、護民爲使命，將爲民謀福祉作爲其施政的出發點，是一位踏踏實實的政治家、改革家和愛國主義者。雖然他在北宋昏暗的政治鬥爭中成了犧牲品，其政治生命是封建時代知識分子的一幕悲劇，但這樣一個被政敵攻擊誣衊無所不用其極的人，卻贏得了人民的衷心愛戴，永遠活在人民心中。

三、尊主恤國的政治抱負和道德實踐

1.「至誠爲道」、「至仁爲德」的君主道德

蘇軾的尊主建立在對君主道德的認識之上。正是因爲君主以「至誠」和「至仁」爲根本的道德追求，所以纔需要尊重君主。君主作爲最高的權力執行者的行動準則，必須以對國家百姓是否有利爲標準，從而君主的道德就是「至誠」和「至仁」。他說：「人君以至誠爲道，以至仁爲德。」（《上初即位論治道二首》）「至誠之外，更行他道，皆爲非道；至仁之外，更作他德，皆爲非德。」（《上初即位論治道二首》）「至誠」就是「上自大臣，下至小民，內自親戚，外至四夷，皆推赤心以待之，不可以絲毫僞也。如此，則四海之內，親之如父子，信之如心腹，未有父子相圖，心腹相欺者，如此，而天下之不治，未之有也」（《上初即位論治道二首》）。而「至仁」則是「視臣如手足，視民如赤子，戢兵，省刑，時使，薄斂，行此六事而已矣。禍莫逆於好用兵，怨莫大於好起獄，災莫深於興土功，毒莫深於奪民利。此四者，陷民之坑井，而伐國之斧鉞也。去此四者，行彼六者，而仁不可勝用矣」（《上初即位論治道二首》）。只有這樣，纔可以「主逸而國安」。作爲人君，應是「天下公議之主」，應該「捨己而從眾，眾之所是，我則與之，眾之所非，我則去之」。否則，如果在眾人面前作威作福，那麼，「人主的威福，而其實左右之私意也」（《上初即位論治道二首》）。應該說，蘇軾對君主品格的要求，是相當嚴格的，這裏，他沒有把君主作爲神來對待，不把君主神化，而且認爲君主有不足之處，可以進行忠告，讓他改進；而君主的品德，也體現在接受下屬的忠言。

蘇軾還對君主提出了下列五項具體要求：「其一曰：將相之臣，天子所恃以爲治者，宜日夜召論天下之大計，且以熟觀其爲人。其二曰：太守刺史，天子所寄以遠方之民者，其罷歸，皆當問其所以爲政，民情風俗之所安，亦以揣知其才之所堪。其三曰：左右扈從侍讀侍講之人，本以論說古今興衰之大要，非以應故事備數而已，經籍之外，苟有以訪之，無傷也。其四曰：吏

民上書，苟小有可觀者，宜皆召問優慰，以養其敢言之氣。其五曰：天下之吏，自『一命以上，雖其至賤，無以自通於朝廷，然人主之爲，豈有所不可哉！察其善者，卒然召見之，使不知其所從來』。如此，則遠方之賤吏，亦務自激發爲善，不以位卑祿薄無由自通於上而不修飾。」（《策略五》）這五項，也可以說是蘇軾君主的「至誠」、「至仁」道德觀的具體體現，君主必須順德而行，以「至誠」、「至仁」處理事務，「視民如視其身，待其至愚者如其至賢者」，在治政過程中，「始之於至誠，中之以不欲速，而終之以不懈，纔能把國政治理好」（《既醉備五福論》）。

2. 天恩深厚，當以死報

蘇軾認爲自己平生受皇恩最深，故應鞠躬盡瘁、死而後已地報答皇室對他的非常知遇。蘇軾早年簽判時所作《秦穆公墓》詩中說：「乃知三子殉公意，亦如齊之二子從田橫」，「古人感一飯，尚能殺其身。今人不復見此等，乃以所見疑古人」。把三良描繪成了爲報君恩而自願殉死的「忠義」之士，表達了自己對三良的景仰之情。他認爲，「爲國者，平居必有忘軀犯顏之士，則臨難庶幾有徇義守死之臣。若平居尚不能一言，則臨難何以責其死節？」（《上神宗皇帝書》）要做忠臣，就必須對君王「披露腹心，捐棄肝腦，盡力所至，不知其他」（《乞郡劄子》）。他在《謝除龍圖閣學士知潁州表二首》之一中說自己受四朝皇帝的信任，「伏念臣學陋無聞，性迂難合，受四朝之知遇，竊五郡之蕃宣」。他在《論邊將隱匿敗亡憲司體量不實劄子》中說自己只能圖報：「……蓋亦自知受性剛褊，黑白太明，難以處眾。伏蒙聖慈，降詔不許，兩遣使者存問慰安。天恩深厚，淪入骨髓。臣謂此恩當以死報，不當更計身之安危，故復起就職。」蘇軾十分清楚自己剛直的性格已屢屢招致很多人忌恨，也曾想明哲保身，退居閑養，但君主的信任、重託使他不忍爲了一己之安危而置國家危亡於不顧，只好一再「復起就職」，以死相報。蘇軾曾勸王安石既受皇帝非常之遇，就應不論在朝在野，不論榮辱成敗，都應以非常之舉爲皇帝分憂、爲國家操勞，這也正是蘇軾無論在任與否都不計個人榮辱地爲國、爲民操勞之內在原因。如他曾說：「功成身退，人臣之常禮，至於非常之遇，則必有無窮之報。」（《內制詔敕・賜韓絳上第三表乞致仕不許斷來章詔》）

蘇軾的忠君不是愚忠，而是直言敢諫，公心爲國。他與王安石激進變革、司馬光的保守不同，提出漸變。以致既不取悅於變法新黨，也不見容於力廢新法的舊黨，最後，自求改派外任，杭州、密州、徐州、湖州，輾轉周折。

然而即使被貶他也戀戀不忘君主朝事，認為「丈夫重出處，不退要當前」（《和子由苦寒見寄》）。《江城子・密州出獵》詞中那種「會挽雕弓如滿月，西北望，射天狼」的渴望報效國家的雄心，讓多少士大夫追慕不已；其中「親射虎，看孫郎」的年輕英武的孫郎就是蘇軾想要效法的對象，把自我形象融入「太守」、「孫郎」、「魏尚」的形象中，希望朝廷能重用自己，使自己一展宏圖，實現富國強民的夢想。

「烏臺詩案」後，蘇軾被貶為黃州團練副使，雖然形同囚犯，但他依然作詩，「願為穿雲鶻，莫作將雛鴨」（《給友人陳慥》）。在到黃州的謝表中他寫道：「貪戀聖世，不敢殺身，庶幾餘生未為異物，若獲盡力鞭棰之下，必將捐軀矢石之間，指天誓心，有死無易！」（《與滕達道書》）其肝膽忠烈，不懼不悔，死而後已的壯烈情懷，足以感天動地！

蘇軾一生屢遭打擊貶謫，而他又確實厭惡官場的蠅營狗苟，那他為什麼不像他最仰慕的陶淵明那樣棄官歸隱呢？答案只能是正因為他不能「功成身退」，就只能以「無窮之報」來報答皇帝對他的「非常之遇」來解釋。縱觀蘇軾的一生，他也一直在出仕與歸隱兩種態度中徘徊，這實際上歸結為他心中兩大人生指向的博弈：一是作為士大夫知識分子，為國家和社會建功立業，有所作為。蘇軾在少年時代就「奮厲有當世志」，在步入仕途後，盡心職守，始終沒有放下其奮進不息的淑世精神。二是返回自然、獲得自由自在的生活、維護或回歸真實的自我。官職會束縛個人的自由，並且會攪亂人的本性，讓人失去真實的自我，這是中國古代知識分子們的普遍共識。其實蘇軾早就有棄官歸隱的想法，並且一生中不斷地呼喚「歸去來」之聲，也可以說是這種認識的反映。但正是由於他的忠君報恩情結，所以不能像陶淵明那樣實現歸隱，也就只能在官場生活中，追求白居易式的「中隱」，但其思想的根底卻有著對獲得自由、維護真實自我的深深渴望。這兩種人生指向可以說貫穿蘇軾一生，按照他所面對的環境變化，呈現出其複雜的面貌：有時候，欲有所為的一面更為顯著；也有時候，企求順情適性的一面更為突出；也有時候，兩者大致維持平衡，同時體現出兩種傾向。

在蘇軾一生政治生涯中，元祐年間算是最得意的時期。元豐八年（1085年）三月，支持「新法」的神宗皇帝去世，高太后垂簾聽政，起用了司馬光為首的舊黨人物，蘇軾也是其中重要一員。在回京都之後的短短幾個月裏，蘇軾連昇幾級，最後昇任翰林學士（正三品）。就昇級這一點來說，可以說他的仕途非常順暢。可是，在這次京師做官期間，蘇軾的官職生活並不順遂。元祐元年（1086年），圍繞免役法的存廢問題，他和司馬光展開了激烈的爭論。此年九月司馬光去世之後，蘇軾又與道學家程頤不和，被捲入了歷史上稱爲「洛蜀黨爭」的政爭漩渦中。此時，洛黨人將蘇軾視爲蜀黨的領袖，所以蘇軾成了他們的主要攻擊目標，此後歸隱的念頭就一直揮之不去，這在他以歸隱爲主題的《和陶詩》中大量呈現出來。南遷以後，他有意地在謫居生活中，尋找歸隱的意義，要在當地過充滿閑情逸致的生活，儘管他沒有忘記自己作爲謫臣的身份，雖然失去了行迹上實現歸隱的機會，但是他還是要超越那種行迹上的局限來直接探索歸隱的眞實意義。也就是說，蘇軾追求的，不是歸隱的行爲本身，而是通過歸隱來可以獲得的解放、自由、閑逸等的價值。

不過，與早期相比，他的忠君報恩思想在謫居時期還是發生了一些變化。「烏臺詩案」後出獄的當天，蘇軾就在題爲「十二月二十八日蒙恩責受檢校水部員外郎黃州團練副使」的兩首七律中，便十分眞實地寫出了自己當時的心情。其中第二首是：「平生文字爲吾累，此去聲名不厭低。塞上縱歸他日馬，城中不鬥少年雞……」其中的「城中不鬥少年雞」就是詩人表明自己決不像賈昌那樣「求媚於上」，邀寵取榮（唐玄宗時的賈昌年七歲時，善鬥雞，求媚於上）。如果說在這裏我們看到的只是蘇軾的政治氣節和人生態度的話，那麼在貶謫嶺南後寫下的《和陶詠三良》一詩中，我們可以看出蘇軾的尊主已並非是對君主的愚忠。「此生泰山重，忽作鴻毛遺。三子死一言，所死良已微。賢哉晏平仲，事君不以私。我豈犬馬哉，從君求蓋帷。殺身固有道，大節要不虧。君爲社稷死，我則同其歸。顧命有治亂，臣子得從違。魏顆眞孝愛，三良安足希。仕宦豈不榮，有時纏憂悲。所以靖節翁，服此黔婁衣。」詩中蘇軾藉晏嬰的故事表明，只有「君爲社稷死」，我纔可以「同其歸」；假如君王不是爲國家人民而死，那就絕不能去從死，否則就是「事君以私」，虧了大節。魏顆的事例則說明：帝王之命，有可能是不合理的！對於君王的旨意，只有衡量其正確與否，纔能決定是否依從。「顧命有治亂，臣子得從違」，對於那些不合理的亂命，臣子有權違抗，可以不遵從！他認爲，忠臣「事君之義，以報國爲先」（《大臣論》），並且要做到「以義正君而無害於國」（《六一居士集敘》）。也就是說，臣子盡忠行義是要讓君王行「仁政」。蘇軾的這種忠義思想在當時實屬難能可貴。

蘇軾認爲沒有才德的人占居高位屬於不智，而有能力勝任高官要職的人卻推辭不做就屬於不仁，這可說是他之所以不辭官歸隱的一個主要根由。在蘇軾看來，只有那些能謹守傳統禮教規範，忠君愛國之志雖沒不易的人纔能夠擔當朝中大臣，纔能夠委以重任。如其《謝制科啓二首》之一曰：「惟是賢良茂異之科，兼用考試察舉之法。每中年輒下明詔，使兩制各舉所聞。在家者能孝而恭，在官者能廉而愼。臨之以患難而能不變，邀之以寵利而能不回。既已得其行己之大方，然後責其當世之要用。」（《大臣論》）面臨患難時能處驚不變，誘之以恩寵利祿時能不回其志操，只有具備這樣品性的士子，纔可以付以重任，尤其是作爲國之「大臣」，首要素養就是必須具備守道不易、獨立不隨之志操。如他勸告范純仁不要辭官時說：「宰相之任，非所以寵人臣也，無其德而當之爲不智，有其材而辭之爲不仁。若卿之才德，亦可謂稱矣，往思其憂，以稱天下之望。」在蘇軾看來，任命某人爲宰相，並不是對他的恩寵。而是要讓他擔負起天下興亡的重任，是交給他一副無比沉重的擔子，對於這樣的重擔，沒有德行的人來承擔就是沒有自知之明，有承擔才能的人辭謝不幹就是對天下人的不仁，所以，他勸告具備擔當重任才德的范純仁應該爲了天下人民的厚望而起身就職。這不僅是在以爲官大義勸說別人，也是蘇軾之所以再三遭受重大挫折而不辭官歸隱的心曲折射。

四、臨事必正的政治倫理品質

蘇轍《東坡先生墓誌銘》稱「公臨事必以正，不能俯仰隨俗」。宋孝宗《御制文忠蘇軾文集贊並序》稱蘇軾「忠言讜論，立朝大節，一時廷臣，無出其右」〔註8〕。就連他的政敵也不得不敬仰他的品格。與蘇軾的蜀黨相對立的朔黨人物劉安世云：「東坡立朝大節極可觀，才意高廣，惟己之是信。在元豐則不容於元豐，人欲殺之；在元祐，則雖與老先生（指司馬光）議論亦有不合處，非隨時上下人也。」〔註9〕《宋史・蘇軾傳》亦云：「（軾）自爲舉子至入侍從，必以愛君爲本，忠規讜論，挺挺大節，群臣無出其右。」〔註10〕蘇軾在複雜的政治鬥爭中，能始終保持個人政見，堅持「道高於勢」的原則，形成並發展起了一種可貴的政治倫理品質。「賦性剛拙，議論不隨」，這是蘇軾高風亮節的最突出的特點，在宋代曾受到上至皇帝下至士人的廣泛頌揚。

〔註 8〕郎曄：經進東坡文集事略，四部叢刊本（卷首）。
〔註 9〕馬永卿：元城語錄，畿輔叢書本（卷上）。
〔註10〕宋史，中華書局，1977 年版，卷三三八。

1. 不務雷同以固祿位

蘇軾很重視做人的品德節操，他的處世哲學是「誠」。「誠」是儒家中庸之道的核心主張。他在釋《中庸》時就一再強調：「天下之人，莫不欲誠」，「惟憂患之至，而後誠明之辨，乃可以見」，「君子安可不誠哉」（《中庸論上》）。「誠」的品格在政治生活中就表現爲他堅持「守道」，不看人行事，不見風使舵。他反對「志於得而不能守道」，說：「士之求仕也，志於得也。仕而不志於得者，僞也。苟志於得而不以其道，視時上下而變其學，曰：吾期得而已矣，則凡可以得者，無不爲也，而可乎？」（《送杭州進士詩敘》）這裏的所謂「得」是指功名富貴之類的個人利益；而所謂「道」，則是指自己認爲正確的政治信念或政治路線。在他一生的政治實踐中，他都表現出賦性剛直，爲人正派，能不顧個人的利害得失而堅持「守道」。蘇軾在《與楊元素》裏說：「昔之君子，惟荊是師；今之君子，惟溫是隨。所隨不同，其爲隨一也。老弟與溫相知至深，始終無間，然多不隨耳。」我們從「非隨時上下」、「然多不隨耳」可以看出蘇軾始終堅持維護自己剛正不阿的人格。他認爲作爲忠臣，就必須：「砥礪名節，正色立朝，不務雷同以固祿位，非獨人臣之私義，乃天下國家之所恃以安者也。若名節一衰，忠言不聞，亂亡隨之，捷如影響。」（《送進士詩敘》）也就是說，忠臣治理國家政務，必須有寬廣的心懷，秉公辦事，纔能於百姓、國政有補，那種一心營謀私利，患得患失的人，「其禍乃至於喪邦」（《與楊元素》），是萬萬不可學的。由於他具有至誠的爲國盡力的高尚品格，所以在複雜的政治風雲中，他敢於堅持自己的主張，敢於直言不諱。

蘇軾對王安石變法是持反對態度的，但他在任地方官期間，看到了新法的某些利民之處，於是改變了對新法的態度，並勇於承認自己的錯誤。在元豐年間寫給朋友的信中，他坦率地說：「吾儕新法之初，輒守偏見，至有異同之論。雖此心耿耿，歸於憂國，而所言差謬，少有中理者。今聖德日新，眾化大成，回視向之所執，益覺疏矣。若變志易守，以求進取，固所不敢；若嘵嘵不已，則憂患愈深。」（《與滕達道》）反省了自己對新法的偏激態度，但卻並不利用自己認識缺點的機會去謀求上位。舊黨專權後，蘇軾批評司馬光「專欲變熙寧之法，不復較量利害，參用所長」（《辯試館職策問劄子》），因而又遭到舊黨排擠。無論是政治前途利益的誘惑還是將遭受多大的政治打擊，蘇軾始終堅守著自己的節操。他初反對王安石變法，爾後又反對司馬光盡廢新法，都是在兩人做宰相因而權勢極盛的時候，他並沒有爲了自己的飛黃騰達而去趨附和吹捧他們，而是從自己的認識出發去反對和批評他們，完全置利害得失於不顧。他在《杭州召還乞郡狀》中坦誠地說：「是時，王安石新得政，變易法度。臣若少加附會，進用可必。」這是他發自內心的話語，也是他思想性格的眞實寫照。他這種直而不隨，剛正不阿的品格，「用之朝廷，則逆耳之奏形於言；施之郡縣，則疾惡之心見於政。雖知難每以爲戒，而臨事不能自回」。正是由於他的這種品格和處世態度，致使他遭人嫌忌，一生大半處於憂患之中。但難能可貴而値得萬世景仰效法的，是他明知會遭到（事實上是不斷地因此而遭到）忌恨、打擊、迫害，但仍不改其操守，並將守道、重名節放在生命之上。他在《乞將臺諫官章疏降會有司根治劄子》中說：「夫君子之所重者，名節也。故有『捨生取義』、『殺身成仁』、『可殺不可辱』之語。而爵位利祿，蓋古者有志之士所謂鴻毛弊屣也。」又在《乞郡劄子》中說：「特以臣拙於謀身，銳於報國，致使臺諫，例爲怨仇。」蘇轍在《東坡先生墓誌銘》中對他一生的爲人作了這樣的概括：「其於人，見善稱之，如恐不及；見不善斥之，如恐不盡；見義勇於敢爲，而不顧其害。因此數困於世，然終不以爲恨。」

蘇軾憂患一生，總是不合時宜，就是因爲他學術上有自己的一家之見，性格上又率性剛正，從而轉變成了政治上的獨立特行。他一生爲自己的正直付出了沉重的代價，從世俗的眼光看，他的遭遇是悲慘的，但卻由此得到歷代人們的傾慕和景仰，爲我們留下了無限的追思。

2. 崇節尚義固其守

蘇軾的一生屢遭貶斥，從外部原因來說，是北宋黨爭的產物；從他自身的原因來看，則同他率眞至性的獨立人格追求相關。蘇軾的率眞天性使他心中無所牽掛，胸懷坦蕩，雖累累遭受打擊而樂觀情懷不變。王水照先生說：「崇尚本眞自然，反對對人性的禁錮或僞飾，在蘇軾的心目中，已不是一般的倫理原則和道德要求，而是一種對人類本體的根本追求。」〔註 11〕長期研究蘇軾的學者唐玲玲認爲東坡詞的顯著特點是「眞」，他才情橫溢、興趣廣泛、心懷曠達、不記仇隙，生活中充滿著愛和美。他愛玩、愛吃、愛讀書、愛人、愛物、愛花鳥樹林、愛清風明月。一句話，愛天地萬物。〔註 12〕蘇軾崇尚率眞還可從他一生對陶淵明的推重和仰慕中看出來。蘇軾從年輕的時候起，已

〔註 11〕王水照：蘇軾研究，石家莊：河北教育出版社，1999 年版，第 53 頁。
〔註 12〕唐玲玲：東坡樂府研究，成都：巴蜀書社，1993 年版，第 2 頁。

經開始喜歡陶淵明的爲人，黃州貶謫時期以後，他對陶淵明爲人的贊賞並推崇之情越來越深化，到了晚年，終至巔峰，將陶淵明看作是「欲以晚節師範其萬一」的理想人格。而蘇軾推重陶淵明，除了仰慕陶淵明平淡高妙的詩風外，重要原因之一就是陶淵明性情率眞，感情眞摯。陶淵明思想的核心其實就是崇尚自然。他把這崇尚自然的思想運用到人生與社會的各個方面。具體而言，陶淵明爲了返回自然而選擇歸隱，源於他對世俗社會和名教禮法的厭棄與鄙棄。在道德修養方面，他提出「抱樸含眞」作爲奉行的原則，要以此獲得能獨立於污濁的社會之外的人格。蘇軾雖然認同陶淵明的人格理想，但卻並沒有選擇陶淵明式的歸隱。如王水照先生所指出的，事實上，蘇軾一生習慣於把政治思想和人生思想區別對待，因而大致以「外儒內道」的形式把兩者統一起來。到了嶺海時期，他還是保持這種態度，既願意獲得順情適性的人生，又願意實踐自己心中尚未泯滅的淑世精神。(《李太白碑陰記》) 他實際上已改變傳統士大夫「達則兼濟天下， 窮則獨善其身」的模式，而是不論「達」與「窮」，他都要既行「兼濟」，又行「獨善」。

實際上，原始儒家哲學是一種以獨立的精神人格與道德主體的樹立爲前提，兼具入世與出世兩種性質的哲學。蘇軾主張「士以氣爲主」(《李太白碑陰記》)。在《潮州韓文公廟碑》中指出，浩然之氣至大至剛，具有一種「不依形而立，不恃力而行，不待生而存，不隨死而亡」的獨立不倚的主體精神。在出處問題上，他認爲「古之君子，不必仕，不必不仕」(《靈璧張氏園亭記》)，既不可「忘其身」，亦不可「忘其君」，於出處進退皆取其「適」，兼顧社會群體與個體生命，從而始終保持君子的獨立人格和高尚節操。蘇軾稟性剛正，光明磊落，不願委屈自己而喪失人格的獨立性，他自稱「言發於心而衝於口，吐之則逆人，茹之則逆余。以爲寧逆人也，故卒吐之」(《思堂記》)。在北宋中期多年的政治鬥爭和權力傾軋中，他一直扮演著特立獨行的角色，無論新黨還是舊黨上臺，他都不討好，而是堅持自己的意見，不肯做圓滑的官僚，不盲從，不徇私，始終保持黑白分明、表裏如一的精神。《宋史・蘇軾傳》稱其「能以特立之志爲之主，而以邁往之氣輔之」，「至於禍患之來，節義足以固其有守，皆志與氣所爲也」。此乃蘇軾的精神特質。

在蘇軾身上我們清楚地看到，他在不推卸任何政治責任並飽經風霜磨難的情況下，還始終保持了對個人自由的嚮往。他一次又一次地勇敢地面對人生挑戰，而不是選擇屈從或退避，也就一次又一次地在極不自由的生存條件下獲得了作爲人類永恒追求的自由。這正是蘇軾超過傳統士大夫、在人格上極富魅力的原因所在。「兼濟」也好，「獨善」也罷，都是以社會最高思想道德作爲前提的。而這種前提無疑壓抑著個體的獨立與自由。因此，傳統士大夫在處理「兼濟」與「獨善」的關係時，就會陷入尷尬的兩難選擇。而蘇軾則走出了傳統的誤區，他並不希求社會準則的絕對認同，而是從自身發展需要出發，豐富提升自己，因此，他才不合時宜，屢遭貶謫。其實蘇軾洞徹世事，亦曉「少加附會，進用必可」，但他決不違心循人，因此其人格纔超越了傳統士大夫，保持著獨立性、完整性。特別是晚年嶺海時期，蘇軾幾乎喪失了實現自己政治抱負的機會，蘇軾自己也很清楚這一點，這對於一生忠君愛民的蘇軾，的確是很嚴重的打擊。一般來講，受到這樣的打擊人往往比較容易陷入絕望之中，被鬱悶、悲憤的感情所纏住。但蘇軾不是這樣的，他以特有的曠達超拔的精神做武器，很快超越心中的苦痛，即使身處絕境中，也要使生活過得有意義。貶居嶺海的幾年時間裏，他既不「避人」，也不「避世」，而是眞心誠意爲老百姓做好事，與老百姓的關係甚爲融洽。雖然他失去了作爲政治家的地位和建立功勳的機會，但他並沒有放棄自己的人生，在人生的其他領域中，仍呈現出永不衰竭的熱情。他作爲文士（或詩人）以及學者（或思想家）的人生卻放射出更耀眼的光芒。

即使是在積極用世時，蘇軾也呼籲士大夫應該有獨立於皇權的人格價值。這一點，我們上面已談到。晚年的蘇軾對於君臣關係有了一種新的認識。在《和陶詠三良》中，他較爲大膽地提出「事君不以私」的觀點，同時，呼喚著作爲臣下的獨立人格：「我豈犬馬哉，從君求蓋帷。」同時主張有著獨立人格的臣下，僅僅只有在「爲社稷」時，纔能與君主生死與共；否則，臣子也可以選擇其從違。總之，蘇軾一生坎坷的政治遭遇，從他個人角度看，是由於他率眞的個人天性；也正是因爲他天性率眞，纔成就了他不一樣的獨立人格。

第三章　民富國強——蘇軾經濟倫理的價值取向

在經濟倫理思想方面，蘇軾持民富纔能國強的觀點，主張「民富」優先於「國富」。在蘇軾看來，只有人民安居樂業了，纔有社會的穩定，只有民富了，國纔能強。當神宗實施新法，以期改變宋王朝積貧積弱的狀況，達到富國強兵的目的，立即遭到蘇軾的反對，他一再上書神宗，表示自己的意見。蘇軾反對新法，主要認爲新法是在「求廣利之門」，「與民爭利」，「聚斂於上」。他引用《論語》「百姓足，君孰與不足」，來影射神宗也像魯哀公一樣，想靠加重人民的負擔，以增加國家收入。〔註 1〕接著，蘇軾直接問道：「臣不知陛下所謂富者，富民歟，抑富國歟？」（《擬進士對御試策》）「富民」還是「富國」，這是蘇軾與王安石之爭的焦點。蘇軾認爲，爲政若「求利太廣」，甚至「盡民之利」，不僅加劇了人民處境的艱難，影響到國家的根基，而且也是敗壞道德的催化劑，從而導致社會風氣的墮落。

一、民富國強的價值理想

蘇軾是一位遠見卓識的政治家，他著眼於國家的穩定和社會經濟的發展，對經濟問題有廣泛而深刻的論述，涉及當時經濟生活的方方面面。因在國富還是民富的價值取向上的差異，他大張旗鼓反對王安石變法；同樣基於利民的出發點，在元祐年間又反對一概廢除王安石變法。無論是在地方官任

〔註 1〕《論語．顏淵》記述魯哀公因國用不足問孔子的弟子有若解決之法，有若答之用周法「十一而稅」。魯哀公說十二尚不夠，怎能用十一而稅。有若答曰：「百姓足，君孰與不足，百姓不足，君孰與足。」

上，還是處在被貶落難的困境中，他都堅守仁政愛民、為民請命的品格。在個人生活上，他淡泊名利，總是能以適然、曠達的人生態度去面對和化解生活中的難題，表現出一種獨特的「自我超越」的人文精神。正是蘇軾留給了一個我們可感、可想、實實在在的、能為後世文人提供「人生模式的選擇和文化性格的設計」〔註2〕的新典範。

1. 對北宋當時經濟、社會局勢的理性分析

蘇軾所處的北宋，已經歷了近百年的休養生息，曾一度出現四海升平的景象。但在表面繁榮的背後，其實隱藏著深刻的社會危機。「社會生產呈現了某種程度的萎縮，兼併勢力發展，在賦役重壓下廣大人民群眾日益貧困，國家財政日益竭蹶，內外交困，積貧積弱，宋封建統治處於危機四伏的局勢。」〔註3〕「天下之吏偷墮苟且，不治其事，事日已敗而上不知使；天下之兵驕脆無用，召募日廣而臨事不獲其力；天下之財出之有限而用之無極，為國百年而不能以富」，由此而百患並起、百善並廢，封建統治的危機日益嚴重。財政赤字與年遞增，經濟危機日益嚴重。「四方之財莫不盡取，民力屈矣，而上用不足。」〔註4〕與此同時，北部邊境的契丹、西北邊境的西夏卻越來越強大，不斷侵擾和威逼北宋。1005 年與遼國簽訂的《澶淵之盟》，是一個屈辱的和約，北宋每年要向遼輸送白銀十萬兩，絹二十萬匹。1044 年與西夏政權達成的和約，雖然西夏接受北宋冊封稱臣，但北宋每年必須賜給絹十三萬三千匹，白銀七萬二千兩，茶葉三萬斤。國內階級矛盾也非常尖銳。在蘇軾出生前四十多年，四川曾爆發過王小波、李順起義；在他死後不到二十年，中國南北又爆發了方臘和宋江的起義。蘇軾生活的年代裏雖然未曾有過大規模的農民起義，但小規模的農民起義仍不斷爆發，慶曆年間即有京東的王倫起義、京西的張海起義、河北的王則起義及湖南地區瑤族人民起義，國內的統治秩序並不穩定。

北宋是中國封建社會由盛至衰的第一個中央集權王朝，是封建制度各種矛盾全面爆發並進一步深化的歷史時期。封建統治者所採取的總的「補天」政策，是加強中央集權，其實是加強君主專制統治。如果說，「安史之亂」是整個中國封建社會由盛至衰的分水嶺，北宋則是全面衰落的第一個中央集權

〔註 2〕王水照：蘇軾的人生思考和文化性格，選自中國人民大學出版社主辦《蘇軾研究》第一輯，學苑出版社，2004 年版。

〔註 3〕漆俠：《宋代經濟史》下冊，上海人民出版社，1988 年版，第 1143 頁。

〔註 4〕蘇轍：《欒城集》卷二一《上皇帝書》。

王朝，是將加強君主專制這一「補天」政策最全面固定下來的開端，這種治國方略具有雙重的性質：一方面，它基本上消除了造成封建割據和威脅皇權的種種因素，達到了空前的集中和統一，起到了鞏固、加強封建統治的作用；另一方面，它必然地走向了專制統治最黑暗的歷史時期，國家積貧積弱，階級矛盾空前尖銳，人民生活更加痛苦，在思想文化上也勢必要加強禁錮，強調控制。

宋代的危機，是由民族矛盾、階級矛盾以及統治階級各階層的矛盾交織而成的。這一矛盾的深刻性超越了宋前的任何一個時代，它表現在政治、經濟、軍事等各個方面。從政治經濟上說，宋朝雖然結束了晚唐五代的分裂混亂局面，統一了天下，但宋朝的領土比唐代要小，人口也比唐代少（僅有四千多萬人，比唐之六千萬少了三分之一）。宋朝開墾的土地，只有隋煬帝時代的四分之一，唐明皇時代的三分之一。土地耕種面積縮小了，所徵收的賦稅收入卻大大增加了。北宋的征稅比唐代重七倍。正像蘇軾《魚蠻子》詩中所說的：「人間行路難，踏地出賦租。」（連立足的地方都要交稅了）另一方面，農村的土地大量地迅速地被大官僚地主所兼併，無地的農民日益增多，「富者地日以益」而「貧者地日以削」，造成農民大批逃亡，導致了鬥爭的日益尖銳化。宋仁宗時期，農民武裝起義在五年內就攻破了五十座州城，在此之後，則更加不斷擴大和發展起來。高壓和暴政削弱了宋朝的經濟力量和軍事力量，又引起外族的入侵。當宋王朝剛剛誕生時，就已面臨著契丹貴族和党項貴族的威脅，以後遼和西夏的侵擾使宋朝的實力更趨削弱，以致不得不「歲出金繒數十百萬，以資強虜」（《策略》）。積貧積弱的形勢愈益顯著。

從政治體制上看，宋太祖鑒於唐代藩鎮割據和五代分裂局面的教訓，演出了具有深刻歷史意義的「杯酒釋兵權」的一幕，從而達到了加強中央集權——君權的統治。在軍事方面，趙匡胤提出了一個治國的最好辦法，就是養兵。他認爲遇到荒年有叛民不會有叛兵（因爲士兵有供養，一般不會鋌而走險）。到了北宋鼎盛時期的宋仁宗時，光是直轄的「禁軍」就有八十二萬，再加上地方軍隊，共有兩百多萬。全國共四千多萬人口，竟養著二百多萬軍隊，這是非常驚人的。如果拿宋仁宗時代和宋朝初年相比，短短的六十年間，養兵就增加了四倍，這也是危機的表現。宋廷不僅養兵以成「冗兵」，而且養士以成「冗官」。在宋朝，幾乎只要讀過書的，就一定能當進士。如果十次考不上，就送你一個進士，考到六十歲，還沒考上，也送你一個進士，名曰「敬老」。「冗官冗兵」，無疑加重了宋的危機感。

處在這一危機四伏的時代，如何挽救宋朝以及整個封建專制制度的衰亡命運，就成為當時一切封建政治家、哲學家、思想家們的中心議題。一些比較正直的封建士大夫也紛紛為封建王朝的「長治久安」提出政策方案，並在內部進行著激烈的論爭。遠在北宋中前期，就出現了范仲淹的「慶曆新政」，與之同時，還有李覯的「富國」、「強兵」、「安民」的進步主張。當仁宗「慶曆新政」失敗之後，封建專制制度在上述各種矛盾交錯的結果下，發生了內外交困的空前危機。王朝內部的士大夫，要求改革的呼聲，更是風起雲湧，一浪高過一浪。諸如韓琦、富弼、歐陽修，一直到蘇軾兄弟都紛紛提出了自己的「富國強兵」的改革主張。

面對複雜尖銳的民族矛盾、階級矛盾和積貧積弱、因循守舊的社會狀況，蘇軾清醒地分析了當時形勢，認為北宋王朝「有治平之名，而無治平之實」，並一針見血地指出：「夫當今生民之患，在於知安而不知危，能逸而不能勞，此其患不見於今而將見於他日。」（《策別十六》）同時也清醒地預見到戰爭的不可避免：「今國家所以奉西北之虜者，歲以百萬計。奉之者有限，而求之者無厭，此其勢必至於戰。不先於我，則先於彼，不出於西，則出於北。所不可知者，有遲速遠近，而要以不能免也。」（《策別十六》）他說：「國家無大兵革，幾百年矣。天下有治平之名，而無治平之實，有可憂之勢，而無可憂之形，此其有未測者也。」（《策略一》）用他在《思治論》中的話說就是「今世有三患」，「常患無財」、「常患無兵」、「常患無吏」。由此，蘇軾認為：「方今之勢，苟不能滌蕩振刷，而卓然有所立，未見其可也。」（《策略一》）蘇軾主張「滌蕩振刷」，「卓然有所立」，就是要除舊立新。這就是針對因循苟且的仁宗朝整個社會風氣而言的。

從北宋仁宗之時始，改革懲弊就已成為勢在必行的趨勢。當時的一些有識之士，如范仲淹、司馬光、王安石等人提出改革主張。范仲淹認為：「歷代之政，久皆有弊，弊而不救，禍亂必生。」〔註 5〕司馬光也認為：「若因循不改，日益久則患益深矣。」〔註 6〕王安石則明確表示：「顧內則不能無以社稷為憂，外則不能無懼於夷狄。天下之財力日以困窮，而風俗日益衰壞。四方

〔註 5〕錢穆：國史大綱，北京：商務印書館，1994 年版。
〔註 6〕司馬光：《司馬溫公集》卷三八，《銜前劄子》，《四庫全書》。

有志之士，偲偲然長恐天下之久不安。」〔註7〕他主張全面改革國家朝政，通過「改易變革」來挽救宋朝的統治危機。所以到仁宗晚年，改革已醞釀成熟，變革朝政已呈現不可逆轉之勢。蘇軾的經濟思想就是產生於這種社會環境和歷史潮流之下。一方面，北宋積貧積弱、內外交困的社會形勢使蘇軾清醒地認識到要想北宋統治長治久安，就必須朝政改革；另一方面，縱論改革的社會風氣也使蘇軾敢於順應潮流，針對迫在眉睫的財政危機、民族矛盾和階級矛盾提出自己的經濟主張。

2. 關於經濟政治改革的政策主張

蘇軾一生的經濟思想很多都是針對王安石變法提出的，而且蘇軾對王安石變法的態度也決定了他在許多經濟問題上的立場。蘇軾在多方面對王安石變法作出了攻擊和非議，這些集中在一起主要是兩個方面:「與民爭利」和「驟變」。首先，「與民爭利」是指國家在經濟上要清靜無爲，才能保證底層百姓經濟上的大有可爲，做到「內外不相擾」。可以看出，蘇軾是從新法與民爭利於百姓的角度來認識問題，比其他反對派的認識更有深度的。「驟變」是指蘇軾認爲王安石變法太過於急功近利，缺乏深思遠謀，其結果必然是有始無終，「其始不利，其卒不成」。

具體來說，蘇軾經濟政治改革的政策主張主要包括以下幾個方面：

（1）「省費以養財」的財稅思想。蘇軾對於國家財政有自己一套獨特的看法。蘇軾主張藏富於民，認爲財政收入是「不得已而取」。蘇軾強調國家財政要節約和輕繇薄賦。他曾在評論北宋「利入已濬而浮費彌廣」時說:「外有不得已之二虜，內有得已不而已之後宮。後宮之費，不下一敵國，金玉錦繡之工，日作而不息，朝成夕毀，務以相新，主帑之吏，日夜儲其精金良帛而別異之，以待倉卒之命，其爲費豈可勝計哉。今不務去此等，而欲廣求利之門，臣知所得之不如所喪也。」(《御試制科策一道》) 面對如此現實，蘇軾極力主張君主對於老百姓，「廣取以給用，不如節用以廉取之爲易」(《策別厚貨財一》)。在省費用的問題上，蘇軾提出了許多可貴的建議。一是國家應該有計劃地量入爲出，減少皇族的浪費；二是懲治貪官污吏，遏制官吏的層層揮霍；三是節省龐大的軍費開支。

（2）「度地以居民」的「均戶口」經濟措施。北宋時代，隨著疆域的緊縮和生產的發展，經濟發達地區人多地少的矛盾尖銳起來。蘇軾認爲這主要

〔註7〕王安石：《臨川先生文集》卷三九，《四庫全書》。

是由於人爲的原因造成的，即勞動者和土地相分離，相對過剩人口眾多，大量「生之者」由於沒有土地，變成「食之者」。勞動者和土地分離包括兩種形式，一是人眾地狹，一是地廣人稀。「地無變遷，而人有聚散，聚則爭於不足之中，而散則棄於有餘之外，是故天下常有遺利而民用不足」，也就是說，人口分佈不均纔造成了「不足」。蘇軾的對策是調節人口分佈，他提出了「均戶口」的著名觀點。蘇軾所說的「均戶口」就是要使天下各地可耕種土地上的平均居住人口大體相當，使勞動力和土地相結合。爲此就要將狹鄉之地的百姓疏散到寬鄉，從而使天下之民有田可耕，天下之田有民去墾，以使民盡其力，地不遺利，使天下大量「食之者」變成「生之者」，達到富國安民。北宋時期，土地兼併現象相當嚴重。貧窮者迫於飢寒而賣地，但賦役不變，而買地的富人地益多而賦不增加，天下賦役甚爲混亂，百姓被迫逃亡。蘇軾對土地兼併現象是有較深認識的，但是，他和當時許多人一樣，不想觸動現有土地制度，而是把土地問題的重點放在了財政負擔的平均上，建議「易田者必有契，契必有所值之數，具所值之數，而取其易田之稅」（《策別安萬民三》）。但是由於土地買賣廣泛興起，官紳勾結，隱瞞土地現象嚴重，「較賦役」的構想只能是一紙空文，不但不能抑制兼併，連均賦稅的要求也達不到。

（3）反對官營禁榷，反對與商賈爭利。蘇軾在當時是較少受到傳統的重本抑末思想影響的人，他把農、工、商都看作是必不可少的。他明確反對以官營禁榷的方式來實現國富的目的，認爲桑弘羊以「民不益賦而國用饒」作爲口號，採用鹽鐵官營等方式增加政府收入的辦法不可取，認爲這些辦法「不過設法陰奪民利，其害甚於加賦也」（《志林》）。蘇軾明確反對國家與商人爭奪利益。他針對新法所出現的「聚斂」指責宋神宗：「今陛下使農民舉息、與商賈爭利，豈理也哉！……今青苗有二分之息，而不謂之放債取利可乎？」（《擬進士對御試策一道》）蘇軾指責青苗法的施行，把放貸之權收歸國家，變爲了官放高利貸。蘇軾也指責市易法與商賈爭利，「凡異時民間生財自養之道，一切收之公上，小民既無他業，不免與官」（《應詔論四事狀》）。這種爭利行爲使大姓富豪，「昔日號爲無比戶者，皆爲市易所破，十無一二矣；其餘自小民以上，大率有積欠……」。這樣一來，「則商賈自然不行，此酒稅課利所以日高，城市房廊所以日空也」（《論積欠六事並乞檢會應詔四事一處行下狀》）。與商賈爭利使之破產，商業凋敝的結果不僅不利於商賈，而且政府酒稅收入也會受損。蘇軾對民間工商業的支持和保護的態度是相當鮮明和堅決的，批判政府的「困商之政」，主張安商、利商，在封建士大夫中並不多見。而他在保護民間商業中提出的一些措施，比如自由交易、獎勵納稅等，對於現在我國保護民營企業，也具有現實意義。

（4）旨在增強國防力量的「教戰守」舉措。蘇軾認爲宋王朝對於遼和西夏的侵擾，總是「出於倉卒而備於一時」（《策斷上》），喪失了戰爭的主動權，經常處於「欲戰不能，欲休不可」的兩難境地。要改變這一被動狀況，必須加強邊境的武裝力量和防禦設施，顯示出不憚戰爭的姿態，則敵方必不敢輕易來犯。同時蘇軾極力主張「教戰守」，對軍隊和百姓都進行經常性的軍事訓練。他認爲，英武壯健的戰士不獨出於某一處地方，「四方之民一也」。軍事訓練可以使士兵「足輕險阻而手易器械，聰明足以赴旗鼓之節，強銳足以犯死傷之地，千乘之眾而人人足以自捍」（《策別十六》）。不單中央禁軍與地方廂兵要訓練，民間抽調用於捕盜的差役也要訓練，同時百姓也要訓練，以提高他們的軍事技能。對百姓進行軍訓，可以「使其耳目習於鐘鼓旌旗之間而不亂，使其心志安於斬刈殺伐之際而不懾」（《策別十一》）。一旦發生戰亂，百姓就「不至於驚潰」，同時也可爲正規軍隊準備充裕的後備兵員。還可通過「兵出於農」，兵農合一，「使民得更代而爲兵，兵得復還而爲民」（《策別十六》）。這樣既能提高軍隊戰鬥力，又節約了國家的財政開支。他還主張募民屯田，把「緣邊之民不能戰守者」遷徙到空閑之地，另外招募身體強壯者在邊境屯田；隨著屯田士兵數量的增加，戍守邊境的軍隊就可以逐漸地減少，數年之後就會發生變化，「緣邊之民盡爲耕戰之夫」，兵農合一之目的即可達到。

蘇軾從維護北宋封建統治的根本利益出發，主張維護商人的利益，反對朝廷與民爭利、與商賈爭利，主張減輕農民負擔，除了同情勞動人民的成分外，一個更主要的成分是害怕統治階級的殘酷剝削會引起百姓的反抗，失去「人心」，形成「勝、廣之漸」，從而威脅北宋長治久安。他提出的種種經濟政治改革舉措，確實體現出了仁政愛民、爲民請命的品格，雖然並沒有被皇帝所採納，但對於反思王安石變法的失敗應該說具有莫大的價值。有人認爲，王安石變法的失敗與蘇軾兄弟的反對有很大關係，這種觀點固然過於偏激，但也說明了蘇軾的思想對當時士大夫思想的影響力度。蘇軾對於商業問題和人口問題的許多反傳統的創新性的看法也都爲後人所繼承，直接影響了後封建社會這方面的思想。

3. 藏富於民是興國之方

蘇軾對當時北宋經濟現狀的認識是清醒的，他看到了商業經濟從農業經濟中游離出來的事實，也看到了封建經濟的崩潰趨勢和百姓貧困所經受的苦難。他參政時正處於王安石熙寧變法的高潮時期，他所提出的許多經濟政策方面的意見，因經常與新法相牴牾而不見用，而且帶給他的是個人政治上的長期遭排擠和貶謫命運，但這並不能否定蘇軾經濟思想的存在價值，他經濟思想中藏富於民、民富國強的價值取向尤其值得肯定。

蘇軾的經濟思想受到思維空間的限制，他無法超越君主專制的現實與封建社會的經濟規律的支配。在他那裏，尊主與愛國是統一的，但他在富國與富民的問題上，卻堅決主張富民而不談富國。蘇軾同王安石一樣都是主張變革的。他們都主張徹底改革朝政，這是他們的共同點，不同之處在於改革的步驟和內容上。在改革的步驟上，王安石主張驟變，蘇軾主張漸變；在改革的內容上王安石偏重於任法，蘇軾重視任人，王安石偏重於開源，蘇軾偏重於節流。尤其是在富國與富民的問題上，王安石與蘇軾的分歧是異常明顯的。王安石主張富國，認爲國家要富強，人主可以與民爭利；蘇軾主張富民，認爲國家之治亂，決定於百姓生活的富裕與否。他曾說：「人之所以爲盜者，衣食不足耳。農夫市人，焉保其不爲盜，而衣食足，盜豈有不能返農夫市人也哉！故善除盜者，開其衣食之門，使復其業。善除小人者，誘以富貴之道，使隳其黨。」（《讀歐陽子朋黨論》）蘇軾還從富人的品格、舉止、經營謀略上肯定應當保護富人。他說：「富人之謀利也，常獲世以爲福非也。彼富人者，信於人素深，而服於人素厚，所爲而莫或害之，所欲而莫或非之，仕未成而眾已先成之矣。夫事之行也有勢，其成也有氣，富人者，乘其勢而襲其氣也。」（《思治論》）認爲富人是富而有德，有信有義，是順應時勢的人物。蘇軾提出安商、利商的主張，認爲經商無論是對商戶自身的致富，還是對滿足民生需要、保障國家穩定的稅源都是必要的，因此，富人的利益應當得到保障。王安石則繼承了法家的觀點，從地主階級整體利益出發主張富國。他明確提出：「富其家者資之國，富其國者資之天下，欲富天下則資之天地。」〔註 8〕把富國看作是富民的基礎，並主張國家通過壟斷商業利益即增加財政收入的方法來實現富國，這和蘇軾主張保護富人商賈利益的觀點正好針鋒相對。

〔註 8〕王安石：《王臨川集》卷七五《與馬運判書》。

對富國和富民關係認識上的差異，蘇軾和王安石在如何理財以緩解北宋的財政危機問題上發生了激烈的衝突。王安石偏重於開源而蘇軾注重於節流。蘇軾堅決反對王安石開源以增加財政收入的做法，認爲王安石是急功近利、本末倒置，「介甫（王安石）急於財利而不知本」，主張通過去除「三冗」、統治者節用的方式來解決財政危機。認爲不去除侵蝕國家財政的三冗而只顧通過開源增加財政收入，只會使財政危機更加嚴重。我們不否認王安石變法對緩解當時朝廷財政危機的短期功效，但變法失敗本身就說明了蘇軾對變法許多內容持反對意見的合理性。不過，王安石「不加賦而國用足」的理論，不外將財政稅收大規模地商業化，其方針乃是先用官僚資本刺激商品的生產與流通，這樣如果經濟的總量擴大，即使稅率不變，國庫的總收入仍可以增加。這也是現代國家理財者所共信的原則，只是執行於十一世紀商品經濟剛剛起步的北宋，則不太符合實際。但是我們也應看到，蘇軾他只要求富民，而不重視富國，把增加財政收入等同於統治階級的掠奪的看法是不完全正確的。經濟學原理表明，財政收入是國家生存和發展的基礎，國強當以國富爲基礎，尤其在當時要改變北宋積貧積弱的現狀，國家無增收途徑而只通過節約輕稅的辦法是不可能解決問題的。

王安石變法具有加強中央集權的性質。如果說，王安石的思想總體上具有法家性質，兼有儒家色彩，是儒法的矛盾統一體，那麼蘇軾的思想卻深受先秦儒學的影響，「民本」思想是蘇軾政治思想的基礎。在「君」與「民」的關係中，蘇軾強調：「夫天下者，非君有也。天下使君主之耳。」（《策問》）在《東坡易傳》卷八解釋《繫辭傳》中「聖人之大室曰位」一句時，蘇軾這樣說：「位之存亡寄乎民，民之生死寄乎財，故奪民財者，害其生者也。害其生者，賊其位者也。甚矣，斯言之可畏也。以是亡國者多矣！夫理財者，疏理其出入之道，使不壅爾，非取之也。」蘇軾的民本思想與王安石加強中央集權的根本方針是有矛盾的。王安石的「理財」，必然要建立在對人民加重賦斂的基礎上，以加強「國家」稅收，如他曾對神宗說：「陛下以爲稅收甚重，以臣所見，今稅斂爲不重。」蘇軾從「民本」出發，主張先富民，後強國。蘇軾提出了「安萬民」、「厚貨財」、「省費用」等主張，要求國家要「節用廉取」，減少「冗兵」、「冗費」，減輕或廢除各種名目的徵斂和稅收。這些，無疑都是民本思想的體現。

二、義利兼重、重民利民的道德追求

義利觀是中國古代哲學中一個重大的理論問題，義利之辯往往最能標識一種哲學思想的根本性質。儒家義利觀多呈重義輕利之傾向，但蘇軾的義利觀卻表現出義利兼重的特色。

1.「國家之所以存亡者在道德之深淺」

在王安石變法之際，蘇軾曾上書神宗皇帝，直言道德與經濟的關係，認爲治理國家的根本在於「結人心，厚風俗，存紀綱」。他說：「人主之所恃者人心而已，如木之有根，燈之有膏，魚之有水，農夫之有田，商賈之有財。失之則亡，此理之必然也。自古及今，未有和易同眾而不安，剛果自用而不危者。陛下亦知人心之不悅矣。」君主所依靠的是人心和民眾的歸附，這就像樹有根，燈有油，魚有水，農夫有田，商人有錢一樣，可謂大本大源。失去了這一大本大源肯定就會使江山易姓，國破家亡，這是必然的道理。從古到今，沒有說和順平易和眾人同心而不能安定，剛愎自用而不遇危險的。蘇軾強調指出：「國家之所以存亡者，在道德之淺深，不在乎強與弱；歷數之所以長短者，在風俗之薄厚，不在乎富與貧。人主知此，則知所輕重矣。故臣願陛下務崇道德而厚風俗，不願陛下急於有功而貪富強。」國家存亡的原因，在於道德的深淺，不在於強大和弱小；朝代長短的原因，在於風俗的厚薄，不在於富裕和貧窮。君主如果懂得這些，就會知道事情的輕重。所以他希望神宗皇帝崇尚道德而使風俗淳厚，不希望急於有功績而貪求富強。愛惜風俗，像保護元氣一樣。蘇軾希望統治者以簡易作爲施政之法，以清淨作爲施政之心，而使百姓的道德歸於淳厚。這顯示了他以道德作爲治國之根本價值的立場，反對將富強視爲治國之根本。

在心性哲學中，「義」是一種行爲原則，這種原則表現在內心是對慾望的控制，表現在外是對言行舉止的嚴格要求。蘇軾同樣重視「以義節利」。但蘇軾的義利觀不同於理學家的「存天理，滅人慾」的義利對立的觀點，理學家「存天理，滅人慾」的思想泯滅了人生的意義，剝奪了人的感性生活的權利。「大凡出義則入利，出利則入義。天下之事，惟義利而已。」〔註9〕義與利非此即彼，毫不含糊。蘇軾則從他的自然人性論出發，肯定了人慾的合理性。在他看來，「凡物皆有可觀。苟有可觀，皆有可樂」。人有謀利之心，但不能僅僅沉溺於物質上的滿足，要享受更高的精神生活，所以蘇軾認爲，去除了

〔註9〕朱熹編：《河南程氏遺書》卷一一。

物慾，就能得到物之可樂，而且要「遊於物外」，只有這樣纔能不被外界事物所迷亂，纔能達到人生的超然。要準確理解蘇軾義利兼重的義利觀就不得不聯繫他的人性論。蘇軾從解《易》的角度論述了情出於性，情性合一，人的自然慾望即人性，人性即合理的人性論。從一定意義上講，莊子的順應自然是將人從自然中根除掉，最後連自己也消失在虛無中，容易導向消極的生活態度。蘇軾的順應自然是指高度尊重自然之理，包括尊重人自身的自然之理，因之建立更多的符合應然狀態的自然功業。因此，從本質上講，蘇軾的順應自然不是要求根除人的情感和思想，不是「爲道日損」，而是人的思想情感的應然發揮和發展，它應該屬於積極的人生態度。而二程的洛學是把儒家的倫理觀念、現實的政治秩序、佛道的哲理融合起來，再將儒家的綱常名教與佛教的禁慾主義結合起來，使其人性論具有以倫理道德爲本質、以禁慾修養爲進徑的特徵。在孟子那裏，仁、義、禮、智、信是人性，但還沒有上升到天理的高度，因而也還沒有僵化，但到了二程那裏，這些維持社會秩序的東西不僅成了人性，而且「渾然與物同體」，成了天理。這個天理是不會多，不會少，不會改變的，是永恒的。對於這個天理，不需要詢問（「防檢」），不需要追索（「窮索」），只要以「誠敬」的態度體會和踐行就可以了。

在《揚雄論》中，蘇軾分析了人的本眞性與人的社會性的區別，他認爲以揚雄、韓愈等爲代表的正統儒家所說的「性」實際上是人在社會發展過程中所產生的社會性，他說：「夫大古之初，本非有善惡之論，唯天下之所同安者人指以爲各，而一人之所獨樂者，則名以爲惡。」也就是說，符合社會集體公利的是善，而只符合一己之私利的就是惡。聖人與天下之人的不同就在於，「天下之人，固將即其所樂而行之」，而聖人則知道這樣天下就不能安定，社會就不能建立，所以由此區別出善惡。這種善惡的區分本來是天下的公義，是由人類社會的發展決定的，「而諸子之意，將以善惡爲聖人之私說」，蘇軾批評了「諸子」將聖人的具有社會普遍性的觀點看成了出自私說的一家之言，抹煞了聖人之成爲聖人的高尚之處。但是，在蘇軾看來，善惡等社會性是在具體的歷史階段和歷史環境中形成的，對人來講並不具有普遍性和長久性，因此不是人性。人性不同於受政治意識形態左右的社會性，只有人本眞的生命情感纔具有普遍性和長久性，那些無時無處不在，隨遇而發而又來自生命深處的喜怒哀樂等情感纔是人性。在蘇軾看來，人性就是人的本眞的自然慾求，就是飢寒之需和男女之慾，這是一切人的基礎，也是聖人和小人所共有的。但是，必須看到的是，蘇軾的「性之所能有」並不是「性之所能至」，前者是男女之慾和飢寒之需，後者則是因不同的人對飢寒之需和男女之慾採取不同的態度而導致的不同的人的道德品質的高下和性格的差異。所以，在蘇軾看來，性是沒有善惡的，至於具體的人表現出的善惡，那是在社會實踐的過程中形成並變化著的，不是性本身。所以蘇軾的情本人性論不是明代的「人慾即天理」的人性論，更不是西方近代的自然人性論，而是將人的自然慾求內化爲人的本眞情感，並將其提升到了生命本體的高度，使之成爲指導人的行動思想和評價人的行爲的價值尺度。這是蘇軾人性論的根本特點。蘇軾這種以情爲本而又升情爲理的人性論，既具有尊重人的自然情感的極強的開放性，又爲人情指出了向上的取向，在二者的彈性和張力的迴旋中向人的發展的應然的方向盤升。這與二程那種以「禁慾」爲進路的理學是完全不同的。蘇軾在本然的情與社會性的義（禮）之間建構起了鉅大的張力，在這個張力之中，自由的本然的情感始終是佔據本源性的地位的。

正是因爲強調本然情感的本源性地位，所以蘇軾重視利，即重視物質利益，重視物質財富。蘇軾在解說《繫辭傳》的「理財正辭」時發揮說：「位之存亡寄乎民，民之死生寄乎財，故奪民財者，害其生者也。害其生者，賊其位者也。甚矣，斯言之可畏也。以是亡國者多矣！夫理財者，疏理其出入之道，使不壅爾，非取之也。」（《東坡易傳》）並進一步引申道：「上有悔於民，而民不直其上，令之不行，誅之不止，其禍皆出於財。上之所行皆可以名言，財之出入有道，而民之爲非者可得而禁也。民不爲非，則上之用財也約矣。又安以多取爲哉！」（《東坡易傳》）蘇東坡關於物質財富的論述，儘管側重於其出入之道而未涉及生財之道，但他對物質財富的重視，關於物質財富關係到國之存亡的見解，不能不說是可貴的。蘇東坡重利重財的目的，是使人物各得其所，各安其所。朱熹在其《雜學辯》中，以蘇氏《易傳》列於其首，但於此亦曰：「此言聖人體利貞之德也。蘇氏說無病」，對東坡此說表示認同。蘇軾還說：「使物各安其所，然後厚之以仁，不然，則雖欲愛之不能也。」（《東坡易傳》）不難看出，蘇東坡重視的利，並非一己之私利，而是民眾之公利，天下之公利，同時也是千萬個體的生活需要和生存權力。不諱言利，「因民之所利而利之」，保護和謀取百姓的利益，正爲理財之大義所在。

2. 重民利民的道德情懷

蘇軾重視物質利益，認識到國家政治生活中物質財富的重要性。他在解說《繫辭》的「理財正辭」時發揮說：「位之存亡寄乎民，民之死生寄乎財，故奪民財者，害其生者也。害其生者，賊其位者也。甚矣，斯言之可畏也。以是亡國者多矣！」（《東坡易傳》）他認爲國家之治亂，決定於百姓生活的富裕與否。治國不能以力勝，而必須使老百姓生活富足，爲其開衣食之門，讓其安居樂業。可以說，正是關於物質財富關係到國之存亡的見解，成爲蘇軾仁政愛民政治理念和重民利民道德情懷的思想基礎。

邏輯地看，蘇軾把天下百姓的安居樂業視爲鞏固統治者地位的根本。要使百姓安其居，那就要求統治者在制定國家大政方針時，要充分重視老百姓的承受能力，把握好一個「度」，讓老百姓得到適當的利益。所以蘇軾認爲，國家要減輕賦稅，少搜刮民財，老百姓纔能有好日子過。人君只要少揮霍，國家節省開支費用，就會少花錢財多辦事。這也成爲他反對王安石變法的一個重要理由。他認爲變法者爲了國家皇室的富足，廣求民利，但這不是民富國強的正確出路。蘇軾在《策別・安萬民一》中闡述了這一觀點：「古之設官者，求以裕民；今之設官者，求以勝民。賦斂有常聚，而以先期爲賢；出納有常數，而以羨復爲能。天地之間，苟可以取者，莫不有禁。求利太廣，而用法太密，故民日趨於貧。臣愚以爲難行之言，當有所必行；而可取之利，當有所不取。以教民信，而示之義。若曰『國用不足而未可以行』，則臣恐其失之多於得也。」所以蘇軾反對只考慮把民間財富聚斂到國庫的做法，認爲國庫豐了，百姓窮了，勢必引起民眾不滿，甚至鋌而走險。這樣，國家擁有再多的財富不是意味著更大的危險嗎？所以蘇軾在熙寧變法的進程中，一直以批評者的面孔出現。他對創置三司條例司、青苗法、手實法、雇役法、專賣法等都提出了批評性意見，批評的基本點，即是不滿新法求利太多太急，給老百姓帶來諸多損害和不便。其後遭排擠到地方任職，他儘量把實際所看到的新法的一些弊端用奏疏、詩文等形式反映出來，希望引起高層當權者的注意，及時調整政策；有時甚至採取拖延、抗拒等手段，以減輕某些擾民措施對老百姓的損害，即使是冒著可能被降罪和革職的危險也在所不惜。他這樣做的出發點，在於爲一般老百姓著想。後來司馬光上臺後欲盡廢新法，蘇軾也表示反對，還是基於這一出發點。正是因爲蘇軾一生心中裝著老百姓，多方爲民眾著想，盡力爲當地老百姓辦實事，才贏得了老百姓的衷心愛戴。

所以，他每調離一地，都會出現當地百姓自發歡送、依依惜別的動人場面。在徐州如此，在黃州、儋州也是如此。杭州百姓聽說他因「烏臺詩案」被捕入獄，自願爲他做一個月消災法會，祈願他能轉危爲安。

蘇軾也認識到，頒行政策時應考慮不損害老百姓的利益，這是最基本的，但只僅僅顧及了老百姓起碼的生存需要，還說不上樂其業；要使老百姓樂其業，就需要國家的政策法令讓民眾普遍覺得於己有利，能讓老百姓獲得實惠，這樣他們纔能擁護國家的政策法令，纔能激發其勞動積極性，爲整個社會創造和增加財富。只有老百姓富裕起來了，不爲生計而憂愁，日子過起來舒心，統治者纔能對其實施教化，使之懂得禮義廉恥。自然，要使民眾富裕，皇室國家的節省很重要，但根本的途徑還在於發展生產。所以蘇軾歷任地方官時，他十分關注種植、水利、推廣農業技術和防止病蟲害等工作，工作也卓有成效。縱觀蘇軾的一生，他不僅有著愛民、重民的情懷，如林語堂所說：「沒有人比蘇東坡更充分表達民間的疾苦」〔註 10〕，而且充分利用其主政一方的機會，從解決生產問題到改善生活條件，從創辦醫院到勸化民風民俗，無不運籌帷幄，鉅細不倦。這也使他贏得了民眾的親切愛戴，千百年來一直活在老百姓心中。

三、安貧樂道與自我超越的人文精神

1. 安貧樂道的人生態度

政治生活中的蘇軾尊主澤民、義利並重，關心百姓疾苦，祈願老百姓能過安居富裕的生活。蘇軾一生政治上鬱鬱不得志，生活上也一直是貧困交加。「烏臺詩案」後被貶黃州，作爲一個剛被釋放的罪人，一方面是心情的惶恐、孤獨，另一方面是物質生活的飢貧交迫。他說：「初到黃，廩入既絕，人口不少，私甚憂之。」（《答秦太虛七首》）「黃州僻陋多雨，氣象昏昏也。魚稻薪炭頗賤，甚與窮者相宜。然軾平生未嘗作活計，子厚所知之。俸入所得，隨手輒盡。……窮達得喪，粗瞭其理，但祿廩相絕，恐年載間，遂有飢寒之憂，不能不少念。」（《與章子厚參政書》）他經常過著「空庖煮寒菜，破竈燒濕葦」（《寒食雨二首》）的生活，但他並沒有被困難所嚇倒，通過朋友的幫助，他得到一塊荒地，躬耕其中，開始生產自救。他還親自刈草蓋雪堂，「去年東坡拾瓦礫，自種黃桑三百尺。今年刈草蓋雪堂，日炙風吹面如墨」（《次韻孔毅

〔註 10〕林語堂：蘇東坡傳，西安：陝西師範大學出版社，2006 年版，原序。

父久旱已而甚雨三首》）得以遮風避雨。通過不斷地自我反省，通過對佛道的鑽研和吸收，他慢慢地從混亂、孤危、絕望的狀態中解脫出來，逐步把握到精神超脫和自由的關鍵，保持著精神的純潔，恢復了生命的活力，至他離開黃州時，又已是豪情滿懷。

蘇軾晚年先後被貶到惠州、儋州，在這兩個陌生而惡劣的環境中掙扎著生活。初到惠州，雖然感受到了友人和士人百姓的盛情，但惠州的條件委實艱苦，除了從朝廷一直延伸到地方的無所不在的壓力外，年老多病、物質生活的困乏、嶺南地區相對落後的人文環境以及流行的瘴癘等等，都在威脅著他的生存。特別是表兄程之才的離任、侍妾朝雲的離世，更是對他的嚴重打擊。同樣，在海南三年多的時間裏，雖然蘇軾愛海南的老百姓，純樸的海南百姓也敬重愛護他，但這裏的貧瘠、荒僻，是他眞正踏上海南島之前想象不到的。貧窮的生活、艱苦的環境，甚至難得肉食，蘇軾的飲食生活面臨一生中最大的危機。蘇軾向來很喜歡吃肉，而海南「至難得肉食」，而當地居民甚至吃老鼠和蝙蝠以補養，一向曠達的蘇軾也不由生怨，在他的《聞子由瘦》詩中流露出來：「五日一見花豬肉，十日一遇黃雞粥。 士人頓頓食薯芋，薦以薰鼠燒蝙蝠。舊聞蜜唧嘗嘔吐，稍近蝦蟆緣習俗。」詩中談到士人吃薯芋、鼠、蝙蝠，其他肉食很少，將來一定很瘦。並且海南只有海魚，蘇軾不喜歡海魚的腥味兒和鹹味，詩中曾云：「病怯腥鹹不買魚，爾來心腹一時虛。」（《客俎經旬無肉又子由勸不讀書蕭然清坐乃無一》）比這種無肉無魚的情況更悲慘的是，海南缺乏米糧。這裏有一個原因：海南有一種樹木，可以分別產出八種不同的香料，當地人就以此爲業，不想耕田。因此，這個島嶼到處是荒地，其所產的粳稻與糯稻也不夠吃。生活上所需要的米麵等，只好從大陸輸入。而有時候，因天氣變化，海運阻隔，米船不到，海南的米價騰躍，如《縱筆三首》其三所云：「北船不到米如珠，醉飽蕭條半月無。」因此，蘇軾也只好入境問俗，居常煮菜爲食，菜羹吃厭了，再用山芋作羹吃。他在《菜羹賦》中記下了這種生活之艱難：「東坡先生卜居南山之下，服食器用，稱家之有無。水陸之味，貧不能至，煮蔓菁、蘆菔、苦薺而食之。」在這種惡劣的生活環境中，蘇軾比過去任何時期都要切身地感悟到，爲了維持生命，飲食是多麼重要。

面對生活的困頓，蘇軾總是從積極的方面去化解：「故教窮到骨，要使壽無涯」（《和王鞏六首並次其韻》），認爲簡單的生活更符合養生規律；「也知造物有深意，故遣佳人在深谷」(《寓居定惠院之東，有海棠一株》)。相信艱難的生活可以磨煉人的意志；晚年惠儋之貶後，泡菜度日，可「雖粱肉不能及也」(《擷菜》)，但物質生活的得失蘇軾看得很開。嶺海七年，蘇軾不但沒有被災難打倒，反而饒有興味地活著，對人生保持著一種持久的熱情和靈活的適應性。「既不以己之所有自多，亦不以己之所有自少」(《醉白堂記》)，這種不苛求人生完美的態度使他安於現實，腳踏實地，自得自足。

面對生計艱辛，蘇軾並不是僅僅從思想上超越，而且身體力行，努力改善生存條件，這種苦中作樂的精神在嶺海時期的蘇詩中是經常看得到的，另外一些「和陶詩」，尤其是描寫謫居生活的作品，也普遍地反映出這種精神面貌，儘管有些作品表面上不說苦，只說甘。

逆境中蘇軾不僅主動地去適應現實，滿足於簡單的物質生活，而且在超然、曠達中情有所託，心有所繫，更注重精神的富足，生活的充實。蘇軾早年就有志於世，一貫以「忠義」自許，隨時準備獻身給帝王、社稷和蒼生，儒家濟世利民的責任感和事業心是他能夠忍受思鄉之苦和抵禦人生虛幻意識之衝擊的精神支柱。但嚴酷的社會現實、政界風波不僅摧殘著他的身體，也摧殘著他的理想，帶來精神上的痛苦。但我們在蘇軾身上看到的卻是一種內在的堅韌，一種不曾被摧垮的自主力，他沒有走向退縮，也沒有變得與世沉浮，而是頑強地追求一個「寄寓」者的精神家園。

2. 自我超越的人文精神

蘇軾的一生，宦海浮沉，無論物質生活還是精神生活，都經常處於異常的困境之中。但蘇軾有著善處困境的非凡能力，他善於從生活中發現美好的東西，試圖不斷超越自我，詩化自己的人生，面對重重苦難總能找到相應的解決辦法，實現對自我的超越，從而在紛紛擾擾起起落落的生活世界中得到慰藉。他的這種自我超越是紮根於現實基礎上的超越。在艱難困苦之中豪氣不墜，在富貴、名利與聲色之中也沒有迷失自我。蘇軾以足夠的勇氣和力量蔑視這身外的一切。因爲他有著更高層次的追求，那便是一種無所待於外的自我完善，自我超越的人文精神。與西方外傾型的人文精神不同，蘇軾的人文精神從本質上講是內在的或內傾型的，它集中體現了中國傳統人文精神的特質。宋代之前中國人文精神往往帶著儒家「憂患意識」的深深烙印，而蘇軾人文精神的特點是在這種「憂患意識」的基礎上昇華爲更加注重適然曠達的「自我超越」精神。中國傳統文化中的人文精神源遠流長，它是以「仁愛」

思想、極富民族特色的倫理道德思想爲核心的，在長期的發展過程中最爲突出的是體現了中國傳統文化對人生和道德理想人格的培育，對人際和諧與天人合一的追求。這種人文精神的精髓在於人的仁愛之心，強調和諧，強調個體對於社會、團體的責任感和使命感，但往往忽視物質利益、個人價值和科學理性。

儒家與道家作爲中華民族人文精神的兩個源頭，儒家更強調人的責任意識，強調人的積極進取，實踐理性精神極強，這是儒家人文精神的基本方面，但是對於人的獨立性、自主性儒家卻顯得重視不夠，也不夠重視個體價值；道家則強調人的獨立、自主和自尊，強調人本身即是人的最高目的，人首先應當是人，不能成爲自身物慾觀念的奴隸。道家雖關注個體及其自由，但對人的社會責任則重視不夠。蘇軾生活的北宋時期，三教合一呈進一步發展之勢。其成果之一的禪宗提倡追求空靈、靜寂的內在和諧。總體來看，中國人文精神是儒、釋、道三者調和、融會的歷史產物，它們共同構成了中華民族人文精神的全部內涵。蘇軾人文精神以「自我超越」爲特徵，正是在北宋這個大的時代背景下，經過了他自己坎坷人生的磨礪，同時以儒、釋、道思想融合爲哲學基礎，吸納了中國傳統文化精髓，不斷追問、解答人生價值和意義以及追求人性提升的理性精神。蘇軾對儒、釋、道思想進行了認眞地批判和吸收，他通過自己的獨特思考，汲取昇華了佛老思想的思維方式、理論構架（包括宇宙觀、人生觀、價值觀、倫理觀等），並以其爲思想內核，用儒家學說的形式表達出來；他認爲儒、釋、道三家貌似離而神實和，可謂殊途同歸，其神和與同歸之處就在於對現成規定性的超越，即對自我超越精神的追求。蘇軾人文精神的實質就是把儒、釋、道的思想精髓有機統一起來，爲他自己包容宏富而又特色獨具、自出己意而又自我超脫的人文思想提供了哲學的和思想的基礎。

蘇軾對「自我超越」的追求，總是在社會現實中從不堪其憂轉化爲樂以忘憂，在悲怨憂患的現實體驗中他總能做到從精神上暫時解脫出來，在審美活動中憑藉心靈自我清洗的方式消解痛苦和煩憂，釋放和淨化其消極情感。困境中蘇軾不斷尋求著擺脫痛苦的心靈出路，以達到精神的超越與昇華。蘇軾在複雜的現實體驗中呈現出來的自我超越意識比以往和同朝代的任何人都要深刻、沉重和強烈。作爲現實存在的蘇軾，他的人文精神當然不能逃離現實的人生體驗，其自我超越也必然統一於現實體驗之中。在現實生活中，眞正的「忘我」、「無我」之境並不存在，但在文學藝術中，卻可以暫時找到這種境界。正是審美創造活動成為蘇軾自忖自保、自娛自樂的一方樂土，不堪其憂的現實體驗在創作中得以轉化為樂以忘憂的審美愉悅。蘇軾自我超越的人文精神中，其入世思想自然延續了儒家的那種憂患意識傳統，但蘇軾將現實生活中的焦慮、困惑、苦悶等憂患心緒與儒家的這種憂患意識相區別，他從中體驗到了生命的價值和意義，這是他對生命本質的自覺意識，在整個過程中他擺脫了以往文人的憂鬱和憤懣，並通過自我認識和自我肯定，最終實現超越。在處理出世入世境遇時，蘇軾往往通過形而上的追求和形而下的思考的結合適當排遣憂患，他既在理想世界中思考，也在現實生活中完善。這正是他的人文精神的面相。

蘇軾的「自我超越」狀態，就在於使自己由低級境界始，逐漸進入高級境界，乃至最高的境界，從而在心靈中解決人生與社會、自然的矛盾，實現其人生殊相與共相的吻合。蘇軾「自我超越」的人文精神，體現在人與自然的關係上，是力求與天地事物協調共存，而不是征服；體現在人與人的關係上，則是以人倫為中心的人際關係的自然和諧；體現在人對自我的態度上，便是強調價值自覺、個人修養，重點在於人的內心反省與自覺，相信價值之源內在於一己之心而會通於他人及天地萬物，個人自我修養的最後目的仍是自我求得在人倫秩序以及宇宙秩序中的和諧。蘇軾一生命運多舛，屢陷困厄之中，但他始終不改其逸懷浩氣、坦蕩放達、樂觀入世的天性。他一生中三次被貶流放的時期，也正是其文學和哲學思想成就最為非凡的時期，其時「致君堯舜」的入世之心和「東還海道」的出世之意在他的心中搏鬥、抗衡。他在人生之路上不斷尋求其價值和意義，沒有在榮耀之時安享富貴、志得意滿，也不曾在失意中心灰意冷、沉淪不振，而是一直保持著對宇宙、人生的深入探索和思考，正是在對儒、釋、道三教思想的吸收與融合中，他形成並留給了我們他那以「自我超越」為特徵的人文精神的寶貴財富。這種精神使蘇軾更理智更自如地超越外界的險惡環境，也超越了內在的榮辱得失，保持了其人格的自由與獨立，也獲得了內心的充實與寧靜。蘇軾獨特的個性和天分，加上他後來人生路上豐富的閱歷、廣闊的視野、深沉的思考、永不停息的探索，纔造就了他獨特的氣質、性情和胸襟，既洋溢著濃郁的生活情趣，又貫穿著坦蕩曠達、灑脫不羈和適然超達的人格精神。

第四章　「有道有藝」——蘇軾的文藝倫理思想

文藝倫理學最主要的研究對象，就是美與善的關係問題，它在美善之間展開，在文藝與道德的關係中設立論題。文藝與倫理作爲兩種特殊的人類意識，其功能和價值有著明顯的不同，對這些不同，美學家徐朗西曾有過精要的表述，他說：「廣義的道德生活和藝術的生活，有根本的不同。前者是現實的努力與實行，後者是假想的觀念的非現實的努力。明白的說，基於利害得失之希望和目的，關於現實的事物，現實的努力，實際是廣義的道德生活之本領。藝術的生活，則不管眞實與否，現實與否，雖不否定眞實和現實，卻以具有眞實或現實以上之假想的創造世界爲其基礎。故前者是現實世界之實行，後者是假想的創造世界之現照。前者是實行意志之主張和努力，後者是創造之觀照和玩味。前者是以意志爲本位，後者則以感情爲本位。前者是實際的嚴格的努力，後者是自由的感興或遊戲。」〔註1〕美與善，文藝與倫理，雖然表現出一定程度的反向和二律背反，但是二者也在一定程度上表現出可通約性。文藝中蘊含著倫理，美中蘊含著善。中國傳統的文藝尤其如此，正如一位學者所指出：「從根本上講，中國文化主要是一種倫理型文化，屬於文化範疇的中國文藝則主要是一種倫理型文藝。」〔註2〕

宋代以前，文藝基本上是一種形象思維的載體，宋代思想文化的發展把

〔註1〕徐朗西：中國現代美學叢書（1919～1949），北京：北京大學出版社，1987年版，第192頁。

〔註2〕周勃，達流著：永恒的困惑——文藝與倫理關係論綱，南京：南京大學出版社，1992年版，第4頁。

宋代文人推向了一個理性主義的王國。他們建構了以儒家思想爲主，儒、道、佛相互滲透的宋代理學思想體系，主張「文以載道，經以致用」，並以此觀照世間萬物，詩詞成爲一種格物盡理的載體，而蘇軾，正是這當中的積極實施者和具有劃時代意義的人物，他寫下的千古詩篇，不僅蘊含了他一生的理想、追求、情懷，也折射出倫理哲學思想的光輝，達到了藝術和倫理的完美統一，一種美善交融的境界。

一、蘇軾的文藝價值論

自古以來，人們就看到了文藝的價值。早在兩千多年前，孔子提出詩的「興觀群怨」說，就已經察覺到文藝的道德教育作用。孔子還提出「邇之事父，遠之事君」，即主張文藝爲禮教服務。荀子就說過文藝「足以治萬變」的。「夫聲樂之入人也深，其化人之速」，「樂者，聖人之所樂也，而可以善民心，其感人深，其移風易俗易，故先王導之以禮樂而民和睦」。在這裏，可以說荀子已經認識到文藝以情感人的特點和文藝的道德教化作用。《毛詩序》中又進一步指出文藝是統治者用來教化下民的工具，「先王以是經夫婦，成孝敬，厚人倫，美教化，移風俗」。 在這裏，把詩歌的道德教化作用強調到無與倫比的地步。裴子野說文藝的作用是「勸美懲惡」。 曹丕也說過「文章經國之大業」。白居易繼承了前人的理論，極力主張文學應起褒貶善惡、補察得失的作用。否則，「雖雕章鏤句，將焉用之」。他在《讀張籍古樂府》中說：「讀君《學仙》詩，可諷放佚君；讀君《董公詩》，可誨貪暴臣；讀君《商女》詩，可感悍婦仁；讀君《勤齊》詩，可勸薄夫敦。上可裨教化，舒之濟萬民；下可理情性，卷之善一身。」可見他是非常重視文藝的社會作用的。宋代，文學被放到從屬於道德，爲道德服務的地位。石介說：「道德，文之本也。」李漢說：「文者，貫道之器也」。理學家周敦頤認爲「文所以載道也」。他們這裏說的「道」，包括道德，但不單指道德，而是指封建統治階級提倡的一整套政治、倫理思想。

西方傳統也很重視文學淨化感情、勸善懲惡的作用，和中國古代不同的是，一些西方哲人從思辨哲學的角度探討美與善的內在聯繫。古希臘的蘇格拉底就提出美和善相一致的觀點，「因爲任何一件東西，如果它能很好地實現它在功用方面的目的，它就同時是善的又是美的，否則它就同時是惡的又是醜的」。亞里士多德則提出悲劇的「淨化」感情說，狄德羅認爲文藝也是有效的移風易俗的手段。羅馬的賀拉斯更加明確地指出，「詩人的願望應該是給人益處和樂趣，他寫的東西應該給人以快感，同時對生活有幫助」。「寓教於樂，既勸諭讀者，又使他喜愛，纔能符合眾望」。這種「寓教於樂」的觀點，一直被文學藝術界視為不易之論。中世紀、文藝復興和啓蒙運動時期，人們不過是以不同的方式、不同的語言重複這種觀點罷了。十九世紀三十年代以後，出現了「唯美主義」或稱爲「爲藝術而藝術」的文藝思潮，它不是從文藝的社會作用著眼，而是強調文學藝術的獨特性，把滿足人的審美需要當作文藝的唯一目的。而車爾尼雪夫斯基甚至認爲一切其他社會力量在民族發展中所起的作用，比起文學的影響來是「微不足道」的。

關於文藝的價值和功能，自古以來，不外乎唯美主義和實用主義兩種傾向。而蘇軾超越前人的地方是在於他對文藝的唯美價值和實用價值有深刻的認識。

1. 文藝的實用價值

重視文藝的思想內容以及社會功能，這是蘇軾文藝倫理的核心思想之一。蘇軾把對文藝的社會作用概括爲「有爲而作」。他既反對當時流行的「浮巧輕媚，叢錯采繡之文」的西崑體，又反對詩文革新運動內部「求深者或至於迂，務奇者怪癖而不可讀」的「新弊」(《上歐陽內翰書》)，強調文章要「有爲而作」，「言必中當世之過」(《鳧繹先生詩集敘》)、「藹然有治世之音」(《王定國詩集敘》) 和「託事以諷，庶幾有補於國」(蘇轍《東坡先生墓誌銘》)。蘇軾在很多地方都有這種論述，如：

> 詩須要有爲而作。用事當以故爲新，以俗爲稚。好奇務新，乃詩之病。柳子厚晚年詩，極似陶淵明，知詩病者也。(《題柳子厚詩二首》)
>
> 余少時常見彥輔所作《思子臺賦》，上援秦皇，下逮晉惠，反覆哀切，有補於世。蓋記其意而亡其辭。(《思子臺賦》)
>
> 其餘政事文學，有補於世，未易悉數。(《乞加張方平恩禮劄子》)
>
> 《地獄變相》已跋其後，可詳味之，似有補於世者。(《與歐陽晦夫》)

以下對「有爲而作」作三點分析：

第一，「有爲而作」的基本內涵。何爲「有爲而作」？蘇軾在（《鳧繹先生詩集敘》）中曾說：「昔吾先君適師，與卿大夫遊，歸以語軾曰：『自今以往，文章其日工，而道將散矣。士慕遠而忽近，貴華而賤實，吾以見其兆矣。』以魯人鳧繹先生之詩文十餘篇示軾曰：『小子識之，後數十年，天下无復爲斯文者也。』先生之詩文，皆有爲而作，精悍確苦，言必中當世之過。鑿鑿乎如五穀必可以療飢，斷斷乎如藥石必可以伐病，其遊談以爲高，枝詞以爲觀美者，先生無一言焉。」從中可以看出，蘇軾所說的有爲而作，一是要求文藝要有揭露社會現實弊病的內容，二是要起到「療飢」、「伐病」的社會作用。文藝的這種「療飢」、「伐病」的功能，在宋以前的文藝理論中稱之爲「美刺」、「諷喻」作用。《毛詩序》中就提出民「風刺」和「美盛德之形容」。鄭玄也提出：「論功頌德，所以將順其美，刺過譏失，所以匡救其惡。」白居易說得更明確：「懲勸惡善之柄，執於文士褒貶之際焉；補察得失之端，操於詩人美刺之間焉。」蘇軾的見解和這些傳統理論是一脈相承的。蘇軾的意圖十分明確，寫詩就要充分發揮詩歌的社會功能，有所勸誡，有補於世。不能一味地粉飾現實，阿諛奉承。蘇軾在向哲宗皇帝申述自己因詩獲罪的原因時說：「昔先帝召臣上殿，訪問古今，敕臣今後遇事即言。其後臣屢論事，未蒙施行，仍復作詩文，寓物託諷，庶幾流傳上達，感悟聖意。」（《乞郡劄子》）這說明蘇軾確實有意繼承風、騷以來的現實主義精神，提倡充分發揮文學的社會功能，以揭發流弊，拯時救世。

第二，「有爲而作」是與蘇軾對文藝的「體用關係」的認識聯繫在一起的。他在《答喬舍人啓》一文中說：「某聞人才以智術爲後而以識度爲先；文章以華采爲末而以體用爲本。國之將興也，貴其本而賤其末；道之將廢也，取其後而棄其先。用捨之間，安危攸寄。」這是蘇軾對文章本末問題的看法。其所謂「文章」，是包括詩歌和散文在內的。所謂「華采」，是指作品的藝術形式。蘇軾認爲「華采」是文藝創作中的「末節」，而「體用」纔是根本。何爲「體用」？《尚書・畢命》云：「政貴有恒，辭尚體要，不惟好異。」劉勰《文心雕龍・序志》有云：「周書論辭，貴乎體要。」《文心雕龍・徵聖》篇又說：「正言所以立辯，體要所以成辭，辭成無好異之尤，辯立有斷辭之義。雖精義曲隱，無傷其正言；微辭婉晦，不害其體要。體要與微辭偕通，正言共精義並用，聖人之文章，亦可見也。」所謂「體要」，均指體察切要，都是強調對思想內容的表達。蘇軾所言「體用」，類於此意，強調文藝的思想內容和社會功能。蘇軾正是從「以體用爲本」的主張出發，要求文藝作品要反映現實，揭露社會矛盾，使之有切合實際的思想內容。「有爲而作」也就是要求文藝揭露現實中的弊病，從而起到「療飢」、「伐病」的作用。

第三，蘇軾之所以提出文藝應「有爲而作」，絕非偶然，這與他的政治思想和從政態度是聯繫在一起的。蘇軾作爲封建正統文人，受儒家思想影響，有濟世之志。他對北宋中葉積貧積弱的局勢深感不安，由於豪強的兼併，邊備的鬆弛，機構的臃腫，吏治的腐敗，百姓怨聲載道，王朝內外危機日益滋長。仁宗末年，他向朝廷上制策，提出厲法禁，抑僥倖，決壅蔽，教戰守等主張，要求「厲精庶政，督察百官，果斷而力行」。這表現了他在儒家思想指導下要求改革的政治家風度。他這種「濟天下」的儒家積極入世的思想在其文論中體現爲「有爲而作」，強調詩文要達到「濟世」、「救時」的目的。這也是他「有爲而作」的文藝倫理觀的實質所在。

「有爲而作」、「有補於世」可以說是蘇軾文藝價值論的核心概念。這也是正統的儒家文藝倫理思想在蘇軾文藝倫理觀中的典型體現，有著積極的意義。

2. 文藝的唯美價值

蘇軾的文藝唯美價值觀在北宋具有很大的獨特性。首先，蘇軾認爲文章的藝術具有獨立的審美價值，如「文章如金玉珠貝，未易鄙棄也」，「精金美玉，市有定價，非人所能以口舌定貴賤也」， 認爲文章本身有不同的價值，文章的價值不因外界的褒貶而改變，肯定文藝作品有自己獨立的地位。蘇軾肯定了文章的固有價值，批評了那種靠輿論吹捧或貶低來評價文章的不良風氣，指出評價文章的正確途徑，對歐陽修「文章自有定價」的理論既有繼承，又有發展。同時，蘇軾認爲文章並不僅僅是載道的工具，其自身的表現功能便是人類精神活動的一種高級形態：「物固有是理，患不知之，知之患不能達之於口與手。」(《答虔倅俞括》) 文藝作品「務令文字華實相副，期於適用，乃佳」。

其次，蘇軾在文藝的審美表現上作了許多可貴的探索。他認爲，文藝作品應該發現和表現三種美：自然美、運動美和常理美。藝術首先應當展示自然之美，藝術是在藝術家深諳自然規律和善於運用高超技巧的基礎上而形成的，「若人富天巧，春風入毫楮」(《書鄢陵王主簿所畫折枝二首》)。「富天巧」就是對自然規律的把握。同時藝術要表現運動美，因爲事物是變化萬千的，與之相適應的形式就不可能固定不變，要在「生」、「變」、「新」上顯示其動態的美，所謂「姿態橫生」，「變態無窮」，「燦然日新」(《跋蒲傳正燕公山水》)。此外還要表現常理之美。蘇軾認爲或狀寫常形，或失形，或無形，或變形，均無不可，但都要得其常理。「世之工人或能曲盡其形，而至於其理，非常人逸才不能辨」(《淨因院畫記》)。

總之，蘇軾既強調文章的政治作用和道德意義，又沒有忘記文章本身的藝術價值，既重視文章的內容，又注意文章的形式，是很有意義的。

二、藝道兩進論

針對藝術活動中藝與道之間的關係，蘇軾提出了「有道有藝」、「技道兩進」、「道可致而不可求」、「學以致其道」等觀點，從中可以概括出「藝道兩進」命題。這一理論命題認爲：道非淩空而得，而是來自於技藝；一般技藝只有在昇華爲與道爲一的境界之後纔能成爲藝術。「藝道兩進」論深入地揭示了藝術的本質和創造規律，可以視爲中國文藝倫理的綱領，對於批判、反思當代文藝倫理也具有一定啓發性。

蘇軾是一位藝術天才，對於詩文書畫無不精通，造詣均臻於上乘。在長期的藝術實踐活動中，對於藝術的核心要旨有著深刻的體會。在《書李伯時山莊圖後》中蘇軾提出:「有道有藝。有道而不藝，則物雖形於心，不形於手。」在《跋秦少游書》中又提出:「技進而道不進，則不可。少游乃技道兩進。」在此，蘇軾提出了藝道之間的關係核心命題——「藝道兩進」。

1.「道藝兩進」命題的思想源流

道、藝關係，是中國傳統文藝倫理的基本理論問題。關於兩者的關係，大而言之，基本上沿著儒家的道藝論和道家的道藝論兩條路線展開。儒道兩家關於道藝論的主要分歧在於對「道」的理解的不同。一般說來，儒家所持的「道」局限在倫理道德的範疇；而道家的「道」指的是本體論意義上的。

首倡藝道關係的是儒家孔子。在孔子那裏，藝道關係有時表現爲文與質的關係，有時候又表現爲藝與道的關係。《論語・雍也》篇:「質勝文則野，文勝質則史，文質彬彬，然後君子。」孔子認爲，質樸超過文采就粗野，文采超過質樸就死板。文采和質樸結合勻稱，纔是君子。《論語・述而》篇又提出「志於道，據於德，依於仁，遊於藝。」所謂「志於道」，即人之生命自有追求，追求在於弘道於心。立志於道，「道」爲人生之追求，人能弘道、求道、尋道、證道。《論語・里仁》篇曰:「士志於道而恥惡衣惡食者，未足與議也。」即言讀書人應該專心致志求道，而不應爲物慾所累。孔子認爲文士應該肩負傳「文」弘「道」的歷史文化使命。自孔子以後，「文道」關係一直是中國文論傳統的根本主題。「據於德」即立志高遠，但必須從人道起步，行爲必須依據德行。「依於仁」即是依傍於仁，也就是說道與德如何發揮，在於對人對物有沒有愛心。有了這個愛心，愛人、愛物、愛社會、愛國家、愛世界，擴而充之愛全天下。至於「遊於藝」中，「藝」即「六藝」——禮、樂、射、御、書、數。「遊」是一種「玩物適情」的狀態、心境，於嫻熟的技藝中得到樂趣，是一種「得於心而應於手」的「遊刃有餘」境界，這種境界在《莊子》中得到了淋漓盡致的發揮。簡言之，「遊於藝」就是嫻熟地掌握技藝。

孔子之後，其後繼者孟、荀以及後起儒家，對於道藝關係的基本觀點是一致的，即道和藝，兩者有先有後，有輕有重。道爲先，藝爲後；道爲本，藝爲末，兩者不可等量齊觀。而對於「道」的理解拘泥於倫理道德的範疇，後世儒家的「文以明道」（劉勰）、「文以載道」（柳宗元）、「文從道出」（朱熹）都反映了儒家一脈相傳的道藝觀。

道家的藝與道的關係主要體現在《莊子・養生主》中，它生動地概括了道與藝的關係：

庖丁爲文惠君解牛，手之所觸，肩之所倚，足之所履，膝之所踦，砉然向然，奏刀騞然，莫不中音，合於桑林之舞，乃中經首之會。文惠君曰：「嘻，善哉！技蓋至此乎？」庖丁釋刀對曰：「臣之所好者道也，進乎技矣。始臣之解牛之時，所見無非全牛者；三年之後，未嘗見全牛也；方今之時，臣以神遇而不以目視，官知止而神欲行。依乎天理，批大郤，導大窾，因其固然。技經肯綮之未嘗，而況大軱乎！良庖歲更刀，割也；族庖月更刀，折也；今臣之刀十九年矣，所解數千牛矣，而刀刃若新發於硎。彼節者有間，而刀刃者無厚，以無厚入有間，恢恢乎其於遊刃必有餘地矣。是以十九年而刀刃若新發於硎。雖然，每至於族，吾見其難爲，怵然爲戒，視爲止，行爲遲，動刀甚微，謋然已解，如土委地。提刀而立，爲之四顧，爲之躊躇滿志，善刀而藏之。」

一般認爲，這段話是中國傳統文藝倫理的「原型」。文惠君對庖丁的解牛之技非常驚歎，而庖丁則認爲他已經「道進乎技」了，也就是說他已經遠遠超過了「宰牛之技」而達到了「宰牛之道」，不是一般意義上的屠夫，而是「遊於藝」的「藝術家」。之後，庖丁說自己「由技進道」的境界並非一蹴而就，而是幾十年間無數解牛實踐所造就的。莊子是我國遠古時代的寓言高手，從文藝倫理的視角去解讀，這個寓言故事隱含的道、藝關係是：道來源於技藝，技藝又昇華於道。道家莊子的藝道觀對後世的影響極大，成爲後學包括蘇軾在內藝道觀之主要淵源。

2.「藝道兩進」命題的基本內涵

德國哲學家雅斯貝爾斯將公元前 800 年到公元前 200 年稱爲世界歷史的「軸心時代」。在中國，這是先秦諸子時代。中國傳統文藝倫理思想也是如此，無不以先秦時期的思想爲「軸心」。如果說蘇軾在政治倫理、經濟倫理中儒家的思想觀念佔據主導地位的話，那麼，他在文藝倫理上所體現的精神，則是莊學與儒學的糅合，而且源於莊學，以莊學爲核心的。蘇轍曾記述蘇軾讀到《莊子》時慨歎說：「吾昔有見於中，口未能言。今見《莊子》，得吾心矣！」（《亡兄子瞻端明墓誌銘》）蘇軾本人曾經也肯定：「莊子蓋助孔子者」；莊子對待孔子的態度是「陽擠而陰助之」（《莊子祠堂記》）。

傳統道藝觀發展到宋代，沿著三個不同方向發展：「一脈承柳開、石介之餘緒，經周敦頤、二程形成道學家的道藝觀；一脈是以王安石爲代表的政治家的道藝論；一脈是由蘇軾等古文家沿著歐陽修所領導的詩文革新運動的正確方向繼續前進。」〔註3〕三派對「文」與「道」的關係有著不同的回答。宋代道學家的文質關係論表現爲重道輕文的傾向，周敦頤提出著名的「文以載道」的觀點，程頤則進一步提出「作文害道」說，朱熹雖然強調文道合一，但他著重強調道爲本，文爲末。以王安石爲代表的政治家注重將文學與政治聯繫在一起，強調經世致用，但也有忽視文學本身藝術特徵之嫌。司馬光說文「乃所謂禮樂之文，昇降退容，絃歌雅頌之聲」。

眞正繼承北宋古文革新運動精髓並進一步開拓深化的當屬蘇軾，「蘇軾在道和藝上的理論突破，使他成爲北宋詩文革新運動中劃時代的人物」〔註4〕。他既反對道學家重道輕文的傾向，也反對政治家重實用輕文采的做法，還反對文壇上的形式主義文風，從而形成了自己獨特的藝道觀：

> 居士之在山也，不留於一物，故其神與萬物交，其智與百工通。雖然，有道有藝。有道而不藝，則物雖形於心，不形於手。（《書李伯時山莊圖後》）
>
> 技進而道不進，則不可。少游乃技道兩進。（《跋秦少游書》）

〔註 3〕程相占：蘇軾「藝道兩進」論與中國藝術哲學的綱領，《中國文化研究》2009年第一期。

〔註 4〕朱靖華：蘇軾論，京華出版社，1997 年版，第 17 頁。

這裏的「技」當指技法、技藝，「道」則指書家內在素質與修養。總結蘇軾的「藝道兩進」命題，筆者認為應該包括以下幾層內涵：第一，藝術家的「德」與「技」，換言之，思想性與技巧性應是緊密結合、統一而互進的。對「技」、「藝」的追求，並不妨礙對「道」的表現，反之，對「道」的追求，也並不否定對「技」、「藝」的重視。只有「道技兩進」纔能創作出好的作品。第二，「進道」是「進技」的必要條件，光追求技法是不行的，還要有內涵。第三，蘇軾「藝道兩進」論深受道家莊子「道進乎技」的影響，也可以說，技道兩進是道家追求的最高境界，也是藝術的最高境界，對蘇軾藝術觀的形成有著深刻影響。第四，達到道與技合、技道兩進的途徑是「心手相應」。 蘇軾之所以對蔡襄書法推崇備至，是因為其既能「瞭然於心」，又能「瞭然於手」，「心手相應」，自然便能達到藝術的妙境。其《文與可畫篔簹谷偃竹記》云：「與可之教予如此，予不能然也，而心識其所以然。夫既心識其所以然而不能然者，內外不一，心手不相應，不學之過也。故凡有見於中而操之不熟者，平居自視瞭然，而臨事忽焉喪之，豈獨竹乎？」心裏識得畫竹之道，卻不能將其表現出來，原因在於「藝」未能精，即所謂「操之未熟」。由此可知，蘇軾既隆道又隆學。

3.「藝道兩進」論的理論意義

韓愈被陳寅恪先生稱為「唐代文化學術史上承先啓後轉舊為新關捩點之人物」。〔註5〕在道藝論上，其側重點在於「道進」，並且，他所說的「道」主要是儒家的仁義道德之道。歐陽修的觀念與韓愈基本一致，他不滿於學者成為一般的「文士」，而是提倡學者關心「百事」（社會現實），兩人都重視通過「為道」而「道進」，然後，順理成章地解決文章寫作問題。朱熹主張「文便是道」，強調文與道的一致性或者說一體性，並以此為準則批評蘇軾「吾所謂文，必與道俱」的觀點，指責這句話的錯誤在於：「文自文而道自道，待作文時，旋去討個道來入放裏面，此是它大病處。」（朱熹《朱子語類》）顯而易見，朱熹混淆了文與道，對於蘇軾的批評基本上是誤解。必須指出，道德修養的確是藝術家的基礎之一，但是，道德家畢竟不是藝術家，道德畢竟不是藝術。所以，只注重道德方面的「道進」無法解決藝術哲學問題。其實，韓愈、歐陽修和朱熹三人都忽視了文章之「道」與儒家的「仁義之道」二者的明顯差異，蘇軾的「藝道兩進」命題的理論意義在於：區分了藝與道兩個不

〔註 5〕陳寅恪：論韓愈，載《歷史研究》，1954 年第二期。

同的層次，也區分了「文藝之道」與「道德之道」兩種不同的「道」，他提出的「有道有藝」、藝道並重的光輝理論，徹底糾正了北宋詩人革新運動的「文道合一」、「重道輕文」的錯誤傾向，使他成爲一位「千家說盡何需我，別具膽識向洪荒」的藝術開拓者，比其他時人學者更加深刻地揭示了藝術的本性和創造規律。〔註6〕

三、「窮而後工」論

歐陽修在《梅聖俞詩集序》中曾說：「非詩之能窮人，殆窮者而後工也。」這是對梅堯臣詩的評論，也是對司馬遷發憤著書說，韓愈「物不得其平則鳴」說的發展。歐陽修「窮而後工」說在文學批評史上影響甚大，它揭示出「窮」對詩人創作的影響。而作爲歐陽修之後的又一代文壇盟主，蘇軾對歐陽修「窮而後工」理論進行了進一步的補充與發展，形成獨具特點的「窮而後工」論，具體可分爲三個層次，即「詩人例窮」、「窮能工詩」、「詩能窮人」。蘇軾這一思想具有鮮明的個人色彩，其中抒發了強烈的身世之感。

1.「窮而後工」論的基本內涵

蘇軾「窮而後工」論大致分爲以下三個層面。

首先，「詩人例窮」。這是指詩人的生活處境和經濟窘迫現狀。實際上，早在嘉祐時期，蘇軾在《病中，大雪數日，未嘗起觀，虢令趙薦以詩相屬，戲用其韻答之》中提出：「詩人例窮蹇，秀句出寒餓。何當暴雪霜，庶以躡郊賀。」指出詩人通常處於窮困的境地。然而，隨著黨爭對蘇軾的影響進一步加深，蘇軾對「詩人例窮」的體會更加深入，越來越與自身的遭遇緊緊結合在一起。元豐二年（1079年），蘇軾遭遇文字獄，即「烏臺詩案」，經御史臺拷問，蘇軾幾死，最後以蘇軾貶謫黃州告終。「烏臺詩案」的深層原因在於王安石領導的新黨與蘇軾所屬舊黨之間的黨派鬥爭，而直接原因則是蘇軾以詩歌來揭露新法對下層百姓的傷害，由此以謗朝廷之罪而被羈押。從此蘇軾對「文字」的態度發生了顯著的變化。蘇軾的這種思想受到了前輩論者的影響。白居易在《序洛詩》中就說予歷覽古今詩歌……觀其所自，多因讒冤譴逐，征戍行旅，凍餒病老，存歿離別。情發於中，文形於外。故憤憂怨傷之作，通計古今，什八九焉。世所謂文士多數奇，詩人

〔註6〕程相占：蘇軾「藝道兩進」論與中國藝術哲學的綱領，《中國文化研究》2009年第一期。

尤命薄，於斯見矣。」〔註 7〕《李白墓》中還認定「詩人多薄命」〔註 8〕。可見蘇軾「窮而後工」這一思想在前人那裏受惠頗多。

其次，「窮能工詩」。這是指生活的艱難能磨礪詩人創作出好的作品。元祐七年（1092 年），蘇軾寫下「黃金散行樂，清詩出窮愁」（《九日次定國韻》）。這裏所謂的「清詩」是指優秀的詩歌，顯然蘇軾認爲窮困的處境能夠造就優秀的詩歌。在《次韻仲殊雪中遊西湖二首》（其一）中寫道：「秀句出寒餓，身窮詩乃亨」，尤爲明確地表達出這一思想，這與歐陽修在《梅聖俞詩集序》中所說「窮者而後工」的思想是一致的。然而，在歐陽修那裏，「窮」尚指窮達之窮，而非貧窮之窮。而在蘇軾的眼中，詩人之「窮」已經包含了貧窮的意思。蘇軾在《次韻徐仲車》中說：「惡衣惡食詩愈好，恰是霜松囀春鳥。」徐仲車，一生不仕，被蘇軾譽爲「古之獨行人」。「惡衣惡食」顯然是貧的外在表現，這是與歐陽修所謂窮達之「窮」不同的地方。然而，窮達之「窮」與貧窮之「窮」也有內在的聯繫，仕途窮蹇也必然造成經濟條件的相對窘迫，因此貧也就成爲「窮」的一個連鎖反應。

再次，「詩能窮人」。這是說詩歌導致了詩人的窮且困。「詩能窮人」這一思想始於晚唐孫樵。孫樵《與賈希逸書》云：「楊雄以《法言》、《太玄》窮，元結以《浯溪碣》窮，陳拾遺以《感遇》詩窮，王勃以《宣尼廟碑》窮，玉川子以《月蝕》詩窮，杜甫、李白、王江寧皆相望於窮者也。」詩人一生用力所在的精華竟然是招致其艱難的達摩克利斯之劍。歐陽修在《六一詩話》裏說：「孟郊、賈島皆以詩窮至死。」讓孟郊、賈島困頓至死的，是因爲寫詩。寫詩，寫好詩，何以會有這麼嚴重的後果？歐陽修認爲，文學作者多爲「蘊其所有」之士，於世上不得志，遂「內有憂思感憤之鬱積」，胸中激蕩不已，刺激神經，乃「苦心危慮，而極於精思」，所以「興於怨刺」，極力表現「羈臣寡婦之所歎」等愁苦恨怨，用心如此，必有佳作，故「愈窮則愈工」。蘇軾承繼了歐陽修的觀點， 元豐二年（1079 年），他在《與秦太虛、參寥會於松江，而關彥長、徐安中適至，分韻得風字二首》中說：「二子緣詩老更窮，人間無處吐長虹。」明確指出詩人窮困的原因之一就是「詩」。

蘇軾的「窮而後工」思想中融合著自己的身世經歷，以及這種經歷所給予自己的痛苦感受，因此打上了深深的身世之感。

〔註 7〕白居易集箋校，上海：上海古籍出版社，2003 年版，第 1099 頁。
〔註 8〕白居易集箋校，上海：上海古籍出版社，2003 年版，第 3757 頁。

2.「窮而後工」思想的地位

歐陽修在《梅聖俞詩集序》中說：「予聞世謂詩人少達而多窮，夫豈然哉？蓋世所傳詩者，多出於古窮人之辭也。……然則非詩能窮人，殆窮者而後工也。」〔註 9〕歐陽修的「窮而後工」說有兩點需要仔細地辨析。一是「世謂詩人少達而多窮，夫豈然哉」，顯然歐陽修並不認同「詩人少達而多窮」這一觀點。作爲一般意義上的詩人，他們大多能夠與世沉浮，詩甚至可以成爲他們仕途上的有力工具，歷代有很多權貴同時也就是詩人，對此歐陽修可以舉出當時很多能詩的人物作爲例子，如錢惟演等。一般說來，一流的詩人則大多仕途偃蹇，際遇不測，他們確是「少達而多窮」的。因此在判斷詩人是否「少達而多窮」上，關鍵在於是著眼於一般意義上的詩人，還是著眼於那些文學史上青史留名的優秀詩人。歐陽修否定詩人「少達而多窮」，是因爲他是針對全體詩人而言，包括那些仕途得意但也附庸風雅的人；而蘇軾認爲「詩人例窮」，則是著眼於那些文學史上的優秀詩人，因此與歐陽修相比，蘇軾更突出了那些一流詩人的命運。

另外，歐陽修認爲：「非詩能窮人，窮者而後工也。」如上所述，蘇軾雖然也贊同「詩不能窮人」，但他結合自己的身世，更是多次表示「詩能窮人」。蘇軾對此有兩種思考，一種是歸因於命數。他在《次韻張安道讀杜詩》中說「詩人例窮苦，天意遣奔逃」，認爲是「天」有意讓杜甫遭受到那些磨難。爲什麼「天」會如此無情呢？蘇軾認爲是因爲詩人的妙筆觸怒了天公。他在《和柳子玉過陳絕糧二首》（其一）中說：「多才久被天公怪，闕食惟應爨婦知。杜叟挽衣那及脛，顏翁食粥敢言炊。詩人情味眞嘗遍，試問於今底事虧。」然而另一方面，蘇軾認爲「天」有時也善意地以磨難來造就詩人。晁端彥，蘇軾的同年，熙寧九年（1076 年）因事被勒停職。蘇軾在詩中安慰他說：「遣子窮愁天有意，吳中山水要清詩。」而對於李、杜的遭際，蘇軾認爲他們的磨難也是「天」對他們的玉成，他說：「謫仙竄夜郎，子美耕東屯。造物豈不惜，要令語言工。」而對於王鞏的遭遇，蘇軾同樣認爲是「天」有意成就他。此前王鞏曾因受到牽連而被貶往海外，蘇軾說：「天欲成就之，使觸羝羊藩。」「觸羝羊藩」就是指王鞏的遭遇，而這其中不乏戲言與無奈。白居易在《序洛詩》中說「文士多數奇，詩人尤命薄」，他將詩人之「窮」歸咎於「數」與「命」，而蘇軾則將其具體化爲「天」，似乎詩人的命運由一個具有生命、有

〔註 9〕歐陽修：歐陽修全集（卷六六），北京：中華書局，2001 年版，第 612 頁。

意識的「天公」所主宰，這樣將「人」的「命」、「數」轉化爲人之外的他者，更表明詩人對於自身命運的無奈。

然而，蘇軾無法擺脫前人所設定的宿命論觀點。實際上，蘇軾對此有著比前人更爲現實、富於理性光芒的思考。他在《邵茂誠詩集敘》中說：「至於文人，其窮也固宜。勞心以耗神，盛氣以忤物，未老而衰病，無惡而得罪，鮮不以文者。」蘇軾認爲文人作文，費精耗神，盛氣忤物，因此難以像平常人一樣過安穩、平和的生活。文中說邵茂誠：「其狀若不勝衣，語言氣息僅屬。余固哀其任眾難以瘁其身，且疑其將病也。逾年而茂誠卒。」蘇軾評價邵茂誠說：「夫原憲之貧，顏回之短命，揚雄之無子，馮衍之不遇，皇甫士安之篤疾，彼遇其一，而人哀之至今，而茂誠兼之，豈非命也哉？」這實際說明，文人之所以有這樣的「命」，在於他們「勞心以耗神，盛氣以忤物」，這種文人的執著氣性正是導致他們窮困的重要原因。自古以來優秀的詩人，他們多個性耿直，不阿附於人，這導致了他們仕途偃蹇，甚至終身不得重用，這才是「詩能窮人」的重要的現實原因，這也是蘇軾比歐陽修的思考更爲深入的地方。蘇軾在《僧惠勤初罷僧職》中說：「非詩能窮人，窮者詩乃工。此語信不妄，吾聞諸醉翁。」可見，蘇軾的「窮而後工」說雖然與歐陽修的理論有密切的聯繫，然而其特色極爲鮮明，是對歐陽修「窮而後工」理論的進一步補充與發展。

四、文藝修養論

蘇軾一生雖飽經風霜，但始終固守著一個正直文人的人生信念和社會理想，堅持著一個善良知識分子和傳統儒士應有的修養觀念，貶而不悔。在《上曾丞相》中，他這樣坦陳自己的人生信條：「己好則好之，己惡則惡之，以是自信，則惑也。是故幽居默處而觀萬物之變，盡其自然之理，而斷之於中。」可見他心胸坦蕩，視野開闊。不僅自己身體力行，他還眞誠希望所有具備世道良心的作家面向社會，深入生活，「涉其流，探其源，採剝其華實，而咀嚼其膏味，以爲己有」。惟其如此，方得修養之根本。

文學來自生活，所以蘇軾十分強調實踐的重要性，注重在實踐中積纍生活經驗，培育思想品性，磨礪藝術才識，提升文學修養。他以《日喻說》取譬誡人：「日之與鐘、籥亦遠矣，而眇者不知其異，以其未嘗見而求之人也。」〔註10〕在《石鐘山記》中，他反問那些不事調查、淺嘗輒止或依靠道聽途說投機取巧的人：

〔註10〕牛寶彤選注：三蘇文選，成都：四川人民出版社，1983年版，第105頁。

「事不目見耳聞而臆斷其有無，可乎？」進而要求作家「博觀而約取，厚積而薄發」。蘇軾提倡求眞務實的文風，要求作家腳踩大地，眼觀百姓，博覽群書，抒寫眞情。只有這樣，纔能將生活修養、思想修養和藝術修養有效地結合起來。所以王十朋說：「東坡先生英才絕識，卓冠一世。平生斟酌經傳，貫穿子史，下至小說、雜記、佛經、道書、古詩、方言，莫不畢究。故雖天地之造化，古今之興替，風俗之消長，與夫山川、草木、禽獸、鱗介、昆蟲之屬，亦皆洞其機而貫奇妙，積而爲胸中之文。」〔註 11〕

1. 道德修養與文藝的關係

蘇軾十分重視將文格與人格結合起來，將歷史與文學結合起來，將讀者與文本結合起來，應該說，蘇軾的這些思想是傳統的德與文、「知人論世」和「以意逆志」等思想的整合和發展。在蘇軾看來，道德修養和文藝的關係如同「根本」與「枝葉」。

首先，後者完全依存於前者，沒有修養這個根本，就沒有文藝的枝葉，而修養之根本並不專爲文藝創作而存在。蘇軾自身道德是十分高尚的，因此在論文時也十分重視作家的品德。他在《文與可畫墨竹屛風贊》中說：「與可之文，其德之糟粕。與可之詩，其文之毫末。詩不能盡，溢而爲書，變而爲畫，皆詩之餘。其詩與文，好者益寡。有好其德如好其畫者乎？悲夫！」蘇軾在有些地方以不同的方式表現了這樣的思想：

> 人貌有好醜，而君子小人之態不可掩也。言有辯訥，而君子小人之氣不可欺也。書有工拙，而君子小人之心不可亂也。(《跋錢君倚書遺教經》)
>
> 然人之字畫工拙之外，蓋皆有趣，亦有以見其爲人邪正之粗云。(《題魯公帖》)
>
> 古之論書者，兼論其平生，苟非其人，雖工不貴也。(《書唐氏六家書後》)

在這裏，蘇軾認爲藝術必定表現人的品德，「君子小人之心不可亂」，「有以見其爲人邪正之粗」；不僅如此，評價人的作品也要考慮其道德水準，兼論平生與知人論世有所不同，主要是考察作家一生的品德，如果品德低下，即使「因人廢言」也在所不惜。

〔註 11〕王十朋：王十朋序，《蘇東坡全集》(三)，珠海出版社，1996 年版，第 2133 頁。

當今文化市場之所以滑坡，一些藝術家之所以出賣藝術良心，就是因爲利欲薰心，蘇軾這方面的觀點，很有針砭作用。他在《文與可字說》（文與可名同字與可）中說，「與可之爲人也，守道而忘勢，行義而忘利，修德而忘名，與爲不義，雖祿之千乘不顧也」。他還引用柳公權的話：「其（指柳）言心正則筆正，非獨諷諫，理固然也。世之小人，書字雖工，而其神情終有居於睢盱側媚之態，不知人情隨想而見，如韓子（指韓非）所謂竊斧者爾？抑眞爾也，然至使人見其書而猶憎之，則其人可知矣。」他稱范仲淹：「公之功德，蓋不待文而顯，其文亦不待敘而傳。」都說明了藝術家道德自守的重要性。

其次，兩者之間也不是相等的重要，對於主體來講，修養是必須的，而文藝並非是必須的。蘇軾的文學家修養的理論，體現了一般的文學家修養論的共性，即強調文學家作爲社會的、倫理的人的前提及優秀文學創作是以作家的人格修養爲基礎的。在蘇軾看來，文學家因爲有著深厚的道德修養，所以其文藝的枝葉纔頗有光彩，抽象的道德觀念，行爲準則，經過內心的自覺體省，化爲活生生的「道義」，融入具體的行爲個性之中，而文藝家則將其行之於藝事，創造出充實而輝光的美，這是蘇軾對修養的根本與文藝的枝葉之關係的基本思想。

蘇軾的文藝修養論給予我們相當深刻的啓示。在當下，必須加強作家的道德修養，這是關鍵。作家應當確立正確的道德觀念，增強自己的道德責任心，養成高尙的道德情操，這樣纔能敏銳及時地從生活中發現各種人的道德美，並以飽含激情的筆墨把它表現出來。作家的道德觀念是進步的、正確的，他的創作就會對社會的道德進步產生積極的影響；作家的道德觀念是落後的、反動的，其作品就會對社會的道德進步產生消極影響。

藝術是道德的最好表現。克萊夫·貝爾說：「藝術是表達善的手段。」〔註 12〕在蘇軾那裏，眞善美取得了和諧的統一。縱觀蘇軾一生，不管是失意落魄，還是志得意滿；不管是「有爲而作」，還是情不自禁的行爲；不論是在風景如畫的山川形勝之地，還是在煙瘴肆虐的蠻荒之野，他都從未放棄過藝術的體驗和創造，並善於以藝術家的心靈，去美化周圍的一切，用審美的眼光去看待人與自然的微妙關係。所以他的一生都葆有永不枯竭的藝術激情，並能以超然樂觀的精神，面對生活的現實與未來。在這一層面上，用藝術的心曲與情操來美化人生（包括化

〔註 12〕〔英〕克萊夫·貝爾著，周金環、馬鍾元譯：藝術·審美假說，北京：中國文聯出版公司，1984 年版。

解命運災難和對未來永遠抱有樂觀的希望)，構成它不同於第一層面用以排遣仕宦空虛失落感的主要區別。

2. 作家道德修養論

蘇軾一生，歷仁、神、哲、徽四帝，先後任杭州通判，知密、徐、湖、杭、潁、定州，曾被貶黃、惠、儋州，終卒於常州，可謂輾轉一生，坎坷多磨。尤其是「新舊之爭」、「烏臺詩案」等政治事件，幽靈般伴隨其左右，更加深了心靈的痛楚和人生的負荷。他顯然不算仕途上的成功者，但卻是響當當的一代文學宗師。作爲文學家的蘇軾我們並不陌生，但對於文論家蘇軾的發現和研究則遠談不上充分。

蘇軾以「有道有藝」爲作家修養的總則：「居士之在山也，不留於一物，故其神與萬物交，其智與百工通。雖然，有道有藝，有道而不藝，則物雖形於心，不形於手。」

他在諸多畫跋中稱道畫家的情性德行，贊賞達心適意之作，否定藝術向功利的異化，都可見對「道」的重視。蘇軾也深知創作的甘苦，故特地又強調「有道而不藝，故物雖形於心，不形於手」。其《淨因院畫記》所說的「明於理而深觀」，應是致道的必要修養：深觀是明理的前提，明理纔能近道；遊藝、從容於人生，纔能臻於依仁、據德、志道之境。「藝」只能得之形下，有道有藝纔可至形上境界。黃庭堅《跋東坡論畫》記錄了蘇軾論陸機《演連珠》的「問道存乎其人，觀物必造其質」之語，可與「有道有藝」合觀之。前者強調了「人」與「道」，「深觀」則指出了畫家深入瞭解事物的修養途徑，是對道勝而藝自至的糾偏。倘結合黃庭堅評趙令穰畫所說的「更屛聲色裘馬，使胸中有數百卷書，當不愧文與可」，則「深觀」和讀書，實又啓後人「讀萬卷書，行萬里路」之論。

第五章　「人生如寄」——蘇軾的人生哲學思想

在人生哲學方面，蘇軾從自己的生活經歷出發對人生和社會進行了深入的思考，通過對儒、釋、道等傳統哲學的吸收和融合，形成了一套嶄新的、獨特的人生哲學。這種人生哲學既立根現實、正視現實又超越現實，在繼承儒家「盡人事而聽天命」人生哲學基礎上又有新的超越，充溢著苦難人生的樂觀主義情懷。這種人生哲學使蘇軾更理智更自如地超越世俗的一切功名利祿，無往而不樂。

蘇軾是中國古代經歷磨難最多、生活起伏最大的思想家和文學家。在多次的宦海浮沉中，飽受著痛苦折磨的蘇軾不願屈服於命運的擺佈，他從自己的生活經歷出發對人生和社會進行了深入的思考，其人生哲學使他能以一種超然物外的審美態度去對待人生，在處境最艱難的時候也能夠寫出最達觀、最至情的詩詞與文章，從而使其創作進入了一個廣博而深厚的境界，達到一種「天人和一」、「與萬物同化」的層次。王水照先生認爲，蘇軾的人生思想是「一種極爲成熟的人生思想。它標誌著我國古代知識分子的處世哲學達到了一個新的高度，具有典型與範式的意義」〔註1〕。

一、人生哲學的形上之思

1. 人生哲學的基礎

考察蘇軾人生哲學形成的文化基礎，我們可以看到有三個文化因素的相

〔註 1〕王水照，朱剛：蘇軾評傳，南京大學出版社， 2004年版，第574頁。

互影響和作用。一方面，蘇軾的人生哲學受到儒、佛、道三家的明顯誘發，另一方面，又受他自身的環境和生活經歷的薰陶。前者奠定了其思想基礎，後者爲其現實的文化背景。

首先，蘇軾的人生哲學受到儒、佛、道三家的明顯誘發。中國傳統文人士大夫都有這樣一個精神底蘊：據於儒，依於老，逃於禪。這三種精神力量伴隨著整個封建士大夫人生的沉沉浮浮而此起彼伏。冷成金指出：「佛家走向內心否定人生，儒家走向社會忽視人生，道家走向自然簡化人生。蘇軾則是把佛教的走向內心當作探索人生的手段，把道家的走向自然化爲豐富人生的契機，而對儒家的走向社會，他採取了『外涉世而中遺物』的做法，摒棄了其『用之則行，捨之則藏』的一面，使個體人格獨立於社會，充分重視人的個體生命。對上述三者的超越，都僅僅圍繞著心靈本位這一中心，指向執著而又超越的審美人生。」〔註 2〕的確，儒家敢幹敢爲，富有憂患意識和社會責任，要求以積極入世之態「修身、齊家、治國、平天下」，這種入世思想成爲中國幾千年士子文人遵奉的不懈追求。道家一方面齊萬物、等生死、泯是非得失，不爲外物所役，一方面崇尚自然、逸情山水，爲逃避矛盾消極隱逸，以出世爲內心調和的方法，從而成爲眾多憤世之士尋求解脫的良藥。佛家思想傳入我國，並沒有保持它原本的面目，而是與中國特有的民族心理、傳統文化等結合，並吸收道家或玄學精神，豐富發展爲具有鮮明個性的中國佛學禪宗，崇尚頓悟，注重內省自力，追求直覺感受和體驗領悟。宋代儒、釋、道三教合流的理學思想非常盛行，入世濟世的儒家理想，以心爲本、以悟爲則的禪學智慧，超世通脫、寂寞清遠的道家精神，成爲文人士子安身立命的精神支柱，同時也是蘇軾人生哲學思想的淵源。

正如林語堂指出：「總之，我們所得的印象是，他（指蘇軾）的一生是載歌載舞，深得其樂，憂患來臨，一笑置之。他的這種魔力就是我這魯拙之筆所要盡力描寫的，他的這種魔力也就是使無數中國的讀書人對他所傾倒、所愛慕的……蘇東坡一生的經歷，根本是他本性的自然流露。在玄學（按：即指哲學）上，他是個佛教徒，他知道生命是某種東西剎那之間的表現，是永恒的精神在剎那之間存在於軀體之中的形式，但是他卻不肯接受人生是重擔、是苦難的說法——他認爲那不盡然。至於他自己本人，是享受人生的每一刻時光。在玄學方面，他有印度教的思想，但是在氣質上，他卻是道地的中國人的氣質。從佛

〔註 2〕冷成金：蘇軾的哲學觀和文藝觀，北京：學苑出版社，2003 年版，第 411 頁。

家的否定人生，儒家的忽視人生，道家的簡化人生，這位詩人在心靈識見中產生了他的混合的人生觀。人生最長也不過三萬六千日，但是那已經夠長了；即使他追尋長生不死的仙丹靈藥終成泡影，人生的每一剎那，只要連綿不斷，也就美好可喜了……所以生命畢竟是不朽的、美好的，所以他盡情享受人生。這就是這位曠古奇才樂天派的奧妙的一面。」〔註3〕

由此出發，我們就可推衍出如下兩點認識：一是蘇軾廣泛地吸收了儒、佛、道三種思想，「爲我所用」地建立了自己「混合的人生觀」；二是雖然蘇軾徹悟到人生的短暫和虛空，但他最終卻仍以其熱愛生命和「盡情享受人生」的樂觀主義形象出現在讀者面前，並以其善於解脫憂患的達觀的處世態度傾倒了無數的中國讀書人。

其次，蘇軾人生哲學來源於他自身的環境和生活經歷。西蜀濃厚的鄉土之感的文化背景深刻地影響著蘇軾的人生哲思。西蜀士子從唐五代以來，就有不願出仕的傳統。蘇洵《族譜後錄》下篇記載：「自唐之衰，其賢人皆隱於山澤之間，以避五代之亂，及其後僭僞之國相繼亡滅，聖人出而四海平一，然其子孫猶不忍去其父祖之故以出仕於天下。」蘇轍《伯父墓表》也說：「蘇氏自唐始家於眉，閱五季皆不出仕。蓋非獨蘇氏也，凡眉之士大夫，修身於家，爲政於鄉，皆莫肯仕者。」後來，蘇軾的伯父蘇渙考中進士，打破蜀人不仕的舊例，竟轟動全蜀。蘇軾從萬山環抱的蜀地初到京師，原對舉試也未抱信心，不料一帆風順，由此登上仕途。但剛入仕途的嘉祐六年（1061年），便與蘇轍定下對床夜話、同返故里的盟誓。在以後宦遊或貶謫生活中，他的懷鄉之戀始終不變。或許可以說，蜀人不仕所引起的深刻的鄉土之戀，促成了蘇軾人生思考的早熟，也預伏和孕育著他整個的人生觀。王粲《登樓賦》云：「人情同于懷土兮，豈孰窮達而異心」，在蘇軾心中得到放大、延伸和昇華，正是從懷鄉作爲思考的起點，推演出對整個人生旅程種種體驗。

同時，他一生坎坷曲折的人生經歷爲他續寫人生的哲學篇章奠定了堅實的基礎。蘇軾一生經歷兩次「在朝—外任—貶居」的過程。他既經順境，復歷逆境，得意時是名滿京都的新科進士，獨當一面的封疆大吏，士人豔羨的帝王之師；失意時是戒備森嚴的獄中死囚，躬耕東坡的陋邦遷客，千里之外的南荒流人。榮辱、禍福、窮達、得失之間的巨大反差，使他咀嚼人生況味。

〔註3〕林語堂著：蘇東坡傳，張振玉譯，西安：陝西師範大學出版社，2006年版，原序。

希望與失望，亢奮與淒冷，富貴榮華與煢煢孑立，長時間地交替更迭，促使他去領悟宇宙人生的眞相，去探索紛擾爭鬥的社會關係中個體生命存在的意義和價值。從生活實踐而不是從理性思辨去探索人生眞諦，是蘇軾人生哲學的思想特點。

2. 人生哲學的要素

自上世紀四十年代林語堂提出儒、道、佛是東坡的「混合的人生觀」看法後，許多研究者都表示了認同。蘇軾的人生思想，作爲一個整體，它的各個部分是在互相撞擊、制約中而實現互補互融的。劉大杰《中國文學發展史》認爲蘇軾複雜思想的構成因素，除了「儒家的底子」，還有「莊子的哲學，陶淵明的詩理，佛家的解脫」〔註4〕。正所謂「以儒治世，以佛治心，以道治身」。他融儒、道、佛三家思想於一體，儒家思想是其思想的主導核心。

我們說蘇軾的人生觀是在儒、道、佛三種文化影響下產生的，那麼，這樣的人生觀有什麼特點呢？

這就要從三種文化對人生的看法和要求談起。

儒家和道家學說，作爲我國傳統文化的兩大主流，在人生哲學上突出的特點是在追求「天人合一」的「人道」法則中產生的，而把「人道」做基礎和支點，其要旨是指引人們去追求理想的社會生活和精神境界。只是儒、道兩家對理想的社會生活和精神境界的闡釋相距甚遠。這也就決定了儒、道具有不同的人生哲學觀。一般而言，儒家的人生觀是積極入世的，具有現實主義色彩，儒家主張通過「修身」，在昇華道德、提升精神境界的基礎上進一步將思想認識轉化爲實際行動，在「修、齊、治、平」的政治實踐中實現建設「大同」世界的抱負。道家的人生是消極避世的，認爲人只有擺脫「外物」的羈絆，進入與「道」契合一體的絕對精神自由的境界，纔能成爲「至德之人」，因此，道家人生觀具有超現實的理想主義色彩。而佛教認爲人生的目的在於解脫生死，消除人生在世的諸種苦情，主張人們以慈悲爲懷，去追求一種沒有煩惱的空寂的精神境界。因此，佛教對人生的基本態度是捨離現實世界的。

可見，儒、道、佛三種文化的人生價值觀是具有明顯差別的，尤其是儒家的人生觀與道、佛文化所倡導的人生觀具有深刻的矛盾性。加上各種文化與現實社會的矛盾衝突，這就決定了蘇軾人生觀自身矛盾性特點。一方面深

〔註4〕劉大杰：中國文學發展史，上海：復旦大學出版社，2006年版，第676頁。

受儒家文化的影響，積極入世，另一方面道家老莊思想使他對入仕並不十分情願；一方面他以儒家風範積極要求進行社會政治改革，另一方面在政治上又趨於保守；一方面對封建統治者生活上的奢侈和政治、軍事上的軟弱表示不滿，對國勢的衰微表示憂慮，對老百姓的困難生活也表現出了無比的同情，另一方面卻覺君恩未酬，把報國的願望和經世濟民的理想寄託於終身從宦。從蘇軾一生的經歷中，有時看到的是積極進取、剛直不阿、敢於直諫的蘇軾；有時發現的是遊戲人生、縱情山水、喟歎「人生如夢」的蘇軾。從他所留下的大量文詩詞作中，我們不僅可以感受到他對生活的無比熱愛和對功業的熱切追求，同時也可領略出他政治失意後對人生和理想的存在提出的哲學式的疑問和困惑。儘管蘇軾的人生觀呈現出許多矛盾，但就其構成的文化要素而言，是以儒爲本，以道、佛爲輔的特點。正是幾種文化要素的如此融合交織，纔造就了蘇軾多姿多彩的人生。以儒爲本的人生觀，使蘇軾少年時就「奮厲有當世志」，關心時政，在政治上有所建樹。後來捲入了新舊黨爭的漩渦，連遭貶謫，因「烏臺詩案」而險些喪命。但這並未改變他人生航標上以儒爲本的價值信念。之後他一貶再貶，在仕途上經歷著慘淡的遭遇，但他始終沒有忘記一個儒士的社會責任。他所到之處，就造福一方，全面實現著傳統士大夫「爲天地立心，爲生民立命，爲往聖繼絕學，爲萬世開太平」的社會理想；他始終保持旺盛的創作激情，留下了大量詩文佳作，即便在其作品中流露對人生如夢的感歎和對山水景物忘我的留戀，仍可折射出他追求事業功名的儒家思想。

蘇軾人生哲學的文化要素中，除了儒家積極入世爲其根本之外，同時也注入了道、佛的活性元素。以道、佛爲補充，蘇軾把「無爲無不爲」的道家思想作爲思考人生的重要維度，以平常之心看待世事變故，把「至德之人」和「超然物外」作爲人生追求的精神境界，在政治上遭受打擊，生活上陷於貧困的情況下，不以個人進退得失、利害榮辱爲事，崇尚自然，無慾無爭，隨遇而安，保持了樂觀曠達的人生態度。正是儒家經世致用、文質相濟、以詩言志等思想，爲其早期「有爲而作」的政論文注入了思想活力；正是道家的禍福相倚、轉化辯證的觀點和與物齊一的思想以及人生自由、逍遙無爲的美妙境界，爲其後期的詩詞創作提供了思維方法和智慧源泉；正是佛禪的虛靜、空幻之說有力地促進了道家思想在其人生意識中的深化和強固，纔使其在文學領域獲得了超凡的成功。所以說，如果沒有儒家人生觀作根本，也就產生不了蘇軾這個具有典型意義的文化人物；如果沒有道、佛思想相輔助和補充，也就不可能有蘇軾文學藝術上的成功。正如蘇軾晚年所說：「問汝平生功業，黃州、惠州、儋州。」這句話就其政治事業而言，當然是自嘲，但對文學家的蘇軾來說，他的蓋世功業確實是在屢遭貶謫的逆境中建立的。這一點宋代朱弁就認爲蘇軾貶至海南並非不幸，「逆境是時代對這位文學人才的玉成」。

總之，在蘇軾的人生觀中，儒、道、佛三種文化是缺一不可的，同時，三種文化在其中的地位也是有差別的，我們不可等量視之。他一生以開放兼容的態度，吸納並融合了儒、道、佛三家思想的精華，蘇軾用自己的智慧巧妙地把「佛家的否定人生，儒家的正視人生，道家的簡化人生」融會貫通，在不同的階段運用不同的「兵器」，「兵來將擋，水來土掩」，從而使得他能夠從容地面對人生。蘇軾一生毫無悲哀，是十足的樂天派。蘇軾的人生哲思歷來爲世人所稱道，成爲中國士大夫的精神家園。

3. 人生哲學的意義

蘇軾的人生價值觀，是在我國封建社會特殊的政治、經濟、文化和生活環境中產生，也是與他坎坷、悲涼而獨特的人生實踐相聯繫而逐步形成的，其內涵豐富而龐雜，意義廣泛而深刻。就意義而言，蘇軾的人生哲學觀不僅玉成了蘇軾的文學成就，還塑造了蘇軾獨立完善的人格。具體來講，筆者認爲主要有四點：

其一，蘇軾以儒爲本，以道佛爲補的人生觀，實現了單一文化在人生問題上的超越。蘇軾的人生觀，把封建社會中士人的兩種處世態度用同一價值尺度予以整合，把人生「入世」與「出世」兩種途徑統一於一身，對人生採取了不退避的態度，把傳統儒家「兼濟」與「獨善」的矛盾統一起來，在「兼濟」中追求獨立完善的人格和絕深高妙的精神境界，在追求精神舒展自由的過程中實現了一般意義的「出世」也難以達到的「事功」。

其二，蘇軾特有的人生哲學觀，使其以人生爲流程追求人生的價值，從生活實踐而不是從純粹的思辨中去探索人生底蘊，不僅可以消解他生活中可能遇到的挫折和困難，而且又促使他去領悟宇宙人生的眞相，去探索個體生命存在的目的和意義。從這一點說，蘇軾已經把我國傳統的人生哲學引向了更深層次。

其三，蘇軾豐富而複雜的人生觀，鑄就了他多姿多彩的人生和人格。這不僅對有宋以來的讀書人產生了極大影響，而且還創造出了蘇軾所體現的特殊的文化現象。蘇軾的人生觀，典型地體現了宋代所有的文化精神，蘇軾的人生，爲後世文人探尋生命價值的實現途徑提供了典型範式。

其四，蘇軾的人生觀融通三種文化於一體，在人生實踐中使個體文化獲得了滋養和發展，這不僅對宋代以後的文化發展產生了較大影響，而且對今人的文化建設也有重要的啓示。

二、蘇軾人生境界的三種範型

馮友蘭先生在《新原人》中以人對宇宙人生的覺解的程度論境界，把人生劃分爲四個層次：自然境界、功利境界、道德境界、天地境界。自然境界一本天然，境界最低；功利境界講求實際利害，其後果有利於他人，其動機則是利己的；道德境界「正其義、不謀其利」；天地境界爲宇宙的利益而做各種事。前兩者是自然的產物，後兩者是精神的創造。道德境界有道德價值，天地境界有超道德價值。

根據馮友蘭先生的人生四境界說，觀照蘇軾的人生，筆者認爲，可以把蘇軾的人生境界分爲三種：功利境界、審美境界、天地境界。蘇軾正是在這三種人生的審美範型上，一步一步不斷攀升，從而實現自己的人生價值的。

1. 人生「三立」：創造人生的功利境界

古人早有「立德、立功、立言」的「人生三立」，這就是所謂「人生三不朽」，其源於《左傳・襄公二十七年》：「大上有立德，其次有立功，其次有立言。」唐代孔穎達的《左傳正義》對「三立」作了詮釋：「立德，謂創制垂法，博施濟眾；立功，謂拯厄除難，功濟於時；立言，謂言得其要，理足可傳。」蘇軾在「立德」、「立功」、「立言」三方面都有所建樹，既對前人有所超越，又留給後世鉅大的精神財富。

中國是一個很重倫理道德的國家，而蘇軾在「立德」上十分突出。蘇軾作爲一代文宗，他待人忠誠寬厚、關心民瘼、剛正敢言，有遠大的政治抱負，又曠達自適、善處逆境、胸襟博達、樂觀向上，其「立德」也是曠世無雙、難能可貴的。從政治品格來說，他自幼即「奮厲有當世志」（蘇轍《東坡先生墓誌銘》），具有高遠的政治理想和抱負：「致君堯舜，此事何難」（《沁園春》），他忠貞剛正，「公臨事必以正，不能俯仰隨俗」（蘇轍《東坡先生墓誌銘》）。《宋史》也曾經提出：蘇軾「自爲舉子至出入侍從，必以愛君爲本，忠規讜論，挺挺大節，群臣無出其右」〔註 5〕。當然，從小就有非凡抱負並忠君愛國是很多士人都具有的特質，而蘇軾最突出的德行是能夠在「進與退」、「榮與辱」中所表現出的一般士人少有的平和、超然與曠達。隋唐科舉制以降，士人知識分子在「達則兼濟天下」的感召下，通過科舉入仕，然而宦海沉浮，多遭被貶，如何面對貶謫，成爲歷代士大夫必須要面對的嚴酷現實。屈原、賈誼、李白、柳宗元等，歷史上被貶謫的文人或牢騷滿腹、憤懣不平；或愁腸百轉、形容憔悴。而蘇軾的意義就在於他用一種超然、曠達的態度來面對貶謫，直面並超越了生活的苦難，留給後世一種超曠的道德人格典範，成爲後世文人在宦海沉浮中受用不盡的精神資源，這就是蘇軾所立之德的精髓。他眞正履行了孔子所說的「君子坦蕩蕩」的名言，也眞正把莊子《逍遙遊》中所描繪的姑射神人的形象轉化爲具體的實在。從待人處世看，蘇軾很重視做人的品德節操，特別看重「誠」和「正」，反對口是心非。他在給蘇轍的信中曾經這樣贊美子由：「子由爲人，心不異口，口不異心，心即是口。」這其實正可移用來作爲他爲人處世的自我寫照。由於講求「誠」與「正」，在政治上他堅持「守道」，不看人行事，不見風使舵。在他一生的政治實踐中，他都表現出賦性剛直，爲人正派，能不顧個人的利害得失而堅持「守道」。他初反對王安石變法，爾後又反對司馬光盡廢新法，都是在兩人做宰相而權勢極盛的時候，他並沒有爲了自己的飛黃騰達而去趨附和吹捧他們，而是從自己的政治認識出發去反對和批評他們將利害得失置於不顧。蘇軾用一生實踐了儒家士人「立德」的誓言。

歷史上所謂立功者，大多數都是以一己之力建立功業，或封侯拜相，或造福一方而彪炳史冊。隨著科舉制度的完善和封建制度的加強，大多士人建立功業的首要條件就是博取功名。蘇軾在二十二歲時就少年得志成爲進士，「一榜成名天下知」。很多讀書人滿足於博取功名並希冀官運亨通，而蘇軾在入仕後卻以百姓的福祉爲念，在任地方官時，做了不少利於百姓的好事，在每一任地方上都有所建樹。所以，在蘇軾任職過的地方，百姓聞知他的噩耗後，「吳越之民相與哭於市，其弟子相弔於家，訃聞四方，無賢愚皆咨嗟出涕，太學之士數百人，相率飯僧慧林佛舍」〔註 6〕。這麼多不同階層的人對蘇軾的哀悼就是對蘇軾功業的最好證明。歷史上有名的文人能像他一樣受到如此廣泛愛戴的實屬少見。

〔註 5〕脫脫等：宋史，北京：中華書局，1977 年版，第 10817 頁。
〔註 6〕蘇轍：欒城集，上海：上海古籍出版社，1987 年版，第 1410 頁。

所謂立言者，就是指在歷史上留下不朽篇章。晉代曹丕曾說「蓋文章，經國之大業，不朽之盛事」（曹丕《典論・論文》）。三蘇是中國文學史上的鉅子，蘇軾更是佼佼者。他在詩、文、詞等方面都有不俗的成就，留下許多不朽篇章。蘇詩計有兩千七百多首，所謂「天生健筆一枝，爽如哀梨，快如並剪，有必達之隱，無難顯之情，此所以繼李、杜後爲一大家也」〔註7〕，就充分說明了蘇詩高超的藝術技巧和重要的歷史價值。蘇詞計三百多首，其意境開闊，風格多樣，他主張「以詩爲詞」，解放了詩體，「無意不可入，無事不可言」〔註8〕。他創制的「新天下耳目」的豪放詞，「一洗綺羅香澤之態，擺脫綢繆宛轉之度，使人登高望遠，舉首高歌，而逸懷浩氣，超然乎塵垢之外」（胡寅《向子堙酒邊詞序》），「從而打破了豔科文人詞一統天下的局面，適應時代的要求，形成爲南宋豪放愛國詞派的濫觴」〔註9〕。蘇軾的散文，繼承了歐陽修的文風，建立了平易自然、流暢婉轉的穩定風格，把說理、敘事、抒情融於一體，成爲後世學人的楷模，被列爲唐宋八大家之一。其文正如他自己所評價：「如萬斛泉源，不擇地皆可出。」「常行於所當行，常止於不可不止。」（《自評文》）史書稱其文「雖嬉笑怒罵之辭，皆可書而誦之。其體渾涵光芒，雄視百代，有文章以來，蓋亦鮮矣」〔註10〕。可謂推崇備至了。他在書法和繪畫上也卓有成就。書法史上蘇軾、黃庭堅、米芾、蔡襄並稱；而蘇軾的繪畫，以枯木怪石著稱。可見，在「立言」方面蘇軾的成就決不遜色於歷來任何因「立言」而名垂青史的人，而在「立言」上的廣泛性——既有詩、文、詞，又有書法和繪畫更無人能及。

蘇軾不僅在德、功、言三個方面均有建樹，更爲重要的是他把這三者融爲一體。「問汝平生功業，黃州惠州儋州」（《自題金山畫像》），既是他的自我總結，也是廣爲人知的句子。黃州、惠州、儋州三地都是蘇軾的被貶之地，他不僅在被貶之地竭盡所能爲老百姓造福，體現了「立功」與「立德」的統一，同時，蘇軾被貶謫正好玉成其創作上的高峰。三次被貶，蘇軾都有大量的優秀作品問世。在「立言」方面成績斐然。古人對此早有論述：「東坡文章，至黃州以後人莫能及，唯黃魯直詩時可以抗衡。晚年過海，則雖魯直亦若瞠

〔註7〕趙翼：甌北詩話，霍松林，胡主祐校點，北京：人民文學出版社，1963年版，第56頁。

〔註8〕劉熙載：藝概・詞曲概。

〔註9〕朱靖華：蘇軾論，北京：京華出版社，1997年版，第17頁。

〔註10〕脫脫等：宋史，北京：中華書局，1977年版，第10817頁。

乎其後矣。或謂東坡過海雖爲不幸，乃魯直之大不幸也。」〔註 11〕「對文學家的蘇軾來說，他的蓋世功業確實是在屢遭貶逐的逆境中建立的。」〔註 12〕

需要指出的是，蘇軾的功利境界主要來源於儒家的修身、齊家、治國、平天下思想，來源於張載所謂的「爲天地立心，爲生民立命，爲往聖繼絕學，爲萬世開太平」的宏願。同時，蘇軾的功利境界不是爲一己之功利，而是爲國家、爲君王、爲民眾之功利，具有爲他性的特點。

2. 任性逍遙：追慕人生的審美境界

尼采說：「只有作爲一種審美現象，人生和世界纔顯得合情合理。」蘇軾爲了從污濁、荒謬、冷酷的現實中解脫出來，只好把人生和現實生活作爲審美對象並賦予它們以一定的意義，求得心靈的慰藉和解脫。筆者認爲：在「審美境界」中，人們不再只是出於道德義務的強制而做某事，不再只是爲了「應該」而做某事，而是完全處於一種人與世界融合爲一的自然而然的境界之中。「自然而然」不同於「應然而然」，後者尚有不自由的因素，前者則是完全的自由。「審美境界」中的人必然合乎道德，必然做道德上應該之事，但他是自然地做應該之事，而無任何強制之意，自然在這裏就是自由。秦觀有詩說：「人生異趣各有求」，對於蘇軾來說，他的人生異趣不是功名富貴，而是讀書和創作，在文學藝術的瀚海中遨游，是其平生之快事。蘇軾自己所說的：「某平生無快意事，惟作文章，意之所到，則筆力曲折無不盡意，自謂世間樂事，無逾此者。」正可作爲蘇軾人生審美境界的極好概括。

蘇軾的審美人生具有以下幾個特點。

第一，讀書和寫作是蘇軾審美人生的兩個支點。當今許多人都渴望從喧囂和忙碌中回歸古代的簡約生活，追求田園牧歌式的優雅生活。實際上，中國在宋以後，就開始了生活享受。錢穆先生說：「中國在宋以後，一般人都走上了生活享受和生活體味的路子，在日常生活上尋求一種富於人生哲理的幸福與安慰。」宋代的士大夫善於把平常的生活藝術化，嚮往一種寧靜淡泊的生活。「品茶、飲酒、蒔花、種竹、玩古董、置木石、遊名山、覽勝水、看松影、聽鵑鳴」，這些都顯示出優雅閑適的情趣。其中蘇軾在宋代的人生範式和消遣方式很有代

〔註 11〕胡仔：苕溪漁隱叢話，廖德明校點，北京：人民文學出版社，1962 年版，第 21 頁。

〔註 12〕朱弁：風月堂詩話，四庫全書，第 1479 冊，上海：上海古籍出版社，1987 年版，第 67 頁。

表性，值得玩味。對於蘇軾來說，審美的愉悅，其範疇相當廣泛，書法、繪畫，乃至於古董、金彝，無不在其彀中。當然，蘇軾的審美人生之極致在於讀書和寫作。蘇軾把讀書當作一種審美活動。讀書是蘇軾終身不變的生活習慣，是蘇軾戰勝苦難的精神支柱之一。「公嘗言觀書之樂，夜常以三鼓爲率，雖大醉歸，亦必披展至倦而寢。」讀到佳處、美處，那種審美的愉悅，是無法言傳的。寫作是蘇軾審美人生的另一支點。相對於柳永式的爲歌妓寫作，姜夔式的爲生計寫作，蘇軾的審美人生的生命觀念更多的是爲興趣寫作，爲審美寫作。這一點，對於蘇軾的詩文藝術創作，有著內在的深刻影響，也從根本上決定了蘇軾的藝術創作的種種特質。東坡作詞，之所以能不理會所謂詞體的當行本色，出新意詩入雅詞於詞體別是一家的法度之中，寄士大夫精英文化於豪放風格之外，都與蘇軾的這種審美人生觀念有著淵源關係。「以詩爲詞」的文學破體創作，無視每種文學體裁的當行本色的規矩，是因爲蘇軾原本就沒將這些法則規矩看得很重，詩文也好，繪畫也好，都不過是使他在創造中愉悅的載體而已，「文以達吾心，畫以適吾意」，達心適意，正是審美與法則之間的極好說明。當然，蘇軾的達心適意，是在對於文學藝術基本法則的深諳嫻熟之後的自由，是總體法則之中的逾矩，是逾矩中的創新。

第二，如果說蘇軾人生的功利境界是世俗、功利的，那麼蘇軾的審美人生境界則是超功利的。蘇軾懷抱利器，志向遠大，但仕途坎坷，屢遭摧殘，乃至長期徘徊於生命的邊緣。政治鬥爭的陰暗、卑瑣和險惡，使蘇軾深深感受到人生的無奈，於是他開始從老莊哲學佛禪玄理中追求超越和解脫。蘇軾不再執著於在現實中確認自我的社會角色與實現自己的價值，而是將現實生活指向心理本體，提升到生命本體的高度去體驗。與此同時，蘇軾並沒有向自然回歸和同化，也沒有忘記自己的社會責任，他將積極入世和超越世俗融爲一體，巧妙地解決了進取與退隱、入世與出世、社會與個人，這些在士大夫心靈上歷來相互糾結纏繞的矛盾，建立起自己審美化的人生觀。蘇軾的人生境界是審美的、超功利的，他「做到了眞正的曠達和執著，蘇軾的精神超越不離對現實的執著，他從細微的現實生活中體味生命的本體，建立了以感性的心理自由爲指歸的審美人格。這種自由不否棄感性生命，也不否棄現實生活，只是對這一切進行不流於世俗價值關懷的生命感受」〔註 13〕。蘇軾與

〔註 13〕冷成金：中國文學的歷史與審美，北京：中國人民大學出版社，1999 年版，第 267 頁。

莊子、陶淵明不同，他既超然物外，又保持著高度的社會責任感。也就是說蘇軾把儒家的用世之志與道家的曠達精神圓滿地融合在一起，面對人世的艱難他不向外求索，而是在心理本體中尋找精神的棲息地，從而在精神上實現了上與天通，下與地合，並從中體味生命的律動、宇宙的幽韻。因此蘇軾的人生境界是一種天地境界、宇宙情懷。

第三，蘇軾把人生世界當作審美對象來看待。他把普通的事物賦予了崇高的含義，把熟知的事物，披上了尊嚴的外衣。這使他找到了一個「有意義的世界」，一個與醜惡、荒誕、卑俗、冷酷的現實世界截然相左的詩意的世界，他不斷美化它、詩化它，從而不斷清除和彌補著現實生活中的窘迫和闕失：在惠州，「羅浮山下四時春，盧橘楊梅次第新。日啖荔支三百顆，不辭長作嶺南人」(《食荔支》)。在儋州，那海南獨異的生機盎然的迷人景色使他陶醉了:「春牛春杖，無限春風來海上，便與春工，染得桃紅似肉紅。　春幡春勝，一陣春風吹酒醒。不似天涯。捲起楊花似雪花。」(《減字木蘭花·己卯儋耳春詞》）在桃花被和煦春風吹染成肉紅色的美景中、在漫天飛揚的楊花像高空飄雪的勝境中，他已忘記了這正是他「怛然悸寤」的「鬼門關」和天涯海角了。這是因爲，蘇軾在嶺海時期，已看破紅塵，參透生死，生活中的一切具體意義和價値都不復存在，他只把生活看成是一種單純的生命活動，成了他審美的情感觀照而已。因此，他能夠在種種不同的遭遇中，以他所特有的心理機制去施加作用，使之轉換走向，成就意趣充沛、詩意盎然的審美人生。

3. 返璞歸真：追求人生的天地境界

北宋理學家程顥有一首著名的《秋日偶成》詩:「閑來無事不從容，睡覺東窗日已紅。萬物靜觀皆自得，四時佳興與人同。道通天地有形外，思入風雲變態中。富貴不淫貧賤樂，男兒到此是豪雄。」這首詩抒發了一位歷經世故、學問洞達的哲人「胸懷寬敞、超越世俗、天人合一」的人生境界，這種境界就是天地境界。對於蘇軾來說，他在晚年達到了這種境界。馮友蘭先生盛贊蘇軾已至「天地境界」，是「以天地胸懷來處理人間事務」。蘇軾的一生在相互衝突、相互制約和相互交匯鎔鑄中形成了自己的天地境界，把人生世、界當作審美對象來看待，奉行凡事「遊於自然」、「忘情物我」的獨特生活態度和處世方式。這種天地境界的人生頓悟，使他不斷地進行著自我精神超越，不斷地把他的處世態度昇華爲與天地並存的精神境界，並站在哲理高度思考人生意義和價值，從而達到了任性、自適、曠達、通脫的人生境地，這是蘇東坡人生觀念發展歷程中的最高層次。

（1）蘇軾天地境界的形成

蘇軾遭貶南荒惠州及海南儋州，這六年間，他的人生思想發生了鉅變，開始了對自己「一生凡九遷」的全面反思。渡大庾嶺「鬼門關」時，就像接受了一次重大的人生洗禮，而對自己的身世進行了整體的總結：「一念失垢污，身心洞清靜。浩然天地間，惟我獨也正。今日嶺上行，身世永相忘。仙人推我頂，結髮授長生。」（《過大庾嶺》）他在嶺上似是騰空一躍，對過去「垢污」的身世頓然全部忘卻，飛入了空中仙境，與天地相接；並爲站在這清靜寥闊的「浩然天地間」，有自己這位正大光明形象的存在而感到自豪。也就是說，蘇軾從此埋葬了過去的舊我，永忘身世的垢污，在清靜的「浩然天地間」樹立起了他的天地境界。他自己說：「九山一區，帝爲方輿，神尻以遊，孰非吾居？……東坡居士，強安四隅。以動寓止，以實託虛。放此四大，還於一如。東坡非名，岷峨非廬。鬚髮不改，示現毗盧。無作無止，無欠無餘。生謂之宅，死謂之墟。三十六年，吾其捨此。跨汗漫而遊鴻㦗之都乎！」（《桄榔庵銘》）在這裏，蘇軾對其現實生活只作情感的體驗，任何具體事物都具有同等的意義，就使蘇軾在每一具體事物的觀照中，領悟到了有限中的無限，感受到了現象背後的本體，達到了隨遇而安、「無往而不樂」的曠達、樂觀境界。

這種天地境界是如何形成的呢？蘇軾研究專家朱靖華先生對此進行了考察，認爲蘇軾天地境界有其思想流變過程，筆者基本認同這種觀點。〔註 14〕第一，隨時體察和總結人生，是蘇軾尋求精神拯救的常用方法，而反求諸己又是他習慣性的思維方式。他在「得道」的成熟時期，就有了「超然物外」的領悟，並曾說道：「頹然語默喪，靜見天地復。」（《和子由浴罷》）也就是說，他靜而沉思，就覺察到了天地運行往復的道理。——這已有了天地境界的萌芽。而被貶黃州後，他設想的「挾飛仙以遨遊，抱明月而長終」（《赤壁賦》）的遺世飛天之想，已經是天地境界的輪廓了。而元豐六年他給子由的信中說道：「任性逍遙，隨緣放曠，但盡凡心，別無聖解。」這種任眞適性、隨緣放曠的自由生活態度，正是天地精神境界的基本內核。有此內核，他便在

〔註 14〕朱靖華：天地精神境界——評蘇軾嶺海時期的人生反思，載《新東方》，1996 年第六期。

隨後的諸多貶逐生活困窘中，逐步開拓出 「浩然天地間」、「身世永相忘」的天地境界來。第二，蘇軾的天地境界的形成，還基於他對現實的清醒認識。他說「我少即多難，邅回一生中。百年不易滿，寸寸彎強弓。老矣復何言，榮辱今兩空。泥洹尚一路，所向余皆窮」（《次前韻寄子由》）。他對自己一生所遭際的、多難的道路總結道：「我本修行人，三世積精練，中間一念失，受此百年遣。」（《南華寺》）蘇軾是三世皆布衣不仕的，這傳統原是最「精練」的，但自己卻在其間有了「一念之失」，誤入了「功利」歧途，而遭到了如此嚴重的天譴之罪，這是自己的錯誤，也是自食其果，他深感懊悔。第三，蘇軾既擯棄了垢污塵世，其心靈中的空白主要歸依佛老，特別是莊子和陶淵明，以與封建正統價值觀念的忠臣賢相觀相對抗。這樣，莊子的「天地與我並生，而萬物與我為一」的觀念，陶淵明的歸耕田園、「縱浪大化中，不喜亦不懼」〔註 15〕的委運任化、混同自然的人生觀念，便在蘇軾嶺海詩文中屢有出現。而且他還大量寫了《和陶詩》，不僅篇篇和，並要一篇兩和、三和，「要當盡和乃已」（《和陶歸園田居》詩引），可見，東坡為了自我排遣，尋找陶淵明的榜樣以取得精神解脫的心境，是多麼殷切和急迫！

（2）蘇軾天地境界的特點

對於陶淵明，蘇軾確是情有獨鍾，他除了反覆「和陶」，還對陶的人品、個性、詩藝、人生觀和處世態度等進行了多方面的探討和借鑒，並曾把陶淵明當作自己貶嶺海時期的千載摯友，「欲以晚節師範其萬一」（《與蘇轍書》）；他甚至還屢屢說道：「淵明形神似我」（《直方詩話》），「我即淵明，淵明即我也」（《書陶淵明〈東方有一士〉詩後》）。在蘇軾看來，陶淵明對他影響最甚者，乃是陶的內在品格的「真」。他說：「陶淵明欲仕則仕，不以求之為嫌；欲隱則隱，不以去之為高。飢則扣門而乞食，飽則雞黍以延客。古今賢之，貴其真也。」（《書李簡夫詩集後》）蘇軾從「任真」的角度把握了陶淵明的精神實質，獲得了積極的影響。事實上，蘇軾對陶淵明的隱身獨善、既避世又避人、在田園詩中消磨自己的消極做法是並不贊同的。蘇軾自己雖也曾有過「逃世之機」的思想過程，但在嶺海時期他已徹底否棄了塵世，並在天地精神境界中牢牢地把握住自我，尋找著被失落的個體生命的存在價值——即「真吾」的存在。這成為東坡天地境界的最大特點之一。他在《六觀堂老人草書》中說：「物生有象象乃滋，夢幻無根成斯須。方其夢時了非無，泡影一失俯仰

〔註 15〕陶淵明：《神釋》。

殊。清露未晞電已徂，此滅滅盡乃眞吾。」佛家把人生看成是「如夢、如幻、如泡、如影、如露、如電」的「六如」，而蘇軾卻追求著「六如」滅盡之後的「眞吾」。可見，「眞吾」乃是蘇軾自我生存價值的根本。它的可貴，在於他能在如夢如醉的人生歷程中保持著清醒的主體意識，堅持其淑世惠民的品格，成爲一種光耀的「主動」人生的表現，而與陶淵明的「被動」人生迥異其趣。此其一。

蘇軾天地境界的第二個特點是他「無思」、「無待」的獨特生活態度和處世方式。兩者的結合，使他與天地相合，從生活中體味著生命的律動和宇宙的幽韻。蘇軾曾在惠州爲居所題寫「思無邪齋」的匾額，這是他天地境界的集中而充分的寫照。蘇軾這裏的「思無邪」何解？他自己解釋道：「凡有思皆邪也，而無思則土木也。孰能使有思而非邪，無思而非土木乎？蓋必有無思之思焉。夫無思之思，端正莊栗，如臨君師，未嘗一念放逸，然卒無所思。」（《續養生論》）人非草木，孰能無思？塵世的思考，便必然要陷入功名利祿的困惑之中。怎樣解除這一困惑？蘇軾曾提出了「若有所思而無所思，以受萬物之備」（《書臨皐亭》）的命題，即敞開心靈，盡情地感受完備的萬物，窮通靡慮，化遷禍福，走向無往而不樂。因而「無思之思」，並非全然無思，前一「思」字，是指人對功利的追逐，後一「思」字，則是指對垢污塵世醒悟之後所獲得的人生價值觀念。這個觀念，便是天地境界的具體內涵。從「無思」之思，便通向了「無待」的人生實踐：「吾生本無待，俯仰了此世。」（《遷居》）「有待」是相對的；只有本體的「道」，則是「無待」的，即絕對的。莊子心靈自由「無待」觀被蘇軾汲取並鎔鑄了，即他不依恃任何外物而存在著。他不僅否棄了現實中的具體功利目的，甚至對生活的終極目的也無所用心。他不懼不餒，無喜無憂，縱浪大化，與自然統一，在清靜中求得個體生命的實現。「回首向來蕭瑟處，也無風雨也無晴。」（《獨覺》）他在「無待」和「俯仰」中，對一切都不進行價值關懷的生命感受，甚至連自己是誰也不知道了，這便使他超越了時空，達到了「也無風雨也無晴」的精神本體境界。在「無思」和「無待」相統一的生活方式中，蘇軾終於樹立起了審美的人生觀念，找到了「方軌八達之路」。即他不求形骸的長久存在，轉而追求精神上的永恒，這便成爲蘇軾天地境界的第二個特點。

第三，蘇軾不求形骸的長存，追求精神永恒的天地境界，他便完全擺脫了外在功業的追求，整個靈魂都沉浸在對人生的感受和生命的領悟之中，這種境界之高，把蘇軾人生推向了最高的「眞」的境界。正如朱靖華先生指出：「蘇軾天地精神境界的人生觀，雖不能直接觸動黑暗的現實塵世，但他能夠在垢污的境遇中樹立起出污泥而不染的高潔人格，獲得新的生存價值；並在堅實的自我精神支柱下，放射出一束超越世俗文化的異光，開了後世落拓士子追求美好人生和崇尚開明政治理想的先河，是有積極意義的。」〔註 16〕

綜上，蘇軾的人生境界是中國傳統人生哲學的一座高峰，它集眞善美於一體。功利境界是蘇軾人生境界之善，審美境界是蘇軾人生境界之美，而天地境界是蘇軾人生境界之眞。

三、人生態度的精神內蘊

余秋雨先生曾寫過《蘇東坡突圍》一文，盡抒其對蘇軾之感慨。蘇軾的人生哲學也有一個軸心，那就是「達」。蘇軾追求一種通達樂觀、榮辱得失無繫於心的精神境界，通過曠達而達到人生的精神突圍。

1. 曠達的形上內涵

曠達是一種處世的態度；曠達是一種做人的品質；曠達是採菊東籬下的悠然；曠達是聽取蛙聲一片悅；曠達是清泉石上流的恬美；曠達更是海納百川的博大。簡言之，曠達的內涵就是解脫、超越，以一種超然的態度發現事物的美，獲得精神上的愉悅。

蘇軾曠達樂觀的人生態度使他一方面擺脫現實社會的束縛，以超脫的心態去體會外物，抒寫人生。另一方面，促進他對人生形成眞正的領悟，探求生命的意義，在有限的生命中尋求無限的久遠的存在價值。這兩個層面的人生境界，在他的人生征程中有重逢的體現。

蘇軾曠達精神的精義就是「任性逍遙，隨緣放曠，但盡凡心，別無聖解」這四句話。他給蘇轍的信中說：「吾兄弟俱老矣，當以時自娛，此外萬端皆不足以介懷。所謂自娛者，亦非世俗之樂，但胸中廓然無一物。即天壤之內，山川草木蟲魚之類，皆吾作樂事也。」（《與弟子由書》）他追求的是超功利、超世俗的人生境界。第一層面就是對世俗人生的解脫，從名利、窮達、哀樂等中擺脫出來。第二層面就是達到自由的境界。不論何時何地，都能夠找到

〔註 16〕朱靖華：天地精神境界——評蘇軾嶺海時期的人生反思，載《新東方》，1996 年第六期。

生命的可喜之處，於樸素無華之中得到精神的愉悅，這就是曠達的境界。蘇軾曠達精神的最高層次是超越現實的解脫，並且追求生的目的。這一目的就是曠達精神作用的結果，是曠達的精髓。

曠達是蘇軾精神品質的主要方面，它與歷代文人的曠達都有不同。阮籍的疏狂放浪，李白的恃才傲物，歐陽修的玩賞生活，都是個人面對困厄時的精神狀態。蘇軾與他們不同，他的曠達究其本質是爲了積極進取，建立功業。誠然，蘇軾的一生中，起與落、窮與通、儒家的「進取」與佛道的「看破」是融貫於一體的，強烈的現實感與飛躍的超現實感交互並存。但是，曠達究其本質是爲了實現他畢生從未放棄過的救時濟世的理想。

總之，蘇軾曠達的精神其實包含了三個層面的意思：第一個層面是他作爲一個儒者，作爲一個封建士大夫對世事人生的執著和對功業的追求；第二個層面是他對世事人生透悟之後產生的空漠感；他的曠達最重要的是第三個層面，即對世事人生的超越和竹杖芒鞋式的灑脫，而這三個層面又是融合一體、不可分割的。

2. 曠達的人生態度

出世與退隱、理想與現實、生與死問題，是中國士大夫面臨的三大人生課題。出世與退隱是人對政治的社會關係，理想與現實是人對生活的社會關係，生與死是人對宇宙的自然關係，三者屬於不同的範圍和層次，又密切相關，相互滲透，都涉及對人生的價值判斷。蘇軾通過曠達的人生態度和處世風範，對三者進行可圈可點的處理。

(1)「入世」與「出世」

出世與退隱的矛盾，中國儒、佛、道三家已提出了不同的解決途徑。儒家以入世進取爲基本精神，又以「達則兼濟天下，窮則獨善其身」、「用則行之，捨則藏之」作爲必要的補充；佛家出世、道家遁世的基本精神，又與儒家的「窮獨」相通。蘇軾對此三者，染濡均深，卻又融會貫通，兼採並用，形成自己的鮮明人生處世哲學特色——曠達。

葛兆光在《禪宗與中國文化》中有一段精闢的概括：「中國士大夫的人生哲學分成兩個部分，入世與出世，進取與退隱，殺身成仁與保全天年，就好像天平的兩端時時在搖擺。它的外在一面是士大夫與社會發生關係，是投身於社會，以有限的人生與社會盛衰相連，還是避開社會的盛衰興亡，以求有限人生的自我生存？它的內在一面，則是個人慾望，是爭取更大的慾望滿足，還是滿足於有限的慾望？當社會時代給士大夫創造了進取的條件，創造了外在的理想追求和內在的慾望滿足的可行之路時，儒家人生觀的積極面便開始佔據主導地位，反之，士大夫們則退歸自己的軀殼之中……陶醉於有限的滿足中去了……」

蘇軾自幼所接受的傳統文化因素是多方面的，但儒家思想是其根本和基礎，充滿了「奮厲有當世志」的淑世精神。儒家的「立德、立功、立言」的「三不朽」古訓，使他把自我道德人格的完善、社會責任的完成和文化創造的建樹融合一體，是他早年最初所確定的人生目標。他的社會責任感和歷史使命感還由他特殊的仕宦經歷而得到強化和固定化。和他父親蘇洵累試不中相反，嘉祐二年（1057 年），他和蘇轍至京應試，一舉成名，聲名鵲起。其成名之早（二十二歲）、知名度之高，當世無人匹敵。嘉祐六年（1061 年）他應制舉，又以「賢良方正能直言極諫」取入第三等，此乃最高等級，整個北宋取入第三等者僅四人。這些仕途上的光榮，必將轉化爲蘇軾經世濟時、獻身政治的決心。他以「忘軀犯顏之士」（《上神宗皇帝》）自居，又以「使某不言，誰當言者」〔註 17〕自負，並以「危言危行、獨立不回」的「名節」（《杭州召還乞郡狀》）自勵。蘇軾又經歷宋仁宗、英宗、神宗三代君主的「知遇之恩」，更成爲影響他人生價值取向的重大因素。元祐三年（1088 年）當蘇軾處於黨爭漩渦而進退維谷時，高太后召見他說：他之所以從貶地起復，乃「神宗皇帝之意。當其（神宗）飲食而停箸看文字，則內人必曰：此蘇軾文字也。神宗每時稱曰：奇才，奇才！但未及用學士，而上仙耳」。蘇軾聽罷「哭失聲，太皇太后與上（哲宗）、左右皆泣」。高太后趁機又以「託孤」的口吻說：「內翰直須盡心事官家，以報先帝知遇。」〔註 18〕在蘇軾看來，朝廷既以國士待我，此身已非己有，惟有以死報恩。這種儒家的人生觀，強調「捨身報國」，即對社會、政治的奉獻，並在奉獻之中同時實現自身道德人格精神的完善。但是，封建的社會秩序、政治準則、倫理規約對個體的情感、慾望、意願必然產生壓抑和限制的作用，「捨身報國」的崇高感又同時是主體生命的失落感，意味著個體在事功世界中的部分消融。「儒家的淑世精神是蘇軾人生道路上行進的一條基線，雖有起伏偏斜，卻貫串始終。」〔註 19〕

〔註 17〕朱弁：曲洧舊聞（卷五）。
〔註 18〕續資治通鑒長篇（卷四〇九）。
〔註 19〕王水照：蘇軾的人生思考和文化性格，載《蘇軾研究》第一輯，第 2～3 頁。

蘇軾的人生苦難意識和虛幻意識，則更帶有獨創性，並由此形成他人生道路上的另一條基線，在中國士大夫人生思想史上具有劃時代的意義。打開蘇軾的文章，一種人生空漠之感迎面撲來。「人生識字憂患始」(《石蒼舒醉墨堂》)，這位智慧超常的智者對人生憂患的感受和省察，比前人更加深重和細微。老子說：「吾所以有大患者，爲吾有身」〔註 20〕，莊子說：「大塊載我以形，勞我以身」〔註 21〕，佛教有無常、緣起、六如、苦集滅道「四諦」等說，蘇軾的思想固然受到佛道兩家的明顯誘發，但主要來源於他自身的環境和生活經歷。蘇軾的人生苦難意識和虛幻意義是非常沉重的，但並沒有發展到對整個人生的厭倦和感傷，其落腳點也不是從前人的「對政治的退避」變而爲「對社會的退避」。他在吸取傳統人生思想和個人生活體驗的基礎上，形成了一套從苦難—省悟—超越的思路。東坡之所以成爲東坡，關鍵在於，他把中晚唐開其端的進取與退隱的矛盾雙重心理發展到一個新的質變點。從「我欲乘風歸去，又恐瓊樓玉宇，高處不勝寒」中「出世」思想與「入世」思想的激烈鬥爭，以及由不適到求適的心靈扭結，以致到最終「起舞弄清影，何似在人間」的「俯仰人間一切」的超脫、曠達和最終的釋然，都隱含了文人士大夫精神世界的矛盾心態，最終以超然的態度獲得精神的突圍和解脫。李澤厚在《美的歷程》中寫道：「蘇的一生並未退隱，也從未眞正『歸田』，但他通過詩文所表達出來的那種人生空漠之感，卻比前人任何口頭上或是事實上的『退隱』、『 歸田』『 遁世』要更深刻更沉重。因爲，蘇軾詩文中所表達出來的這種『退隱』心緒，已不只是對政治的退避，而是一種對社會的退避；它不是對政治殺戮的恐懼哀傷，而是對整個人生、世上的紛紛擾擾究竟有何目的和意義這個根本問題的懷疑、厭倦和企求解脫與捨棄。」可見，蘇軾的典型意義在於他是封建社會士大夫進取與退隱矛盾雙重心理最早的鮮明人格化身。

（2）理想與現實

現實與理想的矛盾衝突是人生永恒的課題，每個人都不可能一生皆一帆風順，都會面臨進退兩難的現實選擇，而每個人解決問題的對策卻各不相同。弘一法師人生苦樂相賴，絕筆時書「悲欣交集」，宗白華覺得當取超然入世，都不過是文人之人生理想而已。然而，現實生活之中，還是孔、孟的話富於

〔註 20〕老子（十三章）。
〔註 21〕莊子・大宗師。

現實性。孔子《論語・泰伯》曰：天下有道則見，無道則隱。孟子曰：達則兼善天下，窮則獨善其身。蘇軾如何應對理想與現實的矛盾呢？

如何解決理想與現實的種種矛盾？基於現實困境，蘇軾的回答大致是：化解矛盾衝突，崇尚高逸意趣，構築理想人格；淡化功名意識，守著「用捨由時，行藏在我」的隨機應變的人生哲學；抱定「樂天知命」的處世態度。蘇軾晚年非常推重陶淵明，除了仰慕陶淵明平淡超逸的詩風外，重要原因之一就是陶淵明性情眞率，感情眞摯。他《和陶淵明（飲酒）》中說：「有士常痛飲，飢寒見眞情」；「淵明獨清眞，談笑過此生」。蘇軾在《書李簡夫詩集後》一文中說：「孔子不取微子高，孟子不取於陵仲子，惡其不情也。陶淵明欲仕則仕，不以求之爲嫌；欲隱則隱，不以去之爲高。飢則扣門而乞食，飽則雞黍以迎客，古今賢之，貴其眞也。」陶潛臨終時說：「吾少而窮，每以家弊，東西遊走。性剛才拙，與物多忤。」蘇軾的一生也是「性剛才拙，與物多忤」。他說：「吾眞有此病，而不早自知，半生出仕，以犯世患，此所以深愧淵明，欲以晚節師範其萬一也。」〔註22〕

然而，現實與理想總有著極難化解的矛盾衝突。文人注重遠棄紅塵，回歸靈魂家園，但其靈魂卻深陷在塵世的現實與無奈之中，永遠放逐著自己生命的不可承受之輕——肉身並作畢生的流亡與現實的靈魂短暫的棲居。

（3）宇宙與人生

這是一個沉重的帶有根本性的課題。「閬苑先生須自責，蟠桃動是千秋。不知人生苦厭求」，蘇軾在帶有神話色彩的奇想中觸及了宇宙無窮與人生短暫的深刻矛盾。鑒於此，他對於時不我待異常敏感：「人事淒涼，回首便他年」，「此生此夜不長好，明月明年何處看」。這種對於人生短促的慨歎，與其惜花傷春之詞同樣表現出對生命本體的憂思。但蘇軾並非一味慨歎，他在《赤壁賦》中就從宏觀的角度提出了一種達觀的詮釋：「自其不變者而觀之，則物與我皆無盡也。」他在詞作中常常表現出對生活、對人生的熱愛就與這種達觀的態度相表裏。但是在蘇詩詞中最値得關注的，我認爲還是那些富有積極思想的部分。具體表現爲：對現實人生的熱愛。這在前期的名作《水調歌頭・明月幾時有》中表現得十分充分。即使詞人身處逆境，我們仍能看到他積極進取的態度和樂觀向上的精神：「誰道人生無再少，門前流水尚能西，休將白髮唱黃雞。」還有更多的作品寫對自然和人生的品味，尤其是像「忽然浪起，

〔註22〕蘇轍：追和陶淵明詩引。

掀舞一葉白頭翁」的瀟灑；「殷勤昨夜三更雨，又得浮生一日涼」的欣慰，在逆境中仍能品出生活的甘美，同樣顯示了詞人對現實生活的無限熱愛。

3. 人生精神挺立的意義

蘇軾人生精神挺立的意義突出。對於他本人來說，豐富複雜的人生經歷和其對傳統儒、釋、道的融通形成了他曠達的處世態度，使他對世界人生有了許多獨特的把握和認知，從而推動了他進行藝術創造活動而造就了一代曠世文人。蘇軾的一生，既能擺脫世俗的紛擾，獲得精神的自由，並在此基礎上看破生死，從容超然；又始終關注現實，積極樂觀，奮發有爲，以實現理想爲人生的根本使命。

首先，蘇軾的曠達使他對人生有著獨特而富有深邃哲理的認識和體悟。在蘇軾的作品中，我們可以看到許多發人深思的警言，這些警言無形中增加了蘇軾作品的思想濃度和藝術感染力。如「人生如夢」、「世事一場大夢」、「人生到處知何似，應似飛鴻踏雪泥」、「也無風雨也無晴」，以及前、後《赤壁賦》中對於人生意義的追尋與體悟都表現了這一點。蘇軾從日常生活和普通自然景物中悟出新意妙理，昇華爲極富理趣色彩的詩句，如《題西林壁》中的「橫看成嶺側成峰，遠近高低各不同。不識廬山眞面目，只緣身在此山中」；《泗州僧伽寺塔》中的「耕田欲雨刈欲晴，去得順風來者怨。若使人人禱輒遂，造物應須日千變」；《琴詩》中的「若言琴上有琴聲，放在匣中何不鳴？若言聲在指頭上，何不於君指上聽」。這些詩句對於事理體察的入微，無不體現了蘇軾過人的理解力和敏銳的洞察力，這與他經歷之豐富和思想的曠達是分不開的。

其次，蘇軾的曠達還常給他以敏銳的文藝情思。蘇軾是古文大家，其古文呈現出多姿多彩的藝術風貌。他有極高的文學表現能力，在他的筆下幾乎沒有不能再現的客觀事物和內心情思，連他自己都說：「吾文如萬斛泉湧，不擇地而出，在平地滔滔汩汩，雖一日千里無難。及其與山石曲折、隨物賦形而不可知也。所可知者，常行於所當行，常止於不可不止，如是而已矣。」（《自評文說》）可見其才思之敏捷，運筆之老練。蘇軾學高才博，對詩歌藝術技巧的掌握也達到得心應手的境界，並以翻新出奇的精神對待藝術規範，縱意所如，觸手成春。尤其是他的比喻，生動新奇，層出不窮。如「春畦雨過羅紈綠」（《南園》），「相排競進頭如黿」（《王維吳道子畫》），「空腸得酒芒角出，肝肺槎牙生竹石」（《郭祥正家醉畫竹石壁上》），「欲知垂盡歲，有如赴壑蛇。

修鱗半已沒，去意誰能遮」（《守歲》）等都生動鮮明，膾炙人口；又如《百步洪》中連用七喻描摹洪水：「有如兔走鷹隼落，駿馬下注千丈坡，斷弦離柱箭脫手，飛電過隙珠翻荷。」妙喻連生，堪爲一絕。

總之，他「通過從多種角度觀察人生的各個側面的宏觀哲學，揚棄了悲哀」〔註 23〕。加拿大華人學者葉嘉瑩先生認爲蘇軾是一個把二者「做了極圓滿之融會結合，雖在困窮斥逐之中，也未嘗迷失徬徨，而終於完成了一己的人生之目標與操守的成功的人物」〔註 24〕。所以，蘇軾在生活上的樂觀並非盲目的、膚淺的，那是一種思想者的樂觀，一種類似於對生活獲得了哲學超越的樂觀，蘇軾自己有一套獨特的人生哲學，即追求一種淡泊、通達、榮辱得失無繫於心中的「靜而達」的人生境界。蘇軾的這種人生哲學生於憂患，而用它來對付憂患的效果也最佳，所以，我們稱之爲「實用主義的憂患人生哲學」。這種人生哲學的形成不但與他豪放、幽默的性格相聯繫，還與他坎坷曲折的經歷有關，更是他對宇宙人生不斷反思和對儒、釋、道各家思想進行選擇和融合的結果，儘管這種選擇與融合有時是不自覺的。

〔註23〕〔日〕吉川事次郎著，章培恒等譯：中國詩史，合肥：安徽文藝出版社，1986年版，第 273 頁。

〔註24〕〔加〕葉嘉瑩：論蘇軾詞，載《中國社會科學》，1985 年第三期。

第六章　蘇軾倫理思想的總結與評價

蘇軾倫理思想的鉅大魅力，不僅在於他對傳統儒、釋、道倫理思想予以融合，創立了頗具特色的「蘇學」或「蜀學」，爲宋代倫理思想增添了新的成分或養料，而且在於他所貢獻的人生哲學和情本論的人性論，以及關於誠之本質、善惡與性情關係的思考。他個人特有的敏銳直覺加深了他對人生的體驗和對倫理道德的思考，他的過人的睿智使他對人生和道德的思考獲得了新的高度和不凡的理論旨趣。比起以往的思想家而言，他的倫理思想特別是人生哲學思想，更爲豐富、深刻和全面，更具有典型性和吸引力，成爲後世中國文人競相仿效的對象，影響了一代又一代後繼者的人生模式的選擇和文化性格的自我設計。

一、蘇軾倫理思想在宋代倫理思想之地位

1. 蘇學（蜀學）、洛學與荊公新學之比較

自英宗治平到神宗熙寧年間，宋學得到了空前的發展，荊公新學、三蘇蜀學與二程理學競相問世，奠定了有宋一代學術倫理思想的基礎，蔚爲大觀。

圍繞北宋後期政治變革而形成的宋學諸多派別，在政治上的傾軋與思想上的論爭的過程中，隨著各派自身的發展及各種因素的影響，其地位與影響表現出互有消長的態勢。大體說來，前期以新學與蜀學影響爲大，而後期則顯然可見由洛學與關學構成的理學的地位不斷提高，到南宋時，洛學與關學更被奉爲宋學的正統與主流，而二程與張載則被視爲理學的開創者與奠基者。但實際上，宋學諸派別在具體學術觀點上的分歧與爭論，並未掩蓋作爲一代之學術的共性特徵與互補性質。南宋人員興宗嘗對王安石新學、蘇氏蜀

學、程氏洛學之異同加以評論云：「昔者國家右文之盛，蜀學如蘇氏，洛學如程氏，臨川如王氏，皆以所長，經緯吾道，務鳴其善鳴者也……考其淵源，皆有所長，不可廢也。然學者好惡，入乎彼則出乎此，入者附之，出者污之，此好惡所以萌其心者。蘇學長於經濟，洛學長於性理，臨川學長於名教，誠能通三而貫一，明性理以辨名教，充爲經濟，則孔氏之道滿門矣，豈不休哉……今蘇、程、王之學，未必盡善，未必盡非，執一而廢一，是以壞易壞。置合三家之長，以出一道，使歸於大公至正。」（《蘇氏程氏王氏三家之學是非策》）這裏對三家的評論是否正確，另當別論，但其欲「合三家之長，以出一道」，顯然是一卓見，而之所以能夠「通三而貫一」，則又顯然是以三家之學具有「明性理以辨名教」的共性特徵爲基礎。隨著時間的推移，程氏系統的理學得到極大的發展，最終在宋學中佔據主導地位，其中一個重要原因實際上正是「性理」在其學術中所佔地位遠遠超過其他學派，從這一意義上看，可以說在宋學諸派的學術思想深層其實都或隱或顯地貫穿滲透著理學精神，而北宋後期學派並立極盛局面恰與理學正式建立同時出現，則亦可以在這一意義上找到一個合理的解釋。（參許總：《理學宋詩同構論》）

蜀學是中華國學不可或缺的部分與精彩華章。「蜀學」有狹義、廣義之分。廣義包括蜀中學人的一切學術，主要表現在易學、史學、文學三方面。狹義「蜀學」一般指三蘇父子闡揚發展起來的學術。以「三蘇」父子爲代表的「蜀學」，與二程「洛學」（即理學）和王安石「新學」鼎足而立，構成當時中國學術的三大主流。

秦觀指出：「蘇氏之道，最深於性命自得之際，其次則器足以任重，識足以致遠，至於議論、文章，乃其與世周旋，至粗者也。閣下論蘇氏而其說止於文章，意欲尊蘇氏，適卑之耳。」（《淮海集》卷三十《答傅彬老簡》）作爲蘇門四學士之一，秦觀深得蘇軾之道，指出了蘇軾之學之關鍵在於「性命自得之際」。蘇軾一生著作浩繁，但他自己最得意處卻是《尚書解》《論語註》《毗陵易傳》等。黃宗羲、全祖望在所編《宋元學案》中列蘇氏父子爲蜀學之首領，標舉其學術宗旨爲一家之言。《宋元學案》既列蜀學爲一章節，說明明清以來學界雖視蘇學爲正統之異端，但大體上還把它看成是宋學一個重要分支。蘇軾之學所以有獨成一系之風格，得力於他獨特的哲學方法。

關於他的哲學方法，朱子有一段陳述。《四庫全書》中引朱子之言云：「推闡理勢、言簡志明，往往足以達難顯之情，而深得曲譬之旨，蓋大體近於王弼，而弼之說惟暢玄風，軾之說，多切人事，其文辭博辯，足資啓發。」朱子這裏指出的是蘇軾述《易》的方法，亦可以看成是他哲學思維的一般方法，其內涵有二：一曰近於王弼而從義理之門。二曰多切人事。從歷史上看，朱子雖黜軾之述《易》，《語類》中曾列蘇軾爲雜學之首，但他所指出軾之述《易》方法大抵上是正確的。

蘇軾吸取王弼以卦爻辭爲依託而對《易》展開探討，獨特的方法在「多切人事」。他的父親蘇洵就曾在《易論》中指出「《禮》爲之明而《易》爲之幽也」，蘇洵以爲正因如此，「諸儒以附會之說亂之也」。因此正確的解《易》方法是「去之，則聖人之旨見矣」。也即去其神秘而還以樸素之眞理。也正是從這一點上，蘇軾繼承乃父之志。在早期《易論》中，蘇軾就表現出還《易》於日常的思路，該文之觀點約爲：《易》是聖人從形而下的日常出發而上升到形而上之道；《易》是聖人以其道而深入於天下之人情的記錄。由此可見，蘇軾以爲聖人是從日常出發，然後依託於《易》以展開自己形而上的理論的，而這正是自己建立從「多切人事」出發而解《易》的理論依託。「多切人事」作爲一種成熟的哲學方法，它的含義是要人從天下之日常人情出發看形上之性、道等的命題，從而求得對性、道等的眞知。

2. 情本人性論的獨特價值

蘇軾的人性論從人的自然的感性需求抽繹出人情，這種人情秉承了人的感性需求的自然性，但又超越了物質層面上的自然需求，使之上升到了形而上的高度，並與性、理、道相融爲用，具有了與政治意識形態的束縛相對抗的性質。因此，蘇軾的情本論成爲中國傳統人論、人學中最爲光彩的篇章之一。明代的董其昌說王陽明的心學「其說非出於蘇（軾），而血脈則蘇（軾）也」〔註 1〕，指的應該是蘇軾情本論思想的影響。蘇軾在中國歷史上比任何思想家更加突出了「人情」的根本性的作用，使一切社會規範都建立在永遠新鮮活潑的「人情」之上，而不是像孟子的人性理論、政治理論、社會理論那樣容易僵化。抓住了蘇軾人性論的這一基本特點，也就更容易深入理解蘇軾的倫理思想。蘇軾一開始就強調以情爲本，認爲聖人之道，出於人情，對於任何問題，都要從這個角度出發來理解，來確立。也就是說明人情作爲禮儀的根本、天子施政的根本和社會制度的根本。例如，他認爲：最具有強制性的「禮」（五達道、三達德、還是三綱五常）都是本於人情而生的。蘇軾考察

〔註 1〕沈德符：野獲編（卷二七）。

問題的思路是循理而返又循情而發，將「人情」看成是一切倫理規範和社會制度的出發點，因而是開放、鮮活而不僵硬的。所以蘇軾接著說：「苟爲病之，則是其勢將必至於磬折而百拜。由此言也，別是磬折而百拜者，生於不欲裸袒之間而已也。夫豈惟屨折百拜，將天子之所謂強人者，其皆必有所從生也。辨其所從生，而推之至於其所終極，是之謂明。」也就是說，即使是天子的禮儀，也是「生於不欲裸袒之間」的，其言外之意，天子之制必須與「人情」相合，否則其制度便沒有合法性。但同樣必須看到的是，這裏的人情不是自然人性論中的人的自然慾望，這種人情是蘇軾自己所說的「人情之所安」的人情，是經過了應然提升的人情，是擇取了向上維度的人情。

總的看來，蘇軾的人性論是以情爲本的人性論，在施諸現實社會時就必然具有尊重人的個性和情感的傾向。對蘇軾的情本論，朱熹則提出了一定的批評。他說：「至若蘇氏之言，高者出入有無而曲成義理，如《易》之性命陰陽，《書》之人心道心，《古史》之中一性善，《老子》之道器中和。下者指陳利害而切近人情，蘇氏此等議論不可殫舉。……然語道學則迷大本。……此其害天理、亂人心、妨道術、敗風教，亦豈盡出王氏之下也哉？」〔註2〕朱熹認爲蘇軾「指陳利害而切近人情」等議論與王安石新學相比，其負面作用甚至更大。表現出理學對蘇軾情本論的思想未能認同，也反映出雙方思想的差異，而這恰恰體現了蘇軾人性論的特徵。過去我們一般認爲蘇軾的人性論是性無善惡論，恐怕僅僅看到了表面的東西。通過上面的論述，我們可以看到，蘇軾以人的自然慾求爲本，不僅反對性善論、性惡論，也反對人性善惡相混論，其實，蘇軾的人性論超越了一般的所謂性善論、性惡論和性無善惡論，一則他認爲人之性本於人的自然性，二則又從人的自然本性中抽繹出「情」，將其與「性」、「命」處於同一層面，讓「情」上升到人的本體的高度，從而形成學術界普遍關注的「情本論」。〔註3〕但必須看到的是，蘇軾的情本人性論不是明代的「人慾即天理」的人性論，更不是西方近代的自然人性論，而是將人的自然慾求內化爲人的本眞情感，並將其提升到了生命本體的高度，使之成爲指導人的行動思想和評價人的行爲的價值尺度。這是蘇軾人性論的根本特點。

〔註2〕《朱熹集》卷三十《答汪尚書（四）》，四川教育出版社，1996年版，第1272頁。

〔註3〕冷成金：蘇軾的哲學觀和文藝觀，北京：學苑出版社，2003年版，第167頁。

現在看來，蘇軾的人性論具有重要的價值和意義。蘇軾的人性論既不同於那種易於僵固的以政治、道德或各種形態的「天理」爲本體的人性論，又不同於那種容易導致「人慾橫流」的以自然人慾爲本體的自然人性論，也不是二者簡單的折中或是結合，而是一種以情爲本而又升情爲理的人性論。這種人性論既具有尊重人的自然情感的極強的開放性，又爲人情指出了向上的取向，在二者的彈性和張力的迴旋中向人的發展的應然的方向盤升。應該說，蘇軾的這種情本人性論爲我們對人的建構提供了寶貴的精神資源。〔註 4〕

3. 關於誠之本質、善惡及與性情關係的思考

「誠」本是《中庸》中的重要範疇，其云：「誠者，天之道也；誠之者，人之道也。」又云：「誠者，物之終始，不誠無物。」《中庸》的這一範疇，後來又受到孟子的發揮，如《孟子‧離婁》云：「是故誠者天下之道也，思誠者人之道也。」又《盡心上》云：「反身而誠，樂莫大焉。」至宋代，理學之開山周敦頤最先將「誠」提升到本體，其《通書》有云：「誠者，聖人之本，大哉乾元，萬物資始，誠之源也。」不過周敦頤這一用意在二程那裏並沒有得到發揮，並且二程很快用「理」取代了「誠」。蘇軾既以批判程氏哲學爲己任，他從元豐以來直至晚年爬梳程氏乃至於孟子，終於發現程氏標舉理的範疇乃至孟子以性善論誠，其最大的弊端就是以一己之見來規模「誠」意，試圖對形而上的「誠」施以理性把握。關於這，東坡以爲不僅不能正確地理解人性，相反使「誠」墮入私情。經過理性反思，蘇軾重新予「誠」以創造性的闡釋：其釋《乾‧彖》有云：「堯舜之所不能加，桀紂之所不能亡，是謂誠，凡可以閑而去者，無非邪也，邪者盡去，則其不可去者自存矣，是謂閑邪存其誠。」這裏是把「誠」釋爲終極實在，在蘇軾看來，人與人乃至萬物之同是在「誠」的意義上的「同」。其釋《同人》「立於無求之地」指出：「野者，無求之地也，立於無求之地，則凡從我者，皆誠同也，彼非誠同而能從我於野哉？同人而不得其誠同，可謂同人乎？」我人之於「誠」並非求而至，誠是我人之自然。其云：「天非求同於物，非求不同於物也，立乎上而天下之能同者自至焉，其不能者不至也，至者非我援之，不至者非我拒之，不拒不援，是以得其誠。」關於什麼是「誠」，蘇軾以爲其最大的特點即是「無心」，其云：「乾坤惟無心，故一；一，故有信。」又以其「無心」故「誠」之道易簡，

〔註 4〕冷成金：蘇軾的哲學觀和文藝觀，北京：學苑出版社，2003 年版，第 167 頁。

其云：「乾無心於知之故易，坤無心於作之故簡」，蘇軾強調指出：「易簡者，一之謂也，凡有心者雖欲一，不可得也。」從《東坡易傳》不難看出，「誠」是指氣之陰陽構成的簡易，同時又是指氣之陰陽未交狀態的泊然，而這兩點統而言之即是「無心」，這是「誠」的眞實象。

在對陰陽與物的關係論述中，蘇軾使用兩套範疇，即：陰陽與物、性之與情。他把未生之前的陰陽看成是純陰，以爲陰陽之交就其現象上說是陰陽相加而或有進退，或是陽進陰退，或者反之。故從質料上說，所謂物其實就是陰陽進退之象在一定的時態下的定位。所謂性之於情，從性質上看，陰陽生成創化。陰陽未交，其狀態是泊然，他在《易傳》中不止一處用「一」來表述之，此也所謂陰陽之「性」。而陰陽之交從性質因上說，即是性的展開而爲萬物的情狀。從這個意義上說，從陰陽到萬物實乃是性朝情的方向的展示。蘇軾關於誠的論述不僅吸收了關學的營養，同時亦有機地吸收了洛學關於「理」的成果，從而避免了關學有氣無理，洛學有理無氣的遺漏，從某種意義上說，朱子後來關於本體論走的正是這條路子。

宋代理學家之所以展開宇宙論內容，其目的是爲了建立人格本體論，而從宇宙論向倫理學的過渡標誌著他們理論的最後完成。蘇軾之學亦是這樣，從《易傳》中他的理論看，他的宇宙創化的理論或誠論，其目的也是爲了思考善惡等問題，過渡到倫理學是他的必然。

在倫理領域，蘇軾主要解決兩個問題：關於善惡本質及與性情關係的思考，關於吉凶悔吝問題。〔註5〕把「終極實在」向物的展開與善之於惡的關係相表裏進行探討，在大程哲學中就有所端倪，到小程哲學那裏已經形成爲他理論的重要內容，即把終極實在向物的展開比附爲由善向惡的對立。與二程不同，蘇軾在完成對「終極本體」探討的同時，卻首先指出：從性到情的展開並非有善之與惡的截然對立。《東坡易傳》卷一云：「性之與情非有善惡之別也，方其散而有爲則謂之情耳。」也即是在他看來性到情的展開並非是善惡之別，而僅是宇宙的內在機制。爲了把這個問題說清楚，東坡先把從性到情的展開，定義爲宇宙之變化，以爲此變化是宇宙內在的自然，「世之所謂變化者，未嘗不出於一而兩於所在也。自兩以往，有不可勝計者也，故在天成象，在地成形，變化之始也」。蘇軾吸收《易》之營養，將此內在、永恒之「變化」稱爲「健」，以爲這是宇宙的眞實面貌。《東坡易傳》卷一釋「保合太利

〔註5〕張兆勇：《毗陵易傳》及東坡之學述略。

乃利貞」:「方其變化各之於情,無所不至,此所謂利者;反而循之各直其性以至於命,此所謂貞者是也。」變化的眞正內涵是「利貞」。「利貞」是宇宙的大化之象,是性向情展開的眞實面貌。由此,把情提升到本體,從而從根本上告別了二程的性善情惡的理論。

性向情的展開並不是善向惡的趨動,但情的界域與性畢竟不同。此不同,從所謂質料的角度看,在性的界域中,陰陽處於未交而泊然狀態,交而雜陳。而在情的界域是陰陽進退、加減。從性質角度看,在性的界域中,陰陽其性泊然,超越一切概念的界定;而在情的界域則是吉凶悔吝雜陳。情的界域裏之所以有吉凶悔吝雜陳在於由性向情展示時,以其有陰陽進退、相摩相蕩之結果,蘇軾認爲其相摩相蕩的結果,一方面產生萬物之無窮,另一方面又使萬物均處於吉凶悔吝之變動之中。蘇軾把吉凶悔吝看成是陰陽進退、性情延展之萬化流行的必然過程。也即從具體一物上看,物之變化,吉凶悔吝隨時遷變;從天地萬化來講,天下之滔滔,吉凶悔吝紛然雜處。此乃是天地間的眞象,東坡在釋《咸》卦中有云:「情者,其誠然也。雲從龍風從虎,無故而相從者,豈容有僞也。」在蘇軾看來,所謂「乾道變化,各正性命」,意指在萬化流行之過程中所謂吉凶悔吝均爲生命力之表現,無所謂僞者,這正好與小程哲學把悔吝視爲「惡」、「僞」相對照。應該說,這是蘇軾所要立論的最爲主要問題,其深層意蘊在於表明,事物之變,吉凶悔吝紛呈是其必然,不僅不應將其視爲惡,相反,無論是吉還是凶悔吝,它們的全部纔是體現,纔是健的眞正內容。

《東坡易傳》卷七云:「天地與人一理也,而人常不能與天地相似者,物有以蔽之也,夫茍無蔽,則人因與天地相似也。」和所有的北宋道學家一樣,蘇軾亦認爲我人本於天地相似,但現實中人往往不能相似者在於「蔽」。而欲「與天地相似」在於解蔽,這一點蘇軾與二程是一樣的,他們的不同亦從這裏開始。二程要存天理、滅人慾,毫無疑問在他們看來蔽在於有慾。二程是從本體論的角度來談「人慾」與人之去慾的,以爲人慾是後天的稟氣呈才所致。與二程不同,蘇軾是從認識論的角度來看待人慾和蔽的。他認爲,人之蔽在於人不能以正確的認識看待天地宇宙,因而往往在宇宙之「變化」、「禍福」、「鬼神」等諸方面爲其所惑。或換言之,天地之有吉凶悔吝,性情遷變,如此等等,人往往不能以正確的方式應對之。凡此種種可見其所據的是認識論的理路。在小程哲學中,「知」的地位很高,然他的「知」的準確含義是我對外在於我的「天理的體證」，人通過「知」的途徑是要達於本體論的「存天理的實現」。

小程與蘇軾的不同不在於有無「知」，而是對知的內涵及知的地位的理解上。在蘇軾看來，對於終極實在我們一無所知且永遠無知，造成這種原因在於「終極實在」本身的非定型性、非限定性。「聖人知道之難言也，故借陰陽以言之。」世人往往將道斷之己意，這是造成蔽的原因。而我的「知」就是知其原因，認識到其實「君子之道成之以性者鮮矣」。這是因爲：「夫屬目於無形者或見其意之所存，故仁者以道爲仁，意存乎仁也；智者以道爲智，意存乎智慧也，賢者存意而妄見；愚者日用而不知，是以知君子之道成之以性者鮮。」（《東坡易傳》）所謂道的終極實在超越一切概念性，我們所能知者在於我們無法去知。與北宋的其他道學家相比，蘇軾雖沒有明確強調「終極實在」的「生」的特徵，但他是用健來對終極實在向萬物萬情創化過程進行描述的，此生命的過程從靜而觀之吉凶悔吝雜陳，從動而觀之惟變而已，這是我們所應知的。人爲一切，不能改變什麼，情之於性非是人天之辨，而是天自身的致命遂志，充分舒展而已。這也是我們必須知道的。所謂認識就是要把我們的認識能力及範圍認識清楚，而非去捅宇宙之秘密，對於宇宙我們僅需知道，其處亦泊然，其化亦無心，其構造亦易簡，如此而已。蘇軾堅持以爲所謂解蔽是解我自身的蔽。從蘇軾始，我人既已解蔽，就達於了「誠」的境界。

在《東坡易傳》卷七裏，蘇軾借闡釋《繫辭》對「誠」之境界進行了富有詩意的概括：約言之，「與天地準者」是其境界：「準，符合也，彌周浹也，綸經偉也，所以與天地準者，以能知幽明之故，死生之說，鬼神之情狀也。」此所謂的幽明之故、死生之說、鬼神之情狀正是上述蘇軾提出解蔽的範圍，而所謂「與天地準者」正是蘇軾解蔽之後所達到的人生境界。「人所以不知生死之說者，駭之耳故，原始反終使之瞭然而不駭也。」把生死問題看成是宇宙之間陰提相因、性情通變的大過程的一個自然環節，這是一種原始反終的人生大智慧，它的深層意蘊在於完成了對駭人聽聞的生死之說的解構：「相因而有謂之生生，夫苟不生則無得、無喪、無吉、無凶，方是之時，易存乎其中而人莫見，故謂之道而不謂之易，有生有物，物轉相生，而吉凶得喪之變備矣。」（《東坡易傳》）由此可以見出蘇軾對生死問題態度的釋然。

二、蘇軾倫理思想對後世的影響

蘇軾是一位繼往開來的人物，在中國漫長的文化史的鏈條當中，他是十分重要的一環。不管宋代統治者如何想方設法禁止蘇軾文集流傳，但蘇軾的聲名，代代相傳，跨越時代。蘇軾的人品文章，成爲中國文化精神的重要組成部分。蘇軾的倫理思想既寓於其詩詞書畫之中，又有著其政論和傳統典籍解說的特別載體，故達到了獨見與彰顯的有機統一。他的詩詞直接揭示倫理主題的可謂不少，即便專門描述自然風光，探論歷史人物的詩詞常常也掩抑不住德性思維的光芒。至於那些重在揭櫫人生哲理、處世圭臬、道德律令、倫理智慧的政論文章和經學典籍的著說，更是其倫理思想難得的文本。蘇軾倫理思想的影響既與其詩詞文學作品的影響密切相關，又有其獨特的道德文化奧蘊和人生哲學意義。

1. 倫理思想寓於文學的影響之中

蘇軾繼歐陽修之後，成爲北宋的詩壇領袖，文藝泰斗。蘇軾其人，生前死後，無論怎樣被流放，被當權者誣陷咒罵，還是受到無數人的敬仰；蘇軾之詩，無論怎樣不被批評家們接受，還是被人們歌吟傳唱。蘇軾生前，便有黃庭堅、秦觀、陳師道、張耒等著名詩人集於他的門下，被稱爲「蘇門四學士」；死後，蘇詩更爲盛行：「崇寧大觀年間，海外詩盛行。朝廷雖嘗禁止，賞錢增至八十萬，禁愈嚴而傳愈多。往往以多相誇。士大夫不能誦坡詩，便自覺氣索。」（《清波雜誌》）而東坡之親筆翰墨，在宣和間，便已「一紙直至萬錢」。南宋之楊萬里、陸游、辛棄疾，均可視爲東坡的繼承發展者，而明代公安三袁，清人袁枚、趙翼直至現代林語堂等，都可看到東坡之音的強烈回響。

王國維認爲中國最偉大的四個詩人是屈原、陶潛、杜甫和蘇軾：「三代以下詩人，無過屈子、淵明、子美、子瞻者。此四子者，若無文學之天才，其人格亦自足千古。」（《文學小言》六）四偉人中，每人所代表的時代與思想又有所不同。如果說，屈原和杜甫表現了儒家的忠君、愛民、「致君堯舜」等進取的觀念，蘇軾的人生觀念，則提供了如何使儒家的進取與佛老的退避批判地結合統一的範例；如果說，陶潛是封建社會前期的產物，提供了以歸隱批判現實的方式，蘇軾則是封建社會後期的投影，提供了比歸隱更高一層次的批判現實的道路。

在蘇軾逝世後不久，崇寧元年（1102 年）九月，蔡京發動黨禍，「籍元祐及元符末年宰相文彥博等、侍從蘇軾等、餘官秦觀等、內臣張大良等、武臣王獻可等凡百有二十人，御書刻石端禮門」。十二月又詔：「諸邪說詖行非先賢之書，及元祐學術政事，並勿施用。」崇寧二年（1103 年）四月，詔毀蘇軾文集、傳說 、奏議、墨迹、書版、碑銘和墓誌，同時毀蘇洵、蘇轍、程頤、黃庭堅、秦觀等人的詩文集。

統治者的禁令，並沒有控制蘇軾文集的流傳：「人們改稱蘇軾爲毗陵先生。」朱弁曾記錄這段事迹：「崇寧、大觀間，東坡海外詩盛行，後生不復言歐公者。是時，朝廷雖嘗禁止，賞錢增至八十萬，往往以多相誇，士大夫不能誦坡詩者，自覺氣索，而人或謂之不韻。」人們對讀蘇軾文蘇軾詩的熱情比下禁令前更狂熱了。費袞記載了這樣一樁事：「宣和間，申禁東坡文字甚嚴，有士人攜坡集出城，爲門者所獲，執送有司，見集後有一詩云：『文星落處天地泣，此老已亡吾道窮。才力漫超生仲達，功名猶忌死姚崇。人間便覺無清氣，海內何曾識古風。平日萬篇誰護惜，六丁收拾上瑤宮。』京尹義其人，陰縱之。」

在宋人筆記中，還有兩則故事令人感動：一是碑工的義氣。王清有記述：「九江碑工李仲寧，黃太史題其居曰琢玉坊。崇寧初，詔郡國刊元祐黨籍姓名，太守呼仲寧，使劖之。仲寧曰：『小人家舊貧窶，因刻蘇內翰詞翰，遂至飽暖，今日以好人爲名，誠不忍下手。』守義之，曰『賢哉，士大夫之所不及也！』饋以酒肉而從其請。」一是記強盜敬愛蘇軾。洪邁記述：「紹興二年，虔寇謝達陷惠州，民居官舍，焚蕩無遺。獨留東坡白鶴峰故居，並率其徒葺治六如亭，烹羊致奠而去。次年，海寇黎盛犯潮州，悉毀城堞，且縱火。至吳子野近居，盛登開元寺塔見之，問左右曰：『是非蘇內翰藏圖書處否？』麾兵救之，復料理吳氏歲寒堂，民屋附近者賴以不爇甚眾。兩人皆劇賊，而知愛敬蘇公如此。彼欲火其書者，可不有愧乎？」從百姓到強盜，都對蘇軾懷著深深的敬意。何況文人乎！

崇寧五年（1106 年）正月，彗星出現，尾長竟天，太白晝見。有一夜，雷雨大作，擊碎黨籍碑。當毀碑時，蔡京厲聲曰：「碑可毀，名不可滅。」是時，徽宗懼天怒，二月遂罷蔡京。靖康元年（1126 年）金兵圍京師，檄取東坡文集及司馬光《資治通鑒》。徽宗在外來的壓力下，詔復翰林侍讀學士。宋高宗建炎二年（1128 年）戊申，詔復蘇軾爲端明殿學士，盡還合得恩數。紹興九年（1139 年）己未詔賜汝州郟城縣墳寺名爲旌賢廣惠寺。乾道六年（1170

年）庚寅賜謚文忠。再崇贈太師。

乾道九年（1173 年），南宋孝宗皇帝作《蘇文忠公贈太師制》云：「朕承絕學於百聖之後，探微言於六籍之中，將興起於斯文，爰緬懷於故老。雖儀刑之莫覿，尚簡策之可求。揭爲儒者之宗，用錫帝師之寵。故禮部尚書、端明殿學士、贈資政殿學士、謚文忠蘇軾，養其氣以剛大，尊所聞而高明。博觀載籍之傳，幾海涵而地負；遠追正始之作，殆玉振而金聲。知言自況於孟軻，論事肯卑於陸贄？方嘉祐全盛，嘗膺特起之招；至熙寧紛更，乃陳長治之策。歎異人之間出，驚讒口之中傷。放浪嶺海，而如在朝廷；斟酌古今，而若斡造化。不可奪者嶢然之節，莫之致者自然之名。經綸不究於生前，議論常公於身後。人傳元祐之學，家有眉山之書。朕三復遺編，久欽高躅。王佐之才可大用，恨不同時。君子之道闇而彰，是以論世。讜九原之可作，庶千載以聞風。惟而英爽之靈，服我袞衣之命。可特贈太師。餘如故。」孝宗特贈太師之位予蘇軾，並傾情製作敕文，文中「玉振而金聲」一語，出於《孟子・萬章下》「孔子之謂集大成。集大成也者，金聲而玉振之也」，將蘇軾在文化上的建設和貢獻與孔子相提並論，定爲「集大成者」。

不特如此，孝宗皇帝又作《御制文忠蘇軾文集贊並序》，高度評價蘇軾之人格操守。「成一代之文章，必能立天下之大節。立天下之大節，非其氣足以高天下者，未之能焉。孔子曰：『臨大節而不可奪，君子人歟！』孟子曰：『我善養吾浩然之氣，以直養而無害，則塞乎天地之間。』蓋存之於身謂之氣，見之於事謂之節。節也，氣也，合而言之，道也。以是成文，剛而無餒，故能參天地之化，開盛衰之運。不然，則雕蟲篆刻，童子之事耳，焉足與論一代之文章哉！故贈太師、謚文忠。蘇軾，忠言讜論，立朝大節，一時廷臣，無出其右。負其豪氣，志在行其所學。放浪嶺海，文不少衰。力斡造化，元氣淋漓。窮理盡性，貫通天人。山川風雲，草木華實，千彙萬狀，可喜可愕，有感於中，一寓之於文。雄視百代，自作一家，渾涵光芒，至是而大成矣。朕萬幾餘暇，紬繹詩書，他人之文，或得或失，多所取捨；至於軾所著，讀之終日，亹亹忘倦，常置左右，以爲矜式，信可謂一代文章之宗也歟！乃作贊曰：維古文章，言必己出。綴詞緝句，文之蟊賊。手抉雲漢，斡造化機。氣高天下，乃克爲之。猗嗟若人，冠冕百代。忠言讜論，不顧身害。凜凜大節，見於立朝。放浪嶺海，侶於漁樵。歲晚歸來，其文益偉。波瀾老成，無所附麗。昭晰無疑，優遊有餘。跨唐越漢，自我師模。賈馬豪奇，韓柳雅健。

前哲典型，未足多羡。敬想高風，恨不同時。掩卷三歎，播以聲詩。」文中贊美蘇軾的人格氣節，認爲只有立天下之氣節，纔能成一代之文章。

據王文誥整理記載：蘇軾逝世後，浙西、淮南、京東、河北之民相與哭於市，其士君子奔弔於家，秦隴楚粵之間，車塵馬迹，所至無賢愚，皆咨嗟出涕，太學之士數百人，相率飯僧慧林佛舍，陳師道方官京師，聞公訃亦卒，張耒在潁州舉哀制服，坐貶黃州安置。黃庭堅懸像室中，奉之終身。不久，李昭玘、廖正一等皆坐廢黜而逝世。子由泣曰：「我初從公，賴以有知，撫我則兄，誨我則師。」米黻曰：「道如韓子，文比歐公，八周御魅能旋，六合著名猶窄。」錢世雄曰：「降鄒陽於十三世，天室偶然，繼孟軻於五百年，吾無間也。」李廌曰：「皇天后土，知平生忠義之心，名山大川，還千古英靈之氣，廌布衣也，文出天下誦之。」趙夔等編註家們對蘇軾都進行全面的、高度的評價。趙夔說：「東坡先生讀書數千萬卷，學術文章之妙，若太山北斗，百世尊仰，未易可窺測藩籬，況堂奧乎！」王十朋說：「東坡先生之英才絕識，卓冠一世，平生斟酌經傳，貫穿子史，下至小說、雜記、佛經、道書、古詩、方言，莫不畢究，故雖天地之造化，古今之興替，風俗之消長，與夫山川、草木、禽獸、鱗介、昆蟲之屬，亦皆洞其機而貫其妙，積而爲胸中之文，不啻如長江大河，汪洋閎肆，變化萬狀，則凡波瀾於一吟一詠之間者，詎可以一二人之學而窺其涯涘哉！」陸游在《施司諫註東坡詩序》中評東坡詩：「援據閎博，旨趣深遠。」他說：「某頃與范公至能會於蜀，因相與論東坡詩，慨然謂予『足下當作一書，發明東坡之意，以遺學者』。某謝不能。」實際上，陸游對蘇軾的作品，領會是很深的；越是這樣就越感到註蘇詩的難度之大。陸游曾記載蘇軾文章在南宋影響之廣，他說：「建炎以來，尙蘇氏文章，學者翕然從之，而蜀士尤盛。亦有語曰『蘇文熟，吃羊肉。蘇文生，吃菜羹』。」

金代王若虛指出：「東坡之文，具萬變而一以貫之者也：爲四六而無俳諧偶麗之弊；爲小詞而無脂粉纖豔之失；楚辭，則略依仿其步驟而不以奪機杼爲工；禪語，則姑爲談笑之資而不以窮葛藤爲勝。此其所以獨兼眾作，莫可端倪。而世或謂四六不精於汪藻，小詞不工於少游，禪語、楚辭不深於魯直，豈知東坡也哉！」王若虛認爲蘇軾是文中之龍，理妙萬物。元好問《論詩絕句三十首》有詩評論：「奇外天奇更出奇，一波纔動萬波隨。只知詩到蘇黃盡，滄海橫流卻是誰。」又云：「金入洪爐不厭頻，精眞那計受纖塵。蘇門果有忠臣在，肯放坡詩百態新！」許有壬《懷坡樓記》有言：「蘇文忠公文章在天地間，後世學者無所容喙。尙論其平生忠義而迹其出處，有不能不爲之浩歎者焉。」

明代，學蘇又掀起了新的高潮。這時，不僅學蘇詩，而且崇尙蘇軾文章、人品；尤其把學蘇文與科舉聯在一起。錢一清在《序蘇長公合作》中說：「長公之文，如太倉給粟，人得共飽。」蘇軾的文章，已成爲一代文士的精神食糧。王世貞說：「今天下以四姓目文章大家，獨蘇公之作最爲便爽，而其所撰論策之類，於時爲最近，故操觚之士，鮮不習蘇公文者。……蘇公才甚高，而出之甚達，而又甚易，凡三氏之奇盡於集，而蘇公之奇不盡於集，故天下而有能盡蘇公奇者，億且不得一也。」王世貞對蘇文的喜愛，已到了讀蘇文可以提神醒腦的程度，他說少年時讀蘇文情景：「懶倦欲睡時，誦子瞻小文及小詞，亦覺神至。」明人學蘇軾文章，多被其品格、精神所感動，李卓吾說：「蘇長公何如人，故其文章自然驚天動地，世人不知，只以文章稱之，不知文章眞彼餘事耳，世未有其人不能卓立而能文章垂不朽者。」又說他「平生心事宛然如見，如對長公披襟面語，朝夕共遊」。還說：「《坡仙集》雖若太多，然不如是無以盡見此公生平，心實愛此公，是以開卷便如與之面敘也。」李卓吾對蘇軾人品之敬已到了日夕難離的地步。

明代三袁兄弟對蘇軾的熱愛，已經是達到「心有靈犀一點通」的境界了。袁宗道因慕白居易、蘇軾爲人，故以白蘇名齋。袁宗道說：「伯修酷愛白、蘇二公，而嗜長公尤甚。每下直輒焚香靜坐，命小奴伸紙，書二公閑適詩，或小文，或詩餘一二幅，倦則一篇而臥，皆山林會心語，近懶近放者也。」而袁宏道對蘇軾的熱愛，也不亞於乃兄，他在《答馮琢庵師》信中說：「宏近日始讀李唐及趙宋諸大家詩文，如元白歐蘇與李杜班馬，眞是雁行。坡公尤不可及，宏謬謂前無作者。」又在《與李龍湖》信中說：「近日最得意，無如批點歐蘇二公文集。……蘇公詩高古不如老杜，而超脫變怪過之，有天地來，一人而已。僕嘗謂六朝無詩，陶公有詩趣，謝公有詩料，餘子碌碌，無足觀者。至李杜而詩道始大；韓柳元白歐，詩之聖也；蘇，詩之神也。彼謂宋不如唐者，觀場之見耳，豈眞知詩爲何物哉？」這裏，袁宏道把蘇軾詩譽爲「詩之神也」，對蘇詩極爲崇拜。他在《答梅客生開府》信中又將蘇詩與李、杜詩比較，回答「詩神」的內涵，他說：「蘇公詩無一字不佳者，青蓮能虛，工部能實；青蓮唯一於虛，故目前每有遺景；工部惟一於實，故其詩能人而不能天，能大能化而不能神。蘇公之詩，出世入世，粗言細言，總歸玄奧；恍忽變怪，無非實情。蓋其才力既高，而學問識見，又迴出二公之上，故宜卓絕千古。至其道不如杜，逸不如李，此自氣運使然，非才之過也。」袁宏道對蘇軾的推崇，已經到了傾倒的地步了。明代公安派主張「獨抒性靈，不拘格套」，與蘇軾的嬉笑怒罵皆成文章的格調正好一拍即合；晚明人的思想解放浪潮，也從蘇軾的莊老思想中獲得啓示。因而蘇軾的影響，在明代表現更爲強烈。

清代的著名學者學蘇的熱情也甚高漲。葉燮說：「蘇軾之詩，其境界皆開闢古今所未有，天地萬物，嬉笑怒罵，無不鼓舞於毫端，而適如其意之所欲出。」趙翼認爲「昌黎之後，放翁之前，東坡自成一家，不可方物」。清人對蘇軾的高風亮節，肅然敬意。

蘇軾的學問文章，也名震域外，宋哲宗元祐四年（1089 年），蘇轍出使遼國，遼國國主及大臣都向他問候蘇學士，蘇轍有詩云：誰將家集過幽都，逢見胡人問大蘇。 莫把文章動蠻貊，遼國談笑臥江湖。在宋代，蘇軾已名揚他國，遼國還出版了《大蘇小集》。在日本，珍藏蘇軾作品及年譜，出版《東坡先生詩集》，1989 年，上海古籍出版社出版王水照教授編的《宋人所撰三蘇年譜彙刊》，就是從日本國搜集來的。在明代，日本已珍藏蘇軾作品及年譜。當代日本刻印《蘇軾全集》以及研究蘇軾的成果，也令人注目。

更令人感到意外的，德國偉大科學家愛因斯坦，他開創人類對宇宙認識新階段的「相對論」，就是運用蘇軾《日喻》這篇文章中的瞎子摸象寓言。愛因斯坦利用盲人對兩種比喻的演繹，來解釋人們對「相對論」的理解。而且，愛因斯坦引證了蘇軾的《題西林壁》詩來解釋他的「廣義相對」學說，他在講到「三維空間裏的人難以想象出彎曲的三維空間裏，兩點一根最『直』的曲線——短程線時」，說：那就像中國宋朝大詩人蘇軾所說的「不識廬山眞面目，只緣身在此山中」。這是一項很令人深思的事迹。一位偉大的科學家，在中國古代詩人詩歌中獲得了科學想象的靈感。蘇軾作品對世界影響之大，由此可見一端。

2. 傳統倫理文化繼承與創新的獨特魅力

蘇軾對中國傳統倫理文化進行了全面的融合與理性的超越。少年時代，蘇軾就受儒家思想的濡染，懷有經世濟民、致君堯舜的抱負和積極入世的精神。他在《均韻柳子玉過陳絕糧》中坦言：「早歲便懷齊物志，微官敢有濟世心。」他仰慕前賢屈原的高尚爲人。在《屈原塔》詩中，熱情歌頌「屈原古壯士，就死意甚烈」的犧牲精神和「名聲實無窮，富貴亦暫熱」的鄙視功名、重視操守氣節的精神。也正是懷有「奮厲有當世志」，蘇軾踏上了求仕之路。在應制考試時，他以青年士子的身份，直言敢諫，提出了一系列改革經濟、政治、軍事等的方案。他要蕩滌振刷而卓然有所立，希望「天子一日赫然奮其剛健之威」，大膽進行變法。

與此同時，受當時社會文化和家庭遭際的影響，蘇軾也接受了道、佛思想的薰染。浸染釋、道的思想又令蘇軾形成外儒內道的作風。並非蘇軾對苦難麻木不仁，對加諸其身的迫害也不是逆來順受，他是在以一種全新的人生態度來對待接踵而至的不幸，把儒家固窮的堅毅精神、老莊輕視有限時空和物質環境的超越態度以及禪宗以平常心對待一切變故的觀念有機地結合起來。這種以儒學體系爲根本而浸染釋、道的思想是蘇軾人生觀的哲學基礎，這跟他讀書的過程有莫大關係。蘇轍記述蘇軾的讀書過程是：「初好賈誼、陸贄書，論古今治亂，不爲空言。」在幾次大起大落的仕宦經歷中，蘇軾卻最終以「外儒內道」的形式將其統一起來。宋眞宗「並隆三教，而敬佛重法過於先朝」，而蘇軾之父蘇洵和雲門宗圓通居訥關係密切。蘇軾少年在蜀中時同成都大雅大師惟度、寶月大師惟簡郊遊；任杭州通判時，喜聽海月大師懇辯說法，「時聞一言，則百憂冰解，形神俱泰」(《海月辯公眞贊》)。對於道，蘇軾自稱「齠齔好道」，尤其對《莊子》更是情有獨鍾。幼時就拜道士張易簡爲師，相信「心動，則氣力隨之而作，腎溢，則精血隨之而流，如火之有煙，未有復反於薪者也……順此者死，逆此者仙。故眞人之言曰：『順行則爲人，逆行則爲道』」(《雜記・龍虎鉛汞說寄子由》)的無慾無念，可以長生的理論。

蘇軾生活的北宋是中國古代文化繁榮的鼎盛時期，文化的全面繁榮促成多元文化格局的出現。三教合流，不同思想體系之間的相互包容，不僅是時代文化發展的必然選擇，也是文人改造傳統文化的自覺要求。在此社會背景下，儒、道、釋三家思想都對蘇軾產生了很大的影響。他憑著獨特的稟賦和勤奮，對儒、道、釋各家思想進行深入的學習和鑽研，吸取了三教的精華，形成了蘇軾特有的倫理思想。蘇軾認爲三教思想是相通的。儒家入世、佛家出世雖爲相反，而教人除惡向善其用一致。就二教宗旨而論，儒佛有互濟兼用之功能。儒道也是相通的。蘇軾對傳統儒、道、釋文化的巧妙融聚使他成爲傳統倫理文化的集大成者。金代趙秉文在《滏水集・書〈四達齋銘〉》中說：「東坡先生，人中麟鳳也。其文似《戰國策》，間之以談道，如莊周；其詩似李太白，而輔之以名理，似樂天……豈非得古人之大全也耶！」〔註6〕蘇軾既對傳統倫理文化予以全面地總結繼承，同時又予以創造性地發展推擴。他吸收了儒家的積極入世，有所作爲的一面，揚棄追求功利的一面。他一方面遵從忠孝仁義道德觀和「尊主澤民」的凜然大節，積極貫徹儒家的積極入世思想，無論爲官還是貶居都處處憂國憂民。同時，他吸收了道家的通脫曠達、追求心靈自由的一面，揚棄了懶散無爲的一面。他吸收佛教的感悟人生、追求心靈超脫的一面，揚棄佛家否定人生的一面。「東坡博採佛儒道學說，圓通靈活地加以運用。信佛但不過於迂腐，以其『知其不可爲而爲之』的入世思想來務政；談禪但不過於佞佛，以其乘時歸化，返璞任天的避世思想來修煉。三者融爲一體，就能不受時間和空間的束縛，可以在生命問題上追求絕對的自由：『世之所樂，吾亦樂之』。」（饒學剛《超然：高品位的東坡文化形態》）正是在對各家思想融會貫通，取其精華，去其糟粕，爲我實用的基礎上，蘇軾在生命實踐中達到了對傳統文化思想融合的至高境界，形成了獨特的自由自適思想體系，實現了對前人的超越。

首先，蘇軾倫理思想繼承並發展了仁人愛物、眞善忠孝的倫理文化精神。仁人愛物、眞善忠孝的文化傳統深深植根於中華民族的實際生活之中，深刻影響著人們的思想觀念和行爲方式，也是處理人際關係的法則。蘇軾倫理思想對這一文化精神在予以肯定的基礎上又有新的發展與推擴。蘇軾仁人愛物，這從蘇軾與王安石的交往中可典型地表現出來。蘇軾與王安石在政治上雖是敵人，但私交卻甚篤。蘇軾一生處在變法與反變法的激烈鬥爭漩渦中，雖多次慘遭變法派打擊和貶謫，但他對王安石並無怨恨，反而十分友好。當王安石人亡勢去時，蘇軾還尊敬地寫了《王安石贈太傅制》，高度贊揚了王的學識和品行，稱王安石爲「希世之異人，使其名高一時，學貫千載。智足以達其道，辯足以行其言。瑰瑋之文，足以藻飾萬物；卓絕之行，足以風動四方。」這說明了蘇軾不以政治矛盾黨同伐異，共結怨仇，而是恪守從大局出發的準則，講究仁義道德，度己達人。蘇軾爲人處世，眞率坦白，眞誠寬厚。他自稱眼下無一個不是好人；又說：「余性不慎語言，與人無親疏，輒輸寫腑臟，有所不盡，如茹物不下，必吐出乃已，而人或記疏以爲怨咎……」（《密州通判廳題名記》）這體現出他的眞善。蘇軾在《與騰達道六十八首》中說：「忠孝是臣子之大節」，認爲君子大臣既

〔註6〕〔清〕梁廷南：東坡事類，廣州：暨南大學出版社，1992年版，第433頁。

要盡忠報國以道事君，又要孝友恭敬仁人愛物。縱觀蘇軾一生，為官積極參政議政，可見其報國之忠心。

其次，蘇軾倫理思想繼承並發展了勇於追求眞理和崇尚氣節的倫理文化傳統。《宋史・蘇軾傳》稱蘇軾「能以特立之志爲之主，而以邁往之氣輔之」。「至於禍患之來，節義足以固其有守，皆志與氣所爲也。」史書正好概括出蘇軾崇尚氣節、實踐氣節追求的精神實質。蘇軾十分重視士人的氣節，他認爲士大夫最寶貴者是「氣」。士以氣爲主，而非以其才識學行爲主，士君子以道義爲支撐侍奉君主，必然能培養至大至剛的浩然正氣。如果士君子具有崇高氣節，就能有宏大雄邁、獨立自由的人格精神，於進退出處，皆不改其度。蘇軾高倡士以氣爲主，因爲他認識到封建專制對人的主體精神的扼制，功名利祿對人心的誘惑，這些使士大夫難以追求獨立自由和眞理，故需要浩然之高氣支持。並且他認爲士人之崇高氣節，體現在行動上，則是不畏權貴，具有追求眞理、不爲取容而依附權貴，不爲進用而盲從昏君，對貴賤得失，順逆進退，皆能超然處之。蘇軾爲官，正好體現了崇尚氣節，勇於追求眞理的中華傳統倫理文化特徵。他堅持「守道」，不看人行事，不見風使舵。他一生的政治實踐中，都表現出忠貞耿直，爲人正派，不顧個人的利害得失而堅守正確的政治信念。他起初反對王安石變法，爾後又反對司馬光盡廢新法，都是在兩人做宰相因而權勢極盛的時候，他並沒有爲了自己的取容進用、功名利祿而去趨附和吹捧他們，而是從自己的政治認識出發，從國家社稷和黎民百姓的立場出發，去支持、反對或批評他們，而對自己的利害得失則完全置之不顧。

再次，蘇軾倫理思想繼承並發展了民爲邦本、仁政愛民的倫理文化原則。蘇軾的愛民憂民之心及其偉大詩篇，強烈地表現了中華傳統倫理文化的民本思想。他傳達的人民的呼聲，突破了封建倫理觀念的某些偏見，把自己的同情移注到勞動人民群眾方面。蘇軾懷著眞摯而深切的情感，對處在水深火熱中的黎民百姓唱出了同情而悲壯的哀歌，表現了一個封建正直官吏的優秀品格。在蘇軾的詩篇裏，隨處可看到一些「民病何時休」、「民勞吏亦羞」的光輝詩句。蘇軾不僅在創作上表現民本思想，而且通過切身的實踐去充實中華倫理文化這種內涵。蘇軾不論在朝爲官還是遭受貶謫，都用自己的生命去實踐仁政爲民、利民惠民的文化理念。他關心民瘼，爲官一方，惠民一方，政績斐然。

所有這一切都源於蘇軾在不斷克服人生坎坷與磨難中形成的自強不息的品質和寧願忍受苦難，而不忘忠君愛國憂民的厚德載物的胸懷。

3. 倫理精神和理想人格的不朽價值

蘇軾以其自身的倫理思想及人生追求，彰顯並弘揚了民族倫理精神，使其成熟和充盈，並影響了千千萬萬的後人。他曠達、樂觀的人生態度體現了中華民族的大度與兼容精神；他屢受打擊卻始終不肯放棄的處世原則是中華民族韌性精神的集中表現；他幽默機智、洞明世事的睿智與聰慧是我國民族智慧性格的突出代表。

理性是一個民族文化性格成熟的主要標誌，宋代文化是一種高度成熟的理性文化，而蘇軾正是宋代文化的集大成者，因此他也成爲我國民族文化性格的典型代表。在中國古代的文人士大夫中，論貶謫之多，磨難之重，似乎無人能出蘇軾之右。然而，他既沒有自殺也沒有精神崩潰，或者躲到山水田園裏逃避現實，而是直面人生的各種苦難，以出世的精神去做入世的事業，取得了常人難以企及的成就。當現代人被各種壓力所困擾的時候，蘇軾對待苦難的觀照價值也就體現了出來。正如余秋雨所說：「成熟是一種明亮而不刺眼的光輝，一種圓潤而不膩耳的音響，一種不需要對別人察言觀色的從容，一種終於停止向周圍申述求告的大氣，一種不理會鬨鬧的微笑，一種洗刷了偏激的淡漠……」〔註 7〕

在東坡眾多的憂患悲憤的詩句背後，站立著一個正面的具有審美認識價值的鉅大形象。他將悲憤憂患意識轉化爲理想人格與社會現實的矛盾衝突，最終與「先天下之憂而憂」的憂患意識統一起來，形成他苦中求樂、樂而忘憂的曠達感情方式，進而把由悲憤憂患所產生的憤世嫉俗之情上升爲超越於個體與時代矛盾之上的歷史意識，直至通向他獨特的人生理想。

「順天休命」、「獨立無恃」、「以健濟明」是蘇軾人生觀及其行爲模式的集中表現。從《東坡易傳》可以看出蘇軾是把依持此三種行爲模式而行動的人稱之爲「大人」的。而六十四卦在蘇軾看來就是此「大人」在不同的境遇之中行爲模式的踐履之記錄。換言之，六十四卦所展示者乃大人「應物時其境界與精神」。 在蘇軾看來，大人君子處困之世，惟其能持守「大人」人格，方能最終獲吉。「大人貞於大人而後吉者也。」持守「大人」人格首先要做到的就是「致命遂志」。所謂「致命遂志」即是以持守「大人」之人格理想來應

〔註 7〕余秋雨：文明的碎片・蘇東坡突圍。

對於時時處處，即是「各致其格而其所至也」。「順天休命」亦是大人應當有的一種人生態度。蘇軾的「順天休命」建立在他承認在性情進退之中，吉凶悔吝如同一樣均爲陰陽交，性展開爲情這一必然過程的基礎之上的。這一命題的深沉意蘊在於啓迪人們當發現自己處困之時首先必須安靜下來，吸收天地之營養充實自身以待其變，處靜以制動。「順天休命」的目的在於擺脫困境，保證「健」的完備履行，從而做到以健濟明。蘇軾把國家居否之時，「君子」之使命放到突出的位置。此所謂「君子道消」主要是指「君子之居否，患無以自行其志爾」。所謂「自行其志」特指運動不息，這是蘇軾分析否之內坤之「貞於乾」所得出的結論。也即所謂「貞於乾」從否之卦象上看，是指坤處內而矢志於乾之方向。以其坤之矢志，故有否極而泰來之就。否泰之互易所帶來的變化啓發蘇軾把運動不息看成是生命意義之體現。世事之滄桑，時運不濟，往往是我們無法回避的客觀。但國家處於此時，大人君子者能自強不息，努力在運動生變中來展示其生命力，則家國雖時運不濟卻仍不失生命之活力。蘇軾將其概括爲「以健濟明」。作爲一個「道學」思維的範疇，「明」在蘇軾這裏其含義是指陰陽由象向形的轉換。從這個意義上看，蘇軾在否卦的釋義中，一方面指出所謂「否」之擺脫困境在於陰陽復交而明，另一方面又在努力使人洞察所謂「明」的意義必須從生命的角度纔能正確地把握。陰陽從幽到明，其歷程之坎坷，其生命之旅的吉凶悔吝雜出，均是明之本體論意義之呈現。

如果說蘇軾把困卦釋爲大人君子處困之世的行爲模式，那麼在蹇卦的釋義中，蘇軾又著力於闡述大人君子之所以敢於涉險的原因。蘇軾首先分析了蹇的卦象「艮在北也，坎北也；難在東北，則西南者，無難之地也」。《周易》謂九五處大蹇之中。所謂涉險犯難，亦即是涉險而處於非常之中。一般之人處於此中大概不能獲得吉祥，但大人君子則反之。蘇軾指出：「五之謂大人，大人者不擇地而安，是以立於險中而能正邦也。」雖則如此，蘇軾以爲這並不意味大人「惡東北而樂西南」，而在於他能夠「反身修德於平時」，從而以健全之人格修養永遠立於不敗之地。蘇軾從《周易》中讀到了生命的意義在於「不息」，所謂「不息」其內涵是指其陰陽相交，各適其情，各直其性。蘇軾以爲「不息」是生命之相繼的終極原因，「夫天豈以剛故能健哉，以不息故健也。……故君子莊敬日強，安肆日媮」。何謂聖人？蘇軾指出：「聽貴於聖人者，非貴其靜而不交於物，貴其與物皆入於吉凶之域而不亂也。」這裏，蘇軾顯然是針對北宋其他道學家「主靜」而發議論。張載曾說:「見聞之知,乃物交而知,非德性之知。德性所知,不萌於見聞。」張載這一說法受到二程的推重。換言之,從張載到二程,他們均認爲聖人之所以是聖人乃在於他們在自覺追尋德性之知,而且此追尋必須以擺脫物交之見聞爲前提條件。

蘇軾則堅持認爲聖人之爲聖人必須交於物,所謂交於物就是聖人以自己的襟懷、情操、境界而投放於紛囂事務之中。在蘇軾看來,《周易》的意義就在於它是聖人交於物的忠實的、重要的記錄。聖人以其交於物從而使自己的聖智得以充分地開掘與展開。蘇軾在豐卦註中云:「凡人智生於憂患而愚生於安佚。」蘇軾這裏講的是普遍存在的現象,而聖人尤爲如此,交於物,直面於憂患,方能將聖智開掘出來。何謂「聖智」,它並不是指聖人能夠對客觀的世事紛紜、吉凶悔吝有所改變,而是對陰陽進退、吉凶紛呈予以闡釋,從而爲世人「斷天下之疑」提供依託。聖人首先就是解釋的聖人,其使命是要破譯天地化物之方式和陰陽一交、吉凶悔吝異彩紛呈的奧秘。聖人的過人之處在於他在解釋時是將自己仰觀俯察而對宇宙的理解,對人生憂患的感悟一併納入解釋之中,融入《易》之中,從而使《易》具有豐富的內涵。在蘇軾看來,聖人之所以知萬化之理在於把握兩端:一方面明瞭「一不可執」,另一方面明瞭現象上的吉凶悔吝乃是陰陽摩蕩之理,而這兩端統而明之,方是聖人對萬化知的內涵。在此基礎上,蘇軾更進一步揭示出聖人對此兩方面把握的邏輯程序,即聖人首先是交於物與物同處吉凶之域,從無窮變化中逆入陰陽未交之泊然,從而最終達於對萬物的完整把握。換句話說,是從情來完成對性的把握,從吉凶悔吝達於對陰陽乃至對道的理解。《東坡易傳》寫於蘇軾一生之中最是惡運的被貶黃州之時,蘇軾沒有像其他道學家那樣強調創生含義,他所強調的是陰陽推蕩、遇合的生命意義,其意義在於努力把握由陰陽進退變易所導致的吉凶悔吝等種種境遇,從而以陰陽、進退取代理慾、善惡等來闡釋生命的意義。

學者冷成金認爲:「中國歷史上的士大夫在宋以前已經完成了所有的人格模式,大致可以分爲屈原型、阮籍型、陶淵明型、白居易型和蘇軾型,蘇軾型的人格是對前面諸種人格的超越。」〔註 8〕換言之,蘇軾是傳統士大夫人格的最高範型。

屈原是現實政治與生命理想原初衝突的典型表現。欲做忠臣而不得,欲

〔註 8〕冷成金:蘇軾的哲學觀和文藝觀,北京:學苑出版社,2003 年版,第 654 頁。

做隱士而不能是屈原懷沙自沉的主要文化原因。屈原由於典型地顯示了這種原初的衝突而爲中國士大夫提供了重要的精神源頭。阮籍是儒、道不能深度融合的矛盾體。這種矛盾的張力所散射出的鉅大的精神能量構成了所謂魏晉名士的精神特質，是後世士大夫主要的生命形態。陶淵明可以定位爲一種追逐型的隱士人格。陶淵明被稱爲「古今隱逸詩人之宗」，其實是對阮籍、嵇康否棄現實的一面的發展，是在歷史的擠壓中形成的。總的看來，陶淵明的人格是一種釋儒歸道的人格，其爲後世的士大夫提供了精神棲息的家園。白居易是所謂的「窮則獨善其身，達則兼善天下」的典型。白居易的人格沒有更多的形上意義，他的出現是盛、中唐的必然產物，爲後世的士大夫提供了一種現實生活的模式。

如果說上述四種人格的基點主要還是立於現實的話，那麼，蘇軾的人格基點主要是立於超越。蘇軾不是像莊子那樣摒除一切意識的「審美」態度，而是經過了對儒、道、佛三家的融合以後，以一種超越的理性來對待世間萬物，並使這種解決終極價值的理性情感化（審美化），由此達到了中國傳統士大夫人格的最高峰。在人格上，與屈原相比，蘇軾已經不存在屈原式的現實政治與生命理想的原初衝突，《楚辭》的那種對於生命情感的自由表達和對驚彩絕豔、瑰麗神奇之美的追求也就不符合蘇軾的審美標準；與阮籍相比，蘇軾已經將儒、道深度融合，因此，「嵇康師心以遣論，阮籍使氣以命詩」〔註9〕名士特色的審美風格已顯得過於局促；陶淵明的人格與文格與蘇軾似乎更近，但實有鉅大的差異，陶淵明是在玄學的思辨和田園自然中消解悲劇意識，而沒有解決人生永恒的問題，蘇軾則通過對儒、道、佛三家的融合和超越而解決了人的終極價值問題，所以，蘇軾對陶淵明的闡釋實際上是將其當作表現自己思想的一種象徵和符號，「平淡」的文格和人格在陶淵明和蘇軾那裏是大不相同的，前者是一位「帶性負氣」之人因「有志不獲騁」而遁入田園的隱士型的「平淡」，後者是洞徹世事人生並建立起自己的深刻的哲學理論的「平淡」。至於和白居易相比較，蘇軾已經不是一般意義上的窮、達和獨善、兼善，是把兼濟型與獨善型兩種人格系統合爲一體，然而又不等於二者的簡單相加，而是從對現實的執著中走向了超越。這也使他的思想以及人格結構呈現出極大的豐富性與複雜性。他繼承了儒家積極進取的人生態度和尊主澤民的人生理想，而揚棄了孔子等人知其不可爲而爲之的迂執作風；他吸取了莊子

〔註9〕劉勰：《文心雕龍．才略篇》。

獨立不羈的人格精神，而拋棄了他否定社會厭棄人生的悲劇性偏見。他力求在紅塵十丈中保持自我的人格，在一切可能的情況下爲國爲民做點貢獻，並且努力使自己在白衣蒼狗般變幻的政權角逐中，在大廈將傾非一木可支的悲劇時代，活得輕鬆一些，瀟脫一些。他要在出處辭受之際，在兼濟與獨善之間，尋得一條合情合理的中庸之道。這是一條相當艱難的道路。偏左則爲猖狂，必遭滅頂之災；偏右則爲鄉愿，淪爲芸芸眾生。而蘇軾以其一生的豐富實踐，爲後人提供了一個理想的人格典範。

與歷代士大夫文人相比，蘇軾表現得更爲豐富、深刻、全面，更具有典型性和吸引力。因此，蘇軾成爲了後世各代文人爭相仿效的對象，對後世文人士大夫產生了深刻的影響。蘇軾的人格魅力傾倒過歷代無數的中國士人。《東坡事類》卷六《宋元通鑒》載：「滎州以王庠應詔……時嚴元黨禁，庠自陳蘇軾、蘇轍、范純仁爲知己」，「不可入舉求仕，願屏居田裏。」〔註 10〕在元祐黨爭之時，王庠竟然放棄入仕機會，自陳與「奸黨」爲知己，不怕株連，反以爲榮，能視富貴如敝屣，而以道義爲尚，誠爲可貴。可見，東坡人格在當時就有鉅大的影響。《東坡事類》卷八宋邵博《聞見後錄》載：「趙肯堂親見魯直晚年懸東坡像於室中，每早作，衣冠薦香，肅揖甚敬。或以同時聲名相上下爲問，則離席驚避曰：『庭堅望東坡，門弟子耳！安敢失其序哉？』」〔註 11〕由黃庭堅對蘇軾恭敬懷念如此誠摯，師徒之禮不敢逾越動搖的事實，亦可見蘇軾人格力量之鉅大。王國維在《文學小言》中對蘇軾的評價說：「三代以下詩人，無過於屈子、淵明、子美、子瞻者，此四子者，若無文學之天才，其人格亦自足千古。」

的確，蘇軾創造了一個令人神往的理想人格，它展現了最爲健全、最爲圓融，可親、可敬的活生生的眞實人生，包含了最大限度的人性的豐富性和發展的可能性，體現了中國人的生存智慧和生命智慧。通過這一理想人格，讓人眞切地感受到了一個將現實性與超越性水乳交融的智者，一個最具魅力的人生大師。劉小川在《品讀中國文人》一書中說：「沒有人比他更豐富，他似乎窮盡了生命的可能性，窮盡了中國文化的可能性，他抵達了生存的廣度和深度的極限。」

海德格爾曾有「在一貧乏的時代裏詩人何爲」之問，他把時代的貧乏論

〔註 10〕〔清〕梁廷南：東坡事類，廣州：暨南大學出版社，1992 年版，第 130 頁。
〔註 11〕〔清〕梁廷南：東坡事類，廣州：暨南大學出版社，1992 年版，第 149 頁。

述爲「上帝的缺席」，亦即：「沒有神再將人和物聚集於他自身」，其意思是說貧乏的時代即是人行爲沒有形而上學的庇護。但是海德格爾一方面把此在看成是世界之夜，另一方面又認爲對於詩人來說，世界之夜乃是神性之夜，這是因爲，「在一貧乏的時代裏，作爲詩人意味著去注視、去吟唱遠逝諸神的行蹤，留駐於諸神的軌跡」。爲其同源的短暫者追尋走向轉變的道路。海德格爾稱詩人的這種行爲爲「到達他自身本性的所有權」，而其所用的武器即是「言說」，亦即是「詩意的探問的詩行爲本身」。如果說海德格爾哲學是對西方他之前一切形而上學的解構，從而把「存在的證明作爲自我完成」交待給形而上學領域；那麼蘇軾之學與之有可比之處，蘇東坡亦是詩人氣質的哲人。蘇軾學說在形而上學領域對善惡探討，亦是對形而上學的解構，不過他的注意力主要還不是遠逝的諸神，而是「此在」展開過程及狀態。借用文藝復興思想家蒙田的話說「要生活寫意」。「生活的寫意」即是蘇軾的所謂「自行其志」，這可以看成是蘇軾人生哲學的結論，它使蘇軾終於能在陰陽進退、吉凶悔吝之過程詩意地居住。

三、蘇軾倫理思想的現代啓示

蘇軾的倫理思想不僅闡幽探微，近於王弼之發掘義理，關注道德之形上追求，而且「多切人事」，以現實人生和實用理性爲思考維度，富有人本意識和人文精神。從某種意義上說，蘇軾的倫理思想體現了一種「尊德性而道問學，致廣大而盡精微，極高明而道中庸」的學術品質和精神，彰顯的倫理智慧具有雅俗共賞的普世性意義。

1. 為官之本在於利民愛民

蘇軾的利民思想就具有相當的代表性。在政治倫理思想上，蘇軾的利民思想，是與他的政治理想、社會理想一併產生、形成，且逐步發展、完善的。出仕之初的蘇軾，慨然有天下之志，樹立了遠大的政治抱負，具有完美的政治社會理想。這一理想中，利民思想是重要組成部分。依照蘇軾的觀點，一個國家政權，如果不能施惠於民，讓老百姓安居樂業，就不是一個理想的社會，就不是一個有前途的國家。

基於這一觀念，蘇軾在宋仁宗統治的末期，儘管一般人還沉醉在「太平盛世」的虛幻之中，他就產生了強烈的危機意識，萌動著改革現狀、整肅弊政的念頭。嘉祐五年（1060 年），尚未正式做官的蘇軾將其平素所作五十篇策論通過朝臣奏給皇帝，對治理天下提出了一系列主張和具體措施。他在十五篇「策別」中，分別就「課百官」、「安萬民」、「厚貨財」、「訓兵旅」四方面，分析當前存在的弊端，提出加以整改的具體措施。其中，「安萬民」共六篇，分別提出「敦教化」、「勸親睦」、「均戶口」、「較賦役」、「教戰守」、「去奸民」等問題，並發表了具體見解。中間「均戶口」、「較賦役」二項，指出由於土地、賦稅不均，造成貧富懸殊，是貧窮百姓無法安生的重要原因。這裏直接觸及了統治階級與被統治階級的利益分配問題，並要求迅速改變這種狀況。作者的用意甚爲明顯：如果一個國家少數人佔有過多的利益財富，逼得多數人無法生存，必然產生動亂，將直接威脅到統治階級的地位。蘇軾以尖銳批評的眼光看待國家巧取豪奪，不顧百姓利益；以厭惡的口吻來談論國家與人民爭利，不管人民死活。這樣的社會還算什麼治世、盛世呢！深受儒家思想薰陶的蘇軾，儘管尚未浮沉宦海，也不一定對老百姓有多麼深刻的瞭解，但他正是從儒家的社會理想和政治觀念中，邏輯地看到了一代政權，其統治地位是建立在被統治者基礎之上的，一旦這一基礎瓦解，那麼，統治者的利益就會隨著其地位的喪失而喪失，那種「窮思竭慮以廣求利之門」的行爲，是自取消亡的愚蠢之舉。而當時的宋朝，正在呈現類似的「衰老之候」。因此，他要危言聳聽，喚起警覺。蘇軾在寫給最高統治者看的策論中明言要使老百姓安居樂業，必須適當考慮他們的利益，居安思危地看到老百姓是決定一代政權興衰成敗的根本因素，目的就是警告統治者在制定國家大政方針時，要充分重視老百姓的承受能力，把握好一個「度」。第一，作爲統治者，要正確處理國家利益與民眾利益的關係。倘若爲了國家利益而全然不顧民眾的利益，是行不通的。第二，要正確處理民眾自身眼前利益與長遠利益的關係。如果只重長遠而全然不顧眼前，民眾也是無法接受的。蘇軾正是從這一利害關係來邏輯地闡明國與民的利益分配問題，主張安民必先利民，利民必須體現實惠；他敏銳地看到了統治者與被統治者之間的矛盾體現在利益分配上，統治者無度地佔有和揮霍財富，必然造成民不聊生，官逼民反。今天看來，這一見解是深刻的。

在政治倫理踐履上，蘇軾在政治上的指導思想是儒家孔孟之道，所以他關心國家命運，關心百姓生活。他歷經政治上短暫的顯赫後，長期遷徙外放，任過密州（今山東諸城）、徐州、杭州、揚州、定州等地知州。他在位期間，深得民心，頗有政績。貶謫生涯使他與人民的關係相處很好，辦了不少有益於人民的事情。他在鳳翔，努力改變「民貧而役重」的現狀；在開封，他取消了上元張燈的舊例，以減輕人民負擔；在密州，他拿出官庫糧食收養貧民遺棄的兒女；在杭州，他賑饑施藥，興修水利，灌溉農田千頃，政績斐然，留下了不少同西湖風光相媲美的佳話。蘇堤就是後人爲了紀念蘇軾治理西湖的功績命名的。蘇軾一生的便民利民之舉是難以枚舉的。直到晚年他還爲海南的文化開化不遺餘力，其間有利涉一方百姓的，有利涉某些行業的，也有某些特殊的個人。不管是誰，只要是於民有利，他都身體力行，有時是說服各級官吏，甚至包括皇帝本人。爲了方便百姓，他不惜冒政治風險和遭人攻擊的危險。一個封建時代的士大夫，有如此思想和見識，有如此的人格和精神境界。

蘇軾的利民導致他愛民。蘇軾的愛民之情體現在以下四個方面：第一，愛護百姓要像愛護自己的身體一樣；第二，對老百姓的疾苦要有切膚之痛，要不計個人得失安危爲之請命；第三，平等地把老百姓當人看，以誠相待，不能鄙視和欺瞞；第四，要盡其所能爲老百姓辦事，用實際行動來印證對百姓之愛。蘇軾正是有了如此愛民之心，故能時時想到百姓的利益，並總有愛民利民的實際行動。

當代社會強調「以人爲本」，其中「以民爲本」是政治倫理建設當中應有之意。公務員道德建設中，如何處理官民關係，如何處理與民眾的關係，蘇軾的「利民」的政治倫理思想和實踐，不能不說具有十分重要的現實啓示。

2. 人生真諦在於樂觀理性

人生不過百年，如何纔能使短促的一生更加豐富且有意義？人生多變，生老病死、順逆禍福，如何在變幻莫測的一生中保持健康、積極的心態？對於這些問題，歷代賢哲在探索中給出了不同的答案。儒家主張以「立德立言立功」的事業建樹來實現人生的不朽，從而實現人生的最大價值。道家追求清靜無爲，逃遁塵世，歸隱山林，順應自然以求長生，從而享受生命的最大價值。佛家則主張離棄人世，以不生不滅的涅槃境界而歸於西方的極樂世界。但對於人生的兩大問題，蘇軾給出了什麼答案呢？蘇軾一生經歷的磨難可謂多矣！他曾感慨地說：「退之詩云：『我生之辰，月宿直斗。』乃知退之得磨蠍爲身宮，而僕乃以磨蠍爲命宮，平生多得謗譽，殆是同病也。」古人以出生時月亮所在的宮位爲「身宮」，以上升星座爲「命宮」，而磨蠍座向北認爲是「主得謗譽」的星座，蘇軾身、命兩宮俱值磨蠍，當然遭受到比韓愈更多的誹謗和磨難。然而，蘇軾一生中心情憂傷哀怨的時候並不多，他更多地是以一副樂觀、愉快的面容出現於世人面前，以至於林語堂稱他為「無可救藥的樂天派」。

蘇軾對於物質的態度是相當獨特的。儒家並不排斥物質享受，孔子甚至說「食不厭精，膾不厭細」，然而儒家絕不接受「不義而富且貴」的物質享受，而且能在簞食瓢飲的簡樸生活中不改其樂。蘇軾繼承了這種精神，但又與孔顏樂處同中有異。儒家以「固窮」的心態對待簡樸乃至貧困生活，是出於對自身道德人格的自信，有時甚至是出於對導致其窮苦生活的外在環境的抗爭。蘇軾在遭受政治迫害而貶逐蠻荒之野時也用近於審美愉悅的態度去擁抱生活，他對平凡簡樸的物質生活傾注了更多的感情。所以蘇軾的心態更加平和和眞誠，也更貼近普通人的切身感受。即使剝離了「不義而富且貴」的道德倫理因素，蘇軾對於窮奢極慾的生活也極為反感。蘇軾的摯友王定國生活豪奢，蘇軾曾經寫信進行規勸：「粉白黛綠者，俱是火宅中狐狸、射干之流，願深以道眼看破。此外又有一事，須少儉吝，勿輕用錢物。」蘇軾的前輩韓維退休後聲稱要以酒色的享受來自娛晚年，蘇軾聽說後就託韓維的女婿轉達規勸之意。蘇軾自己雖曾有過錦衣玉食的生活經歷，但他眞心喜愛的卻是簡樸的生活。熙寧年間，蘇軾在杭州任通判，官場裏宴席頻繁，東坡心裏厭煩，呼為「酒食地獄」。元祐年間，蘇軾以龍圖閣學士的身份出任杭州知州，身份如此顯赫的他依然生活簡樸。他從簡樸的生活中獲得的不僅是幸福感，而且有美感。

人生苦短，古人常常把人生看作是一次短暫的逆旅。漢末的古詩中說：「人生天地間，忽如遠行客。」陶淵明在自祭文中說：「陶子將辭逆旅之館，永歸於本宅。」李白更擴展此意：「夫天地者，萬物之逆旅也。光陰者，百代之過客也。」雖然人生短促得像一次短暫旅行，人們的精神追求卻沒有止境，於是他們理所當然要追求一個永久的歸宿地，來寄託他們的精神，各種虛構的天堂、樂土便應運而生。古代士大夫又因受傳統儒家淑世精神影響，很少有人能像王維那樣皈依佛門，常見的便是李白的做法，一方面追求建功立業，希望以生前的事功建樹來實現死後的不朽；另一方面又寄意於宗教乃至神話，幻想「先期汗漫九垓上，願接盧敖遊太清」（李白《廬山謠寄盧侍御虛舟》）的逍遙境界。與李白一樣，蘇軾也是一位瀟灑絕俗的風流之士，他同樣鄙棄榮華富貴而追求理想境界，他同樣愛與僧侶、道士交遊並深深地浸潤於各種宗教；但是東坡從來不嚮往海外仙山或西方淨土，他明確申明：「我欲乘風歸去，又恐瓊樓玉宇，高處不勝寒。起舞弄清影，何似在人間！」宋神宗讀到此詞時感動地說：「蘇軾終是愛君。」其實，蘇軾「深切依戀的對象不僅是君主，也不僅是家人，而是整個人間」〔註 12〕。人生的歸屬在何處？蘇軾一生無時不在思索其中的答案。他的思索既有空間向度的，也有時間向度的，前者往往會導向某個地點，後者的終點則是身後的精神歸宿。從空間向度看，蘇軾大半生都在異鄉漂泊，從理智上說，蘇軾取「四海爲家」的人生態度。他在《潮州韓文公廟碑》中說韓愈：「公之神在天下者，如水之在地中，無往而不在也。」在蘇軾看來，韓愈這樣的人物本是天下之士，雖然平生行蹤限於某個地方，但其神靈卻無所不在。自己與韓愈一樣，「前生自是盧行者，後學過呼韓退之」。天下之士當然應四海爲家，蘇軾就是以這樣的襟抱對待一生中轉蓬般的流宦和流徙的。從感情上講，蘇軾對故鄉、對黃州、對杭州、對惠州……都有天然的認同感和親切感，他走過的一山一水、一草一木都是他夢魂縈繞的對象。天下之大，何處不能成爲東坡的歸宿之地，哪裏不是東坡的精神家園？從時間向度看，蘇軾的精神歸宿也同樣指向了人生。像蘇軾那樣的聰慧靈秀之士，當然會深入思考生存與死亡的意義，也必定會上下求索超越生死大限的精神歸宿。古往今來，除了堅持通過生前事業的建樹以實現死後不朽的儒家外，人們只要一思考死後的問題，便難免進入宗教的領域。蘇軾生前與佛道交往，號「東坡居士」，可是他從未遁入空門成爲名副其實吃齋念佛的「居士」；也曾研習道家養生之術，然而，正像黃庭堅所說：「東坡平生好道術，聞則行之，但不能久，又棄去。」蘇軾並不眞正相信道家的長生之術，他講求養生的目的是爲了維護身體健康而不是追求長生不老。研究表明：蘇軾彌留之際拒絕皈依佛門。〔註 13〕蘇軾始終以腳踏實地的態度對待人生，以清醒的理性精神闡釋了生命與死亡的意義。簡言之，蘇軾的精神家園始終在人間。

3. 處世之道在於超然曠達

蘇軾獨特的人生之道，對現代人不堪重負、日益枯竭的心靈來說，無疑

〔註 12〕莫礪鋒：漫話東坡，南京：鳳凰出版社，2008 年版，第 207 頁。

〔註 13〕莫礪鋒在《漫話東坡》中提出：蘇軾臨終時拒絕皈依佛門的態度絕非出於偶然，而是經過深思熟慮的人生選擇。參見莫礪鋒《漫話東坡》，南京：鳳凰出版社，2008 年版，第 213 頁。

是極其豐盈甘腴無窮的精神盛宴，對現代人人生之路的構建也有極大的借鑒意義。

蘇軾的人生哲思啓示人們以審美化態度面對物質慾望。按照馬斯洛的人的需要理論來說，人首先得生存，生存是人的第一層面的需要，「食色，性也」，第一位的是「食」，物質的慾望與生俱來，無可厚非，這是最基本的也是最合理的人性要求。

生存就得有食物、麵包、空氣。人類頑強的生存慾望造就了對物質財富的極大的索取能力與創造能力。人類為了滿足自己的口腹之需，天上飛的，地上爬的，河裏游的，凡可索取到手的無一幸免。即使到了溫飽業已解決，而需要提升到精神層面的需求時，如果其主體精神層面尚未上升到一種高度，哪怕是貌似高層次的需求也會墜入庸俗的怪圈：會為一幅心儀已久的字畫輾轉不眠，費盡心機；會為一塊稀世珍寶而不擇手段，巧取豪奪；乃至會為滿足於自我一時的口腹之享而貪贓枉法……這裏就有一個轉變主體精神態度的關鍵問題。蘇軾就為我們尋找到一條可行之途，他主張以超然的態度面對一切物質慾望及其現實物慾的誘惑，以審美化的態度對待世間萬物，他特別引用《老子》之言「五色令人目盲，五音令人耳聾，五味令人口爽，馳騁田獵令人心發狂」，告誡世人要把世間萬物都看成超功利的「寓意」的外物，以此解決人的過度物質慾望與自然資源日益匱乏的矛盾與衝突。人類的創造力固然非常重要，人們對物質財富的追求也無可厚非，但是如果無所節制，那麼「當我們發現童年時代印象中的『天之蒼蒼』至今只剩下了『天之灰灰』，那些曾在我們的屋檐下結巢的燕子、城樓前盤旋鳴叫的烏鴉，以及樹梢上蹦跳的麻雀都不知不覺離我們而去，而且一去不返的時候；當我們看到兒時戲水的清澈小溪如今已換成散發著惡臭的黑色濁流，當年郊遊的茂密山林現已變為毛髮稀少的土包時……」〔註14〕能不汗顏嗎？能無動於衷嗎？

蘇軾的人生哲思啓示人們以超然曠達態度對待世事人生。蘇軾一生行事都追求超然物外。他說：「彼遊於物之內，而不遊於物之外。物非有大小也，自其內而觀之，未有不高且大者也。彼挾其高大以臨我，則我常眩亂反覆，如隙中之觀斗，又烏知勝負之所在？是以美惡橫生，而憂樂出焉。可不大哀乎！」（《超然臺記》）所謂「超然物外」，「遊於物之外」，實質上就是盡力擺脫與外物的功利關係，以一種審美化的態度來對待外物，外物就對我無所蒙

〔註14〕葉舒憲：莊子的文化解析，西安：陝西人民出版社，2005年版，第57頁。

蔽了，就不會有「美惡橫生，而憂樂出焉」的功利性的煩惱；如果不能跳出外物的拘囿，哪怕再小的事物，也會蔽於其中，爲功利所惑，就會「眩亂反覆，如隙中之觀斗」。對待物質慾望需要如此，推而廣之，對待人生世事更需要如此。眾所周知，蘇軾的一生是宦海沉浮、幾度貶謫的一生，「問汝一生功業，黃州、惠州、儋州」，但他卻是一個樂觀開朗、充滿生活情趣的人，他既有「民胞物與」的仁者感情，又具有文人雅士的浪漫情懷。宦海的沉浮，幾度的貶謫，他卻能始終保持隨緣自適的審美化態度。而且他又善於在瑣細的平凡的生活中尋找多姿多彩的生活內容，在千姿百態的物態世界中陶冶自己的性情，昇華自己的人生境界，並把這種境界轉化爲藝術的創造，以實現人生價值的最大化展現。當人們感歎逝者如斯，理想、功名茫茫然無所著落時，他主張換位思考，「自其變者而觀之，則天地曾不能以一瞬；自其不變者而觀之，則物與我皆無盡也。而又何羨乎？」當生活的艱辛讓他只得將每月的俸祿「四千五百錢，斷爲三十塊，掛屋梁上。平旦用畫叉挑取一塊，即藏去。錢仍以大竹筒別貯，用不盡以待賓客」(《與秦太虛書》)，他卻能在朋友的幫助下，開荒墾地，自己種糧食以補給家用，雖然日曬雨淋，面目盡黑，詩人卻十分快活，「莫嫌犖确東坡路，自愛鏗然曳杖聲」，「竹杖芒鞋輕勝馬，誰怕？一蓑煙雨任平生。……回首向來蕭瑟處，歸去，也無風雨也無晴」(《定風波》)。似乎大自然的風雨雷電，人生命運的驚濤駭浪，在蘇東坡面前，都被淡然化之，最終進入「也無風雨也無晴」的境界。

相對於當下的人們來說，我們似乎正缺少了這種超然的態度。面對物質文明日益發達的今天，社會誘惑多了，生活更精彩了，但人們反觀內心則少了，自我定力也小了。浮躁冒進，急功近利，物慾泛濫，絕非鮮見。同時，隨著生活節奏的加快，人們的心理健康也屢屢出現這樣那樣的問題，什麼抑鬱、焦慮、自我強迫等，不時威脅著人們的心理健康。有鑒於此，筆者認爲蘇軾的這種超然曠達的「物我」態度，對於人們妥善處理人與社會的衝突，對於解決人們的心理疾患，或許也有好處。

可喜的是，延續了數千年的對自然生物的征服與利用的自大心態日益膨脹的惡果正在震醒人類，「反乎其眞」的呼聲正在被越來越多的人們接受，追求人與自然的和諧、人與人的和諧、人自身「身與心」的和諧，努力構建「和諧社會」，實現可持續發展已逐漸成爲全社會的共識與共同的行動。在此，重溫蘇軾的「物」、「我」觀念，庶幾也有不少的補益。

4. 生活之道在於構建精神家園

蘇軾的人生嘗試，爲現代人謀求自我與所擔當的社會角色的和諧，提供了一種生存範式。在現代社會快節奏、高消費、重功利的文化語境中，現代人的生存壓力已如一道高牆橫亙於我們面前。而與物質條件的極大改善相比，人承受困難的能力卻沒有得到相應提高。於是，有人精神抑鬱而崩潰，有人心理失衡而自殺，有人罹患疾病而英年早逝。滾滾紅塵中，世俗之人追名逐利，往往不擇手段，以至於喪失了自己的精神家園。在此情況下，探究蘇軾對待壓力的態度和方法就很有現實意義。

當代社會已經發生了滄海桑田般的變化，但是，現代人的心靈問題依然沒有得到很好的解決，在經濟高速發展的同時，精神植被卻遭到摧殘，人們焦慮、抑鬱、迷惘、困惑，不斷追問究竟什麼才叫幸福，翹首渴望一個精神的家園。而蘇軾以他的生活智慧和文化力量，勾起我們對遙遠歷史的回眸，對和諧明天的嚮往，對當下生活的凝視，引導我們始終要保持一顆平常心，不以物喜，不以己悲。「此心安處是吾鄉」，建設精神家園的過程，也是靈魂激蕩、文化積澱的心靈過程。

蘇軾文化人格的當代意義，還在於可以幫助人們塑造積極健康、快樂和諧的陽光心態，構建自己的精神家園。在當代，不同利益之間的碰撞和博弈，很容易讓人們產生挫敗感、自卑感、失落感，從而造成心理潮濕。蘇軾逆境人生中的瀟灑和從容，眞的可以成爲當代人擺脫心靈枷鎖的導師，改變不了事情就改變對事情的態度，把握當下、寬容達觀、陽光心態的理念和蘇軾是那麼息息相通。蘇軾用自己的人生體驗爲我們塑造陽光心態提供了豐富的精神營養。精神的認同，情感的共鳴，就是當代人和蘇軾的精神節點，這個節點就像我們守望精神家園的一簇聖火，而點燃這聖火的，正是那個輝耀千年的偉大人格。

蘇軾人格的典範意義在於他吸取了前代文人的人格精神，豐富發展了他們的人生哲學，具有很強的道德力量。他的人格魅力深深地吸引我們、影響我們。面對錯綜複雜的大千世界，面對來自各方的種種誘惑，我們如何處之？應該像林則徐、蘇軾他們那樣用「有容乃大，無慾則剛」這一警語作爲立身行事的指南，培養自己「豁達大度」的美德。

無論生前還是身後，蘇軾都贏得了鉅大的名聲和廣泛的熱愛。在政治上，蘇軾不僅以深刻切實的政見和忠貞耿直的風節震動朝野，而且以抗洪、治水等卓絕政績獲得各地人民的衷心愛戴。在文化上，蘇軾以奔逸絕塵的姿態馳騁於文壇、詩壇、詞壇、書壇和畫壇，不但以數量之大、水平傑出的作品雄踞於有宋一代文學藝術的巔峰，而且自成一家的風格和深切洞達的理論影響著千年文化史。更爲重要的是，蘇軾不是一顆倏然劃過長空隨即消失的彗星，而是一座永遠矗立在華夏大地的巍然豐碑。〔註 15〕道潛在《再哭東坡》中說：「畫圖雖不上淩煙，道德芬芳滿世間。」的確，蘇軾的嘉言懿行在人民心中築就了一座豐碑。

〔註 15〕莫礪鋒：漫話東坡，南京：鳳凰出版社，2008 年版，第 278 頁。

結　語

德國大詩人歌德所說「優秀的作品，無論你怎樣去探討它，都是探不到底的」。對於一代文宗蘇軾而言，任何單一的或綜合的研究也正是如此：無論研究者怎樣研究他，都是探不到底的。蘇軾本身就是一種立體的多面的文化現象。研究者朱靖華指出：東坡文化不僅是某一方面意蘊的純粹產品，而且是多種意蘊的有機整合，它呈現出多角度、多層面、多功能的立體文化系統。〔註 1〕正如在文學史上蘇軾具有極其獨特性一樣，在中國倫理思想史上，蘇軾也是一個十分獨特的人物。這種獨特性表現在如下幾個方面：

第一，在人性論上，蘇軾像後來的哲學家——如朱熹、陸九淵、王陽明等人一樣融合了儒、釋、道三家，但與他們不同的是，蘇軾建構的是一種情本人性論。具體說來，蘇軾所謂的情是從人的自然的感性需求中抽繹出人情，這種人情秉承了人的感性需求的自然性，但又超越了物質層面上的自然需求，這種情是關注社會和人生的，但又超越了外在功利的束縛，因而，這種具有雙重超越性的人情是出於自然而又不黏滯於自然的具有形上意義的存在，同時也具有一定的審美特性。其實，在蘇軾看來，這種情應該是人的本性，也是人的本質。從人性論的角度講，這一體系的特點是既不導向自然人性論，也不導向「天理人性論」，而是沿著對人的自然性和外在的社會功利性的雙重超越的取徑向著人的應然的發展方向攀升。因此，從一定意義上講，蘇軾的情本人性論成爲中國傳統人論、人學中最爲光彩的篇章，對中國的文格、人格的解放都有著極其重要的意義，尤其是對傳統文藝思想，更是有著深刻而內在的影響。

〔註 1〕朱靖華：蘇軾論，北京：京華出版社，1997 年版，第 490 頁。

第二，在政治倫理上，蘇軾樹立了鮮明的民本主義道德價值目標。在他一生中，他時刻爲實現自己尊主澤民的政治抱負和道德實踐而不懈努力，他的立朝大節與獨立人格追求不斷地激勵一代又一代的後世文人，爲天地立心，爲生民立命，爲往聖繼絕學，爲萬世開太平。

第三，在經濟倫理上，蘇軾志趣高遠，孜孜以求，爲國興利，爲實現均民富國的價值理想而奔走呼號。在義利觀上，他承繼傳統的儒家的義利思想，重義而輕利，其安貧樂道與自我超越型人格顯示了古代文人士大夫無與倫比的人格魅力。

第四，在文藝倫理上，蘇軾以自己的情本論的哲學思想爲基礎，建立了情本論的文藝倫理觀。作爲一個具有深刻哲學思想和有著自己的哲學體系的文藝家和文論家，他的文論不再是一般的創作經驗的描述，而是與其哲學思想密切相關的，因此，他將中國傳統文論推向了一個新的形上的理論高度，使其與傳統社會前期的文論區別看來。「不能不爲之」作爲其文藝本原論，是建立在其雙重超越的情本論的基礎上的，因而也是與其自由心靈同一的，所以我們稱其爲心靈本原論；「無不盡意」論對儒、釋、道三家的言意論既有所借鑒繼承，同時也有所超越，達到了語言與心靈同一的境界，故稱其爲審美個體論；「詩是窮人物」，則從文藝自身的內部來界定文藝的本質，達到了前所未有的高度，標誌著新的文藝觀的產生。「有道有藝」、「辭達」的藝術創作表現論以及「詩以奇趣爲宗，反常合道爲趣」的藝術精神論和「寓意於物」的審美鑒賞論等等，無不與其情本論的哲學體系有著深度的內在關聯。

第五，在人生哲學上，蘇軾展示了一種極爲成熟的人生思想，它標誌著我國古代知識分子的處世哲學達到了一個新的高度，具有典型與範式的意義。其人生之功利境界、審美境界、天地境界，一步一步攀越。蘇軾的人生境界是中國傳統人生哲學的一座高峰，它集眞善美於一體。功利境界是蘇軾人生境界之善；審美境界是蘇軾人生境界之美；而天地境界是蘇軾人生境界之眞。同時，蘇軾的人生態度成爲後代文人景仰的範式：進退自如，寵辱不驚。由於蘇軾把封建社會中士人的兩種處世態度用同一種價值尺度予以整合，所以他能處變不驚，無往而不可。當然，這種範式更適用於士人遭受坎坷之時，它可以通向既堅持操守又全生養性的人生境界，這正是宋以後的歷代士人所希望做到的。蘇軾的審美態度爲後人提供了富有啓迪意義的審美範式。他以寬廣的審美眼光去擁抱大千世界，所以凡物皆有可觀，到處都能發現美的的存在。這種範式在題材內容和表現手法兩方面爲後人開闢了新的世界。所以，蘇軾受到後代文人的普遍熱愛，實爲歷史的必然。蘇軾是中國古代文化所孕育出來的一位智慧人物，他不但爲文學史創造了許多精品，而且在如何對待和處理人生（尤其是人生中的逆境、困境）方面也給他以後無數的讀書人以啓迪。儘管今天的人們並不全部認同他的人生哲學和處世態度，而其人格類型也早就失去了現實意義，但放在封建時代的歷史環境中看，蘇軾卻無愧爲一位十分聰明睿智的傑出文人。

第六，蘇軾具有特有的倫理學建構方式。蘇軾的倫理思想以儒家思想爲主，佛道思想爲輔，儒家有爲的倫理思想觀是其整個倫理理論大廈的基礎。他對倫理地位重要性的認識，對倫理最高境界——培養君子的孜孜以求，以及他對自然審美的倫理內容的獨到論述，豐富了中國古代的倫理思想。嚴格地說，蘇軾倫理學的建構方式不是注重理性的，而是注重感性的，這也許與蘇軾是文學家有關，但問題的關鍵是以感性的方式來建構倫理思想比以理性的方式來建構倫理思想更符合中國的傳統。沒有理性的感性是沒有保障的，而沒有感性的理性也會失去合法性。在一定意義上講，蘇軾倫理學正是以感性爲基礎，以理性爲保障的一種學說，它的確更符合中國倫理學的建構傳統。中國的各派倫理歷來在感性與理性的統一中尋求平衡，不引導人們走向「片面的深刻」與「片面的發展」，總保持一種大致和諧的狀態。蘇軾倫理學融「三教」而致和諧，體現了中國倫理學建構方式的眞精神。當然，這裏並不是說蘇軾倫理學比程、朱理學和陸、王心學更高明，而是說蘇軾倫理學是中國傳統倫理學建構方式的獨特的形態，並且有著相當的典範意義。

第七，蘇軾倫理思想的影響是潛在的。其原因主要有以下三點：一、蘇軾的文學成就太突出，以至於使他的倫理思想沒有得到足夠的重視；二、他的倫理思想一直沒有得到系統的整理，這也影響了人們對它的認識；三、實際上，自二程、朱熹以來，蘇軾的倫理思想就處於受壓制的狀態，即使是到了現代，也沒有得到應有的重視和正確的對待。

蘇軾倫理思想的合理性主要在於前面所說的「多重超越」，這是一種有前途的倫理思想，是可以發展出新的前瞻形態的倫理觀。我們在重塑民族文化精神時應該給予充分的重視。

蘇軾生活的時代離我們漸行漸遠，但蘇軾及其在倫理學上的影響卻離我們越來越近，似乎觸手可及。

參考文獻

一、馬克思主義經典著作

1. 馬克思恩格斯：《馬克思恩格斯選集》第一、二、三、四卷，北京：人民出版社，1995年版。
2. 毛澤東：《毛澤東選集》第一、二、三、四卷，北京：人民出版社，1952年版。
3. 鄧小平：《鄧小平文選》第一、二、三卷，北京：人民出版社，1994年版。
4. 中共中央文獻研究室主編：《社會主義精神文明建設文獻選編》，北京：中央文獻出版社，1996年版。

二、古人著述

1.《蘇軾文集》，孔凡禮點校，北京：中華書局，1986年版。
2.《蘇軾詩集》，孔凡禮點校，北京：中華書局，1982年版。
3.《東坡易傳》，冷成金點校，以《四庫全書》本爲底本，參照汲古閣本、《叢書集成》之《學律討原》本點校版本。
4.《蘇軾集》，余冠英等主編，北京：國際文化出版公司，1998年版。
5.《朱子語類》，(宋)黎德清編，王星賢點校，北京：中華書局，1986年版。
6.《唐宋八大家全集》，余冠英等主編，北京：國際文化出版公司，1998年版。
7.《白居易集》，顧學頡校點，北京：中華書局，1979年版。
8.《歷代詩話》，(清)何文煥輯，北京：中華書局，1981年版。
9.《歷代詩話續編》，丁福保輯，北京：中華書局，1983年版。
10.《周敦頤集》，陳克明點校，北京：中華書局，1990年版。
11.《資治通鑒》，司馬光編撰，北京：中華書局，1956年版。

12.《續資治通鑒長編》，李燾編撰，北京：中華書局，1979 年版。
13.《續資治通鑒》，畢沅編撰，北京：中華書局，1957 年版。
14.《蘇東坡全集》，北京：中國書店，1986 年版。
15.《蘇軾文集》，長沙：嶽麓書社，2000 年版。
16.《蘇軾資料彙編》，四川大學中文系唐宋文學研究室編，北京：中華書局，1994 年版。
17.《大學》。
18.《論語》。
19.《孟子》。
20.《中庸》。
21.《周易》。
22.《莊子》。
23.《老子》。
24. 劉勰：《文心雕龍》。
25. 趙翼：《廿二史箚記》。
26. 蔡襄：《蔡中惠公集》。
27. 郎曄：《經進東坡文集事略》，四部叢刊本。
28. 馬永卿：《元城語錄》，畿輔叢書本。
29. 脱脱等：《宋史》，北京：中華書局，1977 年版。
30. 蘇轍：《欒城集》。
31. 陳亮：《龍川文集》。
32.《白居易集箋校》，上海：上海古籍出版社，2003 年版。
33. 歐陽修：《歐陽修全集》，北京：中華書局，2001 年版。
34. 趙翼：《甌北詩話》，霍松林，胡主祐校點，北京：人民文學出版社，1963 年版。
35. 胡仔：《苕溪漁隱叢話》，廖德明校點，北京：人民文學出版社，1962 年版。
36. 朱弁：《風月堂詩話》，四庫全書第 1479 冊，上海：上海古籍出版社，1987 年版。
37.《朱熹集》，四川教育出版社，1996 年版。
38. 梁廷南：《東坡事類》，廣州：暨南大學出版社，1992 年版。
39. 曾棗莊，舒大剛編：《三蘇全集・蘇軾詞集》，北京：語文出版社，2001 年版。

40. 西南師大中文系古典文學教研室：《東坡選集》，成都：巴蜀書社，1985年版。
41. 曹慕樊、徐永年主編：《東坡選集》，成都：四川人民出版社，1987年版。

三、今人著作

1. 羅國傑：《倫理學》，北京：人民出版社，1989年版。
2. 羅國傑主編：《道德建設論》，長沙：湖南人民出版社，1997年版。
3. 唐凱麟：《倫理大思路——當代中國道德和倫理學發展的理論審視》，長沙：湖南人民出版社，2000年版。
4. 唐凱麟編著：《倫理學》，北京：高等教育出版社，2001年版。
5. 唐凱麟，張懷承：《成人與成聖》，長沙：湖南大學出版社，1999年版。
6. 王澤應：《自然與道德》，長沙：湖南大學出版社，1999年版。
7. 張懷承：《無我與涅槃》，長沙：湖南大學出版社，1999年版。
8. 李順德，孫偉平：《道德價值論》，昆明：雲南人民出版社，2005年版。
9. 朱貽庭：《中國傳統倫理思想史》，上海：華東師範大學出版社，2003年版。
10. 侯外廬：《中國思想通史》（1～4卷），北京：人民出版社，1957年版。
11. 林語堂：《蘇東坡傳》，西安：陝西師範大學出版社，2006年版。
12. 王水照，朱剛：《蘇軾評傳》，南京：南京大學出版社，2004年版。
13. 王水照，崔明著：《蘇軾傳：智者在苦難中的超越》，天津：天津人民出版社，2008年版。
14. 王水照：《蘇軾研究》，石家莊：河北教育出版社，1999年版。
15. 王水照：《蘇軾》，上海：上海古籍出版社，1981年版。
16. 王水照，王宜瑗：《蘇軾及其作品選》，上海：上海古籍出版社，1998年版。
17. 冷成金：《蘇軾的哲學觀與文藝觀》，北京：學苑出版社，2003年版。
18. 冷成金：《中國文學的歷史與審美》，北京：中國人民大學出版社，1999年版。
19. 余秋雨：《文明的碎片·蘇東坡突圍》。
20. 陳昌華：《心靈，爲陶淵明所吸引——論蘇軾晚年思想的變化》，《論蘇軾嶺南詩及其他》，廣州：廣東人民出版社，1986年版。
21. 李增波，鄒金祥：《蘇軾密州作品賞析》，濟南：齊魯書社，1997年版。
22. 朱靖華：《朱靖華古典文學論集》，長春：吉林文史出版社，2003年版。
23. 朱靖華：《對中國傳統文化的反思和建構》，載《中國蘇軾研究》第一輯，北京：學苑出版社，2004年版。

24. 朱靖華：《蘇軾論》，北京：京華出版社，1997年版。
25. 唐玲玲，周偉民：《蘇軾思想研究》，臺北：文史哲出版社，1996年版。
26. 呂慧鵑：《中國歷代著名文學家評傳》（第三卷），濟南：山東教育出版社，1985年版。
27. 韋政通：《倫理思想的突破》，成都：四川人民出版社，1988年版。
28. 余敦康：《內聖外王的貫通：北宋易學的現代闡釋》，上海：學林出版社，1997年版。
29. 曾棗莊：《論蘇學》，載《中國蘇軾研究》第一輯，北京：學苑出版社，2004年版。
30. 曾棗莊：《蘇軾評傳》，成都：四川人民出版社，1981年版。
31. 曾棗莊選釋：《三蘇文藝思想》，成都：四川文藝出版社，1985年版。
32. 舒大剛，曾棗莊主編：《三蘇全書》，北京：語文出版社，2001年版。
33. 陳寅恪：《論韓愈》，載《金明館叢稿初編》，上海：上海古籍出版社，1980年版。
34. 陳寅恪：《金明館叢稿二編》，上海：上海古籍出版社，1980年版。
35. 莫礪鋒：《漫話東坡》，南京：鳳凰出版社，2008年版。
36. 孔凡禮：《蘇軾年譜》，北京：中華書局，1998年版。
37. 龍吟點評：《蘇東坡・東坡易傳》，長春：吉林文史出版社，2002年版。
38. 唐玲玲：《東坡樂府研究》，成都：巴蜀書社，1993年版。
39. 漆俠：《宋代經濟史》（下冊），上海：上海人民出版社，1988年版。
40. 錢穆：《國史大綱》，北京：商務印書館，1994年版。
41. 徐朗西：《中國現代美學叢書（1919－1949）》，北京：北京大學出版社，1987年版。
42. 周勃，達流：《永恒的困惑——文藝與倫理關係論綱》，南京：南京大學出版社，1992年版。
43. 王一川：《中國現代性體驗的發生》，北京：北京師範大學出版社，2001年版。
44. 徐州師範學院中文系：《簡明中國古典文學辭典》，南昌：江西人民出版社，1983年版。
45. 牛寶彤選注：《三蘇文選》，成都：四川人民出版社，1983年版。
46. 劉大杰：《中國文學發展史》，上海：復旦大學出版社，2006年版。
47. 葉舒憲：《莊子的文化解析》，西安：陝西人民出版社，2005年版。
48. 劉國珺：《蘇軾文藝理論研究》，天津：南開大學出版社，1984年版。

49. 蘇軾研究學會編：《論蘇軾嶺南詩及其他》，廣州：廣東人民出版社，1986年版。
50. 錢鍾書：《宋詩選註》，北京：人民文學出版社，1958年版。
51. 張惠民，張進：《士氣文心——蘇軾文化人格與文藝思想》，北京：人民文學出版社，2004年版。
52. 朱漢民，張啓輝著：《中國學術史》宋元卷（上、下），南昌：江西教育出版社，2001年版。
53. 叢鑒，柯大課：《蘇軾及其作品》，長春：吉林人民出版社，1984年版。
54. 周先愼，裴貞和：《論蘇軾對儒佛道三家思想的吸收與融合》，《中國典籍與文化論叢》（第七輯），北京：北京大學出版社，2002年版。
55. 陳華昌：《蘇東坡》，北京：中華書局，1985年版。
56. 莫高：《蘇東坡在杭州》，杭州：浙江人民出版社，1985年版。
57. 曹正文：《蘇東坡出山》，成都：四川文藝出版社，1987年版。
58. 吳子厚：《蘇軾作品賞析》，南寧：廣西教育出版社，1987年版。
59. 王兆彤，郭向群：《蘇軾》，南京：江蘇古籍出版社，1989年版。
60. 熊朝東：《蘇東坡傳》，成都：四川人民出版社，1989年版。
61. 李一冰：《蘇東坡新傳》，臺北：聯經出版社，1991年版。
62. 梅大聖：《蘇軾黃州詩文評註》，武漢：華中師大出版社，1992年版。
63. 林冠群：《新編東坡海外集》，海口：海南出版社，1992年版。
64. 錢基博：《中國文學史・蘇軾》，北京：中華書局，1993年版。
65. 范軍：《蘇東坡：曠達人生》，武漢：長江文藝出版社，1993年版。
66. 洪亮：《放逐與回歸》，南昌：百花洲文藝出版社，1993年版。
67. 王雙啓：《蘇軾》，天津：新蕾出版社，1993年版。
68. 李增波，鄒金祥：《蘇軾在密州》，濟南：齊魯出版社，1995年版。
69. 寧業高，寧耘：《蘇東坡演義》，北京：東方出版社，1995年版。
70. 李慶皐，王桂芝：《千古風流人物：蘇東坡全傳》，長春：長春出版社，1998年版。
71. 邵玉健，朱達明：《浩然東坡：從眉山到常州》，雲南德宏：德宏民族出版社，1998年版。
72. 饒學剛：《蘇東坡在黃州》，北京：京華出版社，1999年版。
73. 程義偉：《蘇軾：一個人生與藝術的結構文本》，瀋陽：遼寧美術出版社，1999年版。
74. 石聲淮，唐玲玲：《蘇軾文選》，上海：上海古籍出版社，1989年版。
75. 金生揚：《蘇氏易傳研究》，成都：巴蜀書社，2002年版。

76. 王保珍：《東坡詞研究》，臺北：長安出版社，1987 年版。
77.〔日〕吉川事次郎著，章培恒等譯：《中國詩史》，合肥：安徽文藝出版社，1986 年版。
78.〔日〕池澤滋子：《日本文人的赤壁遊和壽蘇會》，載《中國蘇軾研究》第一輯，北京：學苑出版社，2004 年版。
79.〔日〕山上次郎：《蘇東坡尋迹》。
80.〔日〕內藤湖南：《概括的唐宋時代觀》，《日本學者研究中國史論著選譯》第一卷，北京：中華書局，1992 年版。
81. 威廉・蘭格主編：《世界史編年手冊・古代和中世紀部分》，上海：三聯書店，1981 年版。
82.〔英〕克萊夫・貝爾著，周金環、馬鍾元譯：《藝術・審美假說》，北京：中國文聯出版公司，1984 年版。

四、相關論文

1. 鄧廣銘：談談有關宋史研究的幾個問題，載《社會科學戰線》，1986 年第二期。
2. 楊明照：關於宋代文化的評價的幾個問題，載《國際宋代文化研討會論文集》，成都：四川大學出版社，1991 年版。
3. 范立舟：《東坡易傳》與蘇軾的哲學思想，載《社會科學輯刊》，2009 年第五期。
4. 程相占：蘇軾「藝道兩進」論與中國藝術哲學的綱領，《中國文化研究》，2009 年第一期。
5. 陳寅恪：論韓愈，載《歷史研究》，1954 年第二期。
6. 朱靖華：天地精神境界——評蘇軾嶺海時期的人生反思，載《新東方》，1996 年第六期。
7. 王建平：蘇軾性格特徵的文化闡釋，《河南社會科學》，1997 年第六期。
8. 張晶：試論蘇軾貶謫時期的思想與創作，《中州學刊》，1990 年第六期。
9. 梅大聖：論蘇軾黃州詞的文化生命，《黃岡師範學院學報》，第 21 卷第六期。
10. 萬露：淺論蘇軾黃州詞的多元生命情感意向，《天中學刊》，第 20 卷第一期。
11. 王建平：蘇軾性格特徵的文化闡釋，《河南社會科學》，1997 年第三期。
12. 吳國欽：蘇軾思想與文學成就管窺，《汕頭大學學報（人文版）》，1988 年第二期。
13. 黃心川：「三教合一」在我國發展的過程、特點及其對周邊國家的影響，《哲學研究》，1998 年第八期。

14. 劉繼紅：論蘇軾對佛禪思想的揚棄，《長春師範學院學報（人文社會科學版）》，2008 年第 9 期。
15. 劉文剛：蘇軾與道，《四川大學學報（哲學社會科學版）》，2001 年第 6 期。
16. 周先愼：論蘇軾的人格魅力，《北京大學學報（哲學社會科學版）》，2002 年第 2 期。
17. 楊儉：眞骨傲霜，超曠高遠——論蘇軾的人生態度，《作家》，2008 年第 10 期。
18. 耿亮之：蘇軾易學與其人格，《周易研究》，1996 年第 3 期。
19. 王蘭：論蘇軾曠達人生風格的基本內容，《齊魯學刊》1994 年第 3 期。
20. 宋皓琨：論蘇軾的「窮而後工」思想，《哈爾濱市委黨校學報》，2009 年第 1 期。
21. 劉彥斌：蘇軾人生觀的文化解析，《三門峽職業技術學院學報》，2008 年第 1 期。
22. 王琴：從「立德」「立功」「立言」的層面看蘇軾所取得的成就，《樂山師範學院學報》，2007 年第 6 期。
23. 王洪：蘇軾審美人生論，《樂山師範學院學報》，2003 年第 2 期。
24. 木齋：蘇軾的審美人生，《中華讀書報》，2004 年 9 月 27 日。
25. 衛芳：論蘇軾詩詞中的哲學底蘊及精神突圍，《鄭州大學學報（哲學社會科學版）》，2008 年第 5 期。
26. 張金波：進退兩難 意趣高逸——蘇軾的現實困境與理想人格試析，《河南社會科學》，2008 年第 5 期。
27. 陳威行，王啓鵬：論蘇軾的文化意義，《惠州學院學報（社會科學版）》，2006 年第 4 期。
28. 何玉蘭：蘇軾「物」「我」觀的當代文化意義，《樂山師範學院學報》，2008 年第 6 期。
29. 董以平：論蘇軾的文化人格塑造及當代意義，《名作欣賞》，2009 年第 12 期。
30.〔加〕葉嘉瑩：論蘇軾詞，《中國社會科學》，1985 年第 3 期。

五、外文資料

1. 林語堂（Lin Yutang）：《樂天知命的天才：蘇東坡的生平與時代》（*The Gay Genius: The Life and Times of Su Tung-po*），倫敦、紐約：約翰·戴公司（John Day Co.），1947 年。
2. 李高潔（Cyril Drummond Le Gros Clark）：《蘇東坡文選》（*Select Works of Su Tung-po*; Selections from the Works of Su Tung-po A. D. 1036～1101），倫敦：Jonathan Cape, Ltd，1931 年。

3. 華茲生（華生 Burton Watson）：《蘇東坡：一位宋代詩人的選集》（*Su Tung-p' Selections from a Sung Dynasty Poet*），哥倫比亞大學出版社，1965 年。
4. 葛瑞漢（Angus Charles Graham）：《赤壁賦》、《後赤壁賦》，收入白之（Cyril Birch）、凱內（Donald Keene）編輯《中國文學選集：上古至十四世紀》（*Anthology of Chinese literature: From Early Times to the Fourteenth Century*），紐約：叢樹出版社（Grove Press），1965 年。
5. 馬奇（Andraw Lee March）：《蘇軾著作中的自我與山水》（*Self and Landscape in Su Shi*），《美國東方學會會刊》（Journal of the American Oriental Society）86：4（1966），377～396 頁。其博士論文爲《蘇東坡的山水觀》，華盛頓大學，1964 年。
6. 艾朗諾（Ronald C. Egan）：《蘇軾生活中的言語、意象和事迹》（*Word，Image and Deed in the Life of Su Shi*），哈佛大學出版社，哈佛燕京叢書 39（Harvard～Yenching Monograph Series, No. 39），1994 年。
7. 格蘭特（Beata Grant）：《重遊廬山：佛教與蘇軾的生活與創作》（*Mount Lu Revisited: Buddhism and the Life and Writings of Su Shih*），夏威夷大學出版社，1994 年。
8. 凱思玲（Kathleen M. Tomlonovic）：《放逐與回歸的詩歌：蘇軾研究》（*Poetry of Exile and Return: a Study of Su Shi*〔1037～1101〕），華盛頓大學博士論文（University of Washington），1989 年，577 頁。
9. 巴德里安－胡賽因（Baldrian-Hussein, Farzeen）：北宋文學界的煉丹和自我修養——蘇軾〔1037～1101〕及其延生術（*Alchemy and Self-Cultivation in Literary Circles of the Northern Song Dynasty : Su Shi*〔1037～1101〕and his Techniques of Survival），《遠東亞洲叢刊》（*Cahiersd'』 Extrême-Asie*）9（1997）。
10. 《蘇氏易傳》《蘇氏書傳》《東坡題跋》《東坡誌林》《仇池筆記》，收入白樂日（Étienne Balazs）、吳德明（Yves Hervouet）編輯《宋代書錄》（*A Sung Bibliography; Bibliographiè des Sung*），香港中文大學出版社，1978 年。

附　錄　攻讀博士學位期間主要研究成果

1.《民富國強：蘇軾經濟倫理的價值取向》，《倫理學研究》，2010 年第 2 期。
2.《古希臘科技倫理思想探析》，《武漢科技大學學報》（社會科學版），2007 年第 1 期。
3.《農村籍大學生就業心理剖析》，《湖南師範大學教育科學學報》，2006 年第 6 期。
4.《大學生活與職業生涯規劃》，執行主編，湖南師範大學出版社，2010 年。
5.《大學生求職創業與職業發展實戰範例》，主編，廣東教育出版社，2008 年。
6.《大學生職業生涯規劃》，執行主編，湖南師範大學出版社，2006 年。

後 記

篳路藍縷，艱辛跋涉。從當初的孜孜以求，力爭考博到今天幾易其稿，爲論文打下最後一個標點符號，一路走來，一路相扶，個中滋味，正如陣痛後嬰兒的呱呱墜地，其喜悅與期待，無以言表。

手捧陋作，仔細端詳這襁褓中的「嬰兒」是如此的稚嫩，甚至有些弱不禁風，但她畢竟凝聚了導師們和我自己太多的汗水與心血，不能不讓我倍加珍愛，也不能不讓我回首讀博以來的那些崢嶸歲月。懷揣充實自我、提高自我和爲兒子樹立勤學榜樣的念想，報考了湖南師範大學倫理所的博士，幾經拼搏，終於遁入「唐門」，成爲「唐門弟子」，實是三生有幸，滿門光榮。景德樓內，那些個充滿激情的日子裏，我和師兄弟姐妹一道洗耳恭聽各位恩師的諄諄教誨，收穫頗多，得益匪淺。至今言猶在耳，不能忘懷：唐凱麟先生的睿智與從容，授課時如花說柳說，秋水芙蕖，倚風自笑；劉湘溶先生的「三員」（劉先生形象像演員，聲音像播音員，長相像運動員）形象引得眾師姐妹上課時只想靠前；張懷承先生的孔子、孟子和老子；王澤應先生的亦儒亦道亦英雄、有情有筆有肝膽；楊君武先生的有美纔有激情，有激情纔有酒文化的高論，以及鄧銘瑛先生、李倫先生、向玉喬先生等恩師都是各有千秋，不相上下，相得益彰。其大恩大德，言傳身教都是我今生今世最寶貴的精神財富，倫理所也應該是我人生裏最美的精神家園。

蘇軾偉大的文學藝術成就和聖潔的倫理光輝時刻撞擊著我的心靈。我之於蘇軾，除了崇敬便是崇拜！對這樣一位中華大文豪的倫理思想進行探討和研究，眞有點蚍蜉撼樹之感，幸虧恩師王澤應先生的教導和鼓勵，使我確定目標，樹立信心去不斷探索和追求。所作論文如果小有所獲，其功勞都應歸於以王先生爲代表的各位恩師的鼓勵與鞭策，各位師兄弟姐妹的厚愛與支持。特別値得一提的是，唐先生和王先生兩位恩師除了對我學習上的諄諄教誨，生活上也給予我無微不至的關懷，家裏有個什麼事，唐先生問長問短，極盡父親般的慈愛，也記不清有多少次王先生信短情長，告誡我工作忙、應酬多要少喝酒，保重身體。我任學校招生與就業指導處處長，王先生特別提醒我要「情感投資、風險分擔」。諸如此類，都讓我感激不盡，沒齒難忘。

家庭是男人溫馨的港灣！爲我讀博，妻子的徹夜掌燈和兒子的求知若渴以及年邁老母的深情牽掛都是我前行的動力。這一切，怎一個「愛」字了得！

俗語說：「長到老，學不了」，盡滿腔之熱情，堅實之步伐，仍知學海無涯，「亦余心之所善兮，雖九死其猶未悔，路漫漫其修遠兮，吾將上下而求索」。謹以此鳴謝並明志。

劉　禕

2010 年 4 月